VAR OLMANIN GÜCÜ

ECKHART TOLLE

Diyojen

ISBN: 978-605-69495-5-5

YAYINEVİ SERTİFİKA NO: 47887

MATBAA SERTİFİKA NO: 47939

Var Olmanın Gücü

Eckhart Tolle

Özgün Adı: **A NEW EARTH / Awakening to Your Life's Purpose**

2005 Dutton, Penguin Group Inc. basımından çevrilmiştir.

Yayın yönetmeni: Erdem Boz

Çeviren: Handan Ünlü Haktanır

Kapak uygulama: Tuğçe Ekmekçi

Baskı : My Matbaacılık SAN. VE TİC. LTD. ŞTİ.

MY MATBAACILIK SAN. VE TİC. LTD. ŞTİ.

Maltepe Mah. Yılanlı Ayazma Sk. No: 8/F

Zeytinburnu / İstanbul Tel: 0212 674 85 28

Cilt: My Matbaacılık SAN. VE TİC. LTD. ŞTİ.

Diyojen Yayıncılık, İstanbul, 2020

DİYOJEN YAYINCILIK TİC. LTD .ŞTİ

Maltepe Mah. Yılanlı Ayazma Sk. No: 8/F Zeytinburnu / İstanbul

info@diyojenyayinevi.com
www. diyojenkitap.com

VAR OLMANIN GÜCÜ

ECKHART TOLLE

Çeviren: Handan Ünlü Haktanır

Diyojen

İÇİNDEKİLER

Birinci Bölüm

İnsan Bilinci Çiçek Açıyor

İkinci Bölüm

Ego: İnsanlığın Şu Anki Durumu

Üçüncü Bölüm

Egonun Özü

Dördüncü Bölüm

Rollere Bürünmek: Egonun Bin Bir Yüzü

Beşinci Bölüm

Acı-Yumağı

Altıncı Bölüm

Özgürlüğe Doğru Adım Atmak

Yedinci Bölüm

Gerçekte Kim Olduğunuzu Bulmak

Sekizinci Bölüm

İçsel Boşluğunuzu (Dinginlik Alanınızı) Keşfetmek

Dokuzuncu Bölüm

İçsel Amacınız

Onuncu Bölüm

Yeni Bir Dünya

BİRİNCİ BÖLÜM

İNSAN BİLİNCİ ÇİÇEK AÇIYOR

GERİYE DOĞRU BİR BAKIŞ

Bundan 114 milyon yıl önce bir sabah, gün doğumundan hemen sonra, Dünya gezegeni üzerinde ilk kez bir çiçek, güneş ışıklarını içine almak için açıldı. Bitkilerin hayatındaki evrimsel dönüşümün habercisi olan bu muhteşem olaydan önce, gezegenimiz bir bitki örtüsüyle milyonlarca yıldan beri zaten kaplıydı ve bu ilk çiçeğin ömrü muhtemelen pek uzun olmamıştı. Ayrıca, doğa ve iklim şartları büyük bir olasılıkla henüz çiçeklerin her tarafa yayılması için uygun değildi. O yüzden, çiçekler çok uzun süreler boyunca ender ve istisnai olgular olarak kalmış olmalıydılar. Yine de, bir gün kritik bir eşik noktasına erişildi ve o anda buna tanık olacak bir bilinç orada mevcut olsaydı, tüm gezegende aniden bir renk ve koku patlaması yaşandığını algılayabilirdi.

Bizim çiçek olarak tanımladığımız o narin ve güzel kokulu varlık, çok sonraları başka tür bir varlığın bilincinin evriminde önemli bir rol oynadı. İnsanlar zaman içinde çiçeklere karşı giderek artan bir hayranlık ve çekim duymaya başladılar. Kendileri için herhangi bir faydası veya hayatta kalmaları açısından herhangi bir katkısı olmamasına rağmen, bilinç düzeyi yükselen insanların değer verdikleri ilk şey belki de çiçeklerdi... İsa, bize sayısız sanatçıya, şaire ve mistiğe esin kaynağı oluşturan çiçekler üzerinde düşünmemizi ve nasıl yaşayacağımızı onlardan öğrenmemizi söyler. Buda'nın da bir zamanlar, eline aldığı bir çiçeğe bakarak uzun ve "sessiz bir vaaz" verdiği, orada hazır bulunan kişiler arasında bir tek Mahakasyapa adlı bir keşişin gülümsediği ve vaazı anlayan tek kişinin de bu keşiş olduğu söylenir. Bir efsaneye göre, o gülümseyiş (yani o kavrayış), arka arkaya yirmi sekiz usta tarafından kuşaktan kuşağa aktarılmış ve sonunda Zen felsefesinin kökenini oluşturmuştur.

Çiçekteki güzelliği görmek, insanları kısa bir süreliğine dahi olsa, bir farkındalık içine sokmuş ve kendi özlerinin, yani gerçek doğalarının temel bir parçası olan güzelliği de fark etmelerini sağlamıştır. İnsan bilincinin evrimindeki en önemli olaylardan biri, güzelliğin ilk kez farkına varılmasıdır. Sevinç ve sevgi duyguları da, doğaları gereği bu farkındalıkla ilintilidir. İnsanlar nedenini tam olarak bilmeden, içlerindeki o biçimden özgür, en yüce ve en kutsal olanın biçimsel ifadesi olarak çiçekleri kullanmışlardır. Bu da, içinden çıktıkları bitkilere göre daha dayanıksız, hafif ve kırılgan olan bu varlıkların, başka bir âlemin elçileri olmalarına ve fiziksel biçimlerin dünyasıyla, biçimsel olmayan dünya arasında bir köprü oluşturmalarına yol açmıştır. Onlar sadece güzel ve insanları mutlu eden kokulara sahip değillerdir, maneviyat âleminden de hoş kokulu bir esinti getirirler. O yüzden, "aydınlanma" sözcüğünü, ona geleneksel olarak kabul edilenden daha geniş bir anlam yükleyerek kullanacak olursak, çiçekleri bitkilerin aydınlanması olarak görmemiz mümkündür.

Herhangi bir âlemdeki (mineraller, bitkiler, hayvanlar ya da insanlar gibi) herhangi bir yaşam formunun bir şekilde bir "aydınlanma" sürecinden geçmiş olduğu söylenebilir. Ancak, evrimsel gelişmenin ötesinde bir durumun söz konusu olduğu bu süreç son derece ender olarak gerçekleşir ve o yaşam biçiminin gelişmesinde bir kesiklik yaşandığına, tamamen farklı bir Var'lık düzeyine ulaşıldığına ve en önemlisi, maddeselliğinde bir azalma olduğuna işaret eder.

En yoğun biçim olan kayadan daha ağır ve ışık geçirmez olan ne vardır? Yine de, moleküler yapıları değişime uğrayan bazı kayaların kristale dönüştüğünü ve böylece şeffaf bir hale gelebildiğini görüyoruz. Aynı şekilde, insan aklının alamayacağı düzeylerdeki ısılara ve basınca maruz kalan bazı karbonlar elmasa ve bazı ağır mineraller de başka değerli taşlara dönüşebilmektedir.

Tüm yaratıklar arasında toprağa en fazla bağlı olan sürüngenlerin pek çoğu milyonlarca yıldan beri değişmeden kalabilmişlerdir. Yine de bunların arasında, tüyleri ve kanatları çıkan bazılarının kuşlara dönüşerek, onca yıldan beri onları esir alan yerçekimine meydan okuduklarını biliyoruz. Yani, bu yaratıklar daha iyi sürünmeyi veya yürümeyi öğrenmemişler, tam tersine sürünme ve yürüme olaylarını tamamen aşarak, bunların ötesine geçmişlerdir.

Çiçekler, kristaller, değerli taşlar ve kuşlar, çok eski zamanlardan beri insan ruhu için çok özel bir öneme sahip olmuşlardır. Tüm yaşam formları gibi, elbette ki bunlar da tek bir Yaşam'ın, tek bir Bilinç'in geçici tezahürleridir. Taşıdıkları özel önem ve insanların onlara karşı bu denli bir hayranlık ve yakınlık duyuyor olmaları, onların eterik (dünyevi olmayan) nitelikleriyle açıklanabilir.

Algıları belirli bir mevcudiyet ve dikkat düzeyine erişmiş olan insanlar, kutsal yaşamın özünü, yani her bir yaratığın ve her bir yaşam formunun içinde kalıcı bir şekilde var olan bilinci veya ruhu hissetmeyi başarırlar ve onu kendi özleri gibi kabul ederek kendilerini sevdikleri gibi severler. Ancak bu gerçekleşene kadar çoğu insan, bunların sadece dış biçimlerini görebilir ve içsel özlerinin farkına varamazlar, zira onlar kendi özlerinin de bilincinde değillerdir ve sadece kendi fiziksel ve psikolojik biçimleriyle özdeşleşmişlerdir.

Öte yandan, bu bilince az çok sahip olan veya hiç olmayan bir kişi bile, örneğin bir çiçek, bir kristal, değerli bir taş veya bir kuşa baktığında, onun fiziksel mevcudiyetinin ötesinde bir şeyler olduğunu hissedebilir ve nedenini bilmeden ona karşı bir çekim ve yakınlık duyabilir. Eterik doğaları nedeniyle, bunların içindeki ruh, fiziksel biçimleri tarafından diğer yaşam formlarına göre, daha az örtülüp gizlenmektedir. Yeni doğmuş olan tüm yaşam formları, yani bebekler, köpek ve kedi yavruları, kuzular ve benzerleri de aynen onlar gibidir, çünkü onlar kırılgan ve narindirler ve maddesel dünyaya tam olarak uyum sağlayamamışlardır. Bu dünyaya ait olmayan bir masumiyetin, tatlılığın ve güzelliğin onlarda hâlâ ışıldamakta olduğunu görebilirsiniz. Onlar, duyarsız olduklarını söyleyebileceğimiz insanlarda bile bir mutluluk yaratmayı başarırlar.

Dolayısıyla bir çiçeğe, bir kristale ya da bir kuşa baktığınızda ve zihninizde herhangi bir ad vermeden tüm dikkatinizle onları seyrettiğinizde, o varlıklar sizin için fizik ötesi dünyaya açılan bir pencere haline gelirler. İçinizde, spiritüel âleme doğru belli belirsiz de olsa, bir açılım olduğunu hissedersiniz. Bu üç "aydınlanmış" yaşam formunun antik çağlardan beri insan bilincinin evriminde bu denli önemli bir rol oynamasının nedeni de işte budur. Örneğin lotus çiçeğinin içindeki değerli taş, o yüzden Budizm'in temel sembollerinden biridir ve Hıristiyanlıktaki Kutsal Ruh o nedenle beyaz bir kuşla, yani bir güvercinle temsil edilir. Bu üç yaşam formu çok eskilerden beri, insan türünün evrimleşmesi yoluyla dünyevi bilinçte gerçekleşecek olan anlamlı ve derin bir yön değişikliğinin zeminini hazırlamışlardır. İşte, günümüzde başladığına tanık olduğumuz spritüel uyanış da, bu yön değişikliğinin gerçekleşmekte olduğunu göstermektedir.

BU KİTABIN AMACI

İnsanlık, yanında dünyanın en güzel çiçeklerinin bile soluk bir yansıma gibi kalacağı, öylesine kökten ve derin bir içsel çiçeklenmeye, bir bilinç dönüşümüne hazır mıdır? İnsanlar şartlanmış zihin yapılarının ağırlığından kurtularak, kristaller veya değerli taşlar gibi olabilirler mi? Deyim yerindeyse, bilincin ışığını geçirir bir hale gelebilirler mi? Maddeselliğin ve maddeciliğin çekim alanına meydan okuyabilir ve egolarını terk edebilirler mi? Onları kendi kişiliklerinin esiri haline getiren fiziksel biçimlerle özdeşleşmekten kendilerini kurtarabilirler mi?

İnsanoğluna gelen büyük bilgelik öğretilerinde, böyle bir dönüşümün mümkün olduğu mesajı vardır. Bu mesajları getiren Buda, İsa, Muhammed ve pek çoğunun adını bile bilmediğimiz diğer elçiler, insanlık tarihinde ilk kez açan çiçeklerdi. Onlar ender rastlanan, olağanüstü ve çok değerli öncülerdi. O dönemlerde, bu tür çiçeklerin yaygın olarak açması mümkün değildi. Nitekim onların mesajları büyük ölçüde yanlış anlaşıldı ve genellikle de saptırıldı. Dolayısıyla, küçük bir azınlığın dışında, insan davranışlarını dönüştürmeleri kesinlikle mümkün olamadı.

İnsanlık şimdi o ilk bilgelerin döneminde olduğundan daha mı hazır durumda? Neden öyle olması gerekiyor? Bu içsel değişimi gerçekleştirmek veya hızlandırmak için ne yapabiliriz veya bir şeyler yapabilir miyiz? Eski benmerkezci bilinç durumunu tanımlayan özellikler nelerdir ve doğmakta olan bu yeni bilinç durumu ne gibi işaretler vermektedir? Kitabımızda işte bunların ve bunlara benzer temel soruların yanıtlarını vereceğiz. Aslında, bu kitabın kendisi de bu yeni bilincin gerekli kıldığı bir dönüşüm aracıdır, ama içerdiği fikirler ve kavramlar ikincil bir öneme sahiptir. Onların asıl önemi, kişiyi uyanışa doğru yönlendiren yol tabelaları olmalarıdır. Siz de, içinizde bir dönüşümün olduğunu, kitaptaki bu yol tabelalarını izledikçe hissedeceksiniz.

Bu kitabın temel amacı, beyninize yeni bilgiler veya inanışlar sokmak veya sizi herhangi bir konuda ikna etmek değil, bilincinizde bir rota değişikliği meydana getirmek, yani sizi uyandırmaktır. O açıdan baktığımızda, bu kitap size "ilginç" gelmeyebilir, çünkü "ilginç" sözcüğü, sizin bazı fikir ve kavramlardan uzak durabilmeniz ve zihninizde onlarla oynayabilmeniz ve onları kabul veya reddedebilmeniz anlamına gelir. Halbuki bu kitap sizin kendinizle ilgilidir. Sizin bilinç durumunuzu ya değiştirecek, ya da herhangi bir anlam taşımayacaktır. Bu kitap sadece hazır olanları uyandırabilir. Herkesin hazır olduğunu söylemek henüz mümkün olmayabilir ama pek çok kişinin hazır olduğu da bir gerçektir ve uyanan her kişiyle birlikte kolektif (ortak) bilinçteki momentum da büyümekte ve diğer kişilerin işi daha da kolaylaşmaktadır. Uyanışın ne anlama geldiğini bilmiyorsanız, okumaya devam edin. Bu sözcüğün gerçek anlamını sadece ve sadece uyanarak anlayabilirsiniz. Uyanış sürecini başlatmak için uyanışa sadece tek bir bakış atmanız yeterlidir ve bu süreç asla geriye döndürülemez. Bazı insanlar bu bakışı, bu kitabı okurken yakalayacaklardır. Bazı insanlar ise, kendileri farkında değillerdir ama bu sürece çoktan girmişlerdir. Bu kitap onların bunu fark etmesini sağlayacaktır. Uyanış sürecine yaşadıkları bir kayıptan veya çektikleri bir ıstıraptan sonra girmiş olanlar da vardır. Diğer bazılarında ise bu süreç, manevi bir şahsiyetle tanıştıktan veya Şimdinin Gücü ya da onun gibi ruhsal anlamda heyecan yaratan ve o nedenle dönüştürücü olan bir öğretiyi okuduktan sonra veya bunların tümünün bir birleşimi nedeniyle başlamıştır. Eğer sizin içinizde de, bu insanlar gibi bir uyanış süreci zaten başlamış durumdaysa, bu kitabı okumak bu süreci hızlandıracak ve daha da yoğun bir hale getirecektir.

Uyanışın en önemli aşamalarından biri, uyanık olmadığınızı fark etmeniz, diğer bir deyişle düşünen, konuşan ve eylemde bulunan egonuzun ve onu sürekli olarak uyanmamış konumda tutan, kolektif şartlanmaya maruz kalmış zihinsel süreçlerin farkına varmanızdır. Bu kitap işte bu nedenden dolayı, egonun temel özelliklerine ve bunların gerek bireyler bazında, gerekse kolektif olarak nasıl işlediğine özel olarak değinmektedir. Bu, birbiriyle bağlantılı olan iki nedenden dolayı önemlidir: Birincisi, egonun işleyişinin arkasındaki temel mekanizmayı bilmezseniz, egoyu tanımanız mümkün olamaz ve onun sizi tekrar tekrar kandırmasına izin verir ve kendinizi sürekli olarak onunla özdeşleştirirsiniz. Diğer bir deyişle, egonuz sizi ele geçirir ve sizmiş gibi davranan bir kimlik hırsızı konumuna geçer. İkinci neden ise, egonun tanınmasının bizatihi uyanışın gerçekleşme yollarından birisi olmasıdır. Yani içinizdeki bilinçsizliği fark ettiğiniz vakit bu fark edişi mümkün kılan şey, oluşmakta olan bilinç, yani uyanışın ta kendisidir. Nasıl ki karanlığa karşı bir mücadele vermeniz söz konusu olamazsa, egonuza karşı savaşa girişip kazanmanız da mümkün değildir. Burada sizin için gerekli olan şey sadece bilincin ışığıdır. Ve o ışık sizsiniz.

BİZE MİRAS KALAN İŞLEVSEL-BOZUKLUKLAR

İnsanlık tarihindeki antik dinleri ve spiritüel gelenekleri dikkatlice incelediğimizde, aralarındaki yüzeysel farklılıklara rağmen, pek çoğunun mutabık kaldığı iki temel içgörü olduğunu görürüz. Bu görüşleri tanımlamak için kullanılan sözcükler farklı olabilir, ama sonuçta bunların tümü de iki aşamalı olan tek bir temel gerçeğe işaret etmektedir. Bu gerçeğin ilk aşaması, insanların pek çoğunun "normal" ruh halinin, bizim işlevsel-bozukluk veya hatta delilik olarak tanımlayabileceğimiz güçlü bir öğe içerdiğini kavramaktır. Hinduizm'in temelindeki bazı öğretiler bu bozukluğu, neredeyse kolektif bir zihinsel hastalık türü olarak görürler ve ona *maya*, yani "yanılgı örtüsü" adını verirler. Hintli bilgelerin en önemlilerinden biri olan Ramana Maharshi, bu durumu açıkça şöyle ifade etmiştir: "Zihin 'maya'dır (yani, bir yanılgı örtüsüdür.)"

Budizm ise bu konuda farklı terimler kullanır. Buda'ya göre, normal durumda olan bir insan aklı sürekli olarak, bizim ıstırap, doyumsuzluk veya basit keder olarak tanımlayabileceğimiz *dukkha* üretmektedir. Buda, bu durumu insanın doğal bir özelliği olarak görür ve şöyle der: "Nereye giderseniz gidin, ne yaparsanız yapın, *dukkha* ile karşılaşacaksınız ve bu, er veya geç, her durumda kendisini belli edecektir."

Hıristiyan öğretilerinde, insanlığın içinde bulunduğu bu normal kolektif durum bir "ilk günah" olarak tanımlanır. *Günah* büyük ölçüde yanlış anlaşılmış ve yanlış yorumlanmış olan bir sözcüktür. Yeni Ahit'in yazıldığı eski Yunanca'dan birebir sözcük anlamıyla tercüme edildiği takdirde, *günah işlemek* (bir okçunun nişangahı ıskalaması gibi) *hedefi tutturamamak* anlamına gelmektedir. Bu açıdan baktığımızda *günah işlemek,* insanın var oluş nedenini anlayamaması, beceriksizce ve bir kör gibi yaşaması, dolayısıyla hem ıstırap çekmesi, hem de ıstıraba neden olması demektir. Esasen bu terim, ona yüklenmiş olan bazı kültürel anlamlardan ve yanlış yorumlardan arındırıldığı takdirde, insanlık durumunda esasen mevcut olan bozukluğa da işaret eder.

İnsanlığın bugüne kadar elde ettiği başarılar son derece etkileyicidir ve bunları inkar etmek mümkün değildir. Gerçekten de, müzik, edebiyat, resim, mimari ve yontu alanlarında muhteşem eserler yaratmış bulunuyoruz. Bilim ve teknoloji alanındaki son buluşlar hepimizin yaşam tarzını kökünden etkileyen değişiklikler getirmiş ve sadece iki yüz yıl önce bile mucize olarak nitelendirilebilecek şeyleri yapılmasını ve yaratılmasını mümkün kılmıştır. Hiç şüphe yok: İnsanoğlu son derece zeki bir yaratık, ama bu zekayı lekeleyen bir delilik var. Ayrıca bilim ve teknoloji, insan zihnindeki bu işlevselbozukluğun gezegenimizin, diğer yaşam formlarının ve insanların kendilerinin üzerindeki yıkıcı etkisini daha da güçlendirmekte... Bu bozukluk, yani insanoğlunun kolektif deliliği, o yüzden en iyi yirminci yüzyılın tarihine bakıldığında görülebilmektedir. Bir başka faktör de, bu bozukluğun giderek daha da yoğunlaşması ve ivmesini giderek arttırmasıdır.

Birinci Dünya Savaşı 1914 yılında çıktı. Korkunun, açgözlülüğün ve erk hırsının tetiklediği en yıkıcı ve zalim savaşlar (kölelik, işkence ve dinsel veya ideolojik nedenlerden kaynaklanan şiddet gibi), insanlık tarihinin sıradan olayları arasına girdi. İnsanlar doğal felaketlerden çok, birbirlerinden çektiler. Son derece zeki olan insan beyni 1914 yılına gelene kadar sadece içten patlamalı motorları icat etmekle kalmamış, bombalar, makineli tüfekler, denizaltılar, alev püskürten makineler ve zehirli gazlar da üretmeyi başarmıştı. Bütün bunlar, zekanın deliliğin hizmetinde kullanılmasına verebileceğimiz sadece birkaç örnek! Fransa ile Belçika arasındaki sabit siper savaşında, birkaç millik çamurlu toprak uğruna milyonlarca insan ölmüştü. Savaş 1918 yılında sona erdiğinde, hayatta kalanlar geride bıraktıkları yıkıma dehşet içinde ve boş gözlerle bakakalmışlardı: On milyon insan ölmüş ve çok daha fazlası yaralanmış veya sakat kalmıştı. İnsanoğlunun deliliği daha önce hiç bu kadar belirgin ve yıkıcı bir etki yapmamıştı ve bunun sadece bir başlangıç olduğu, kimsenin aklının ucundan bile geçmiyordu.

Yüzyılın sonlarında, insanların neden olduğu şiddet nedeniyle ölenlerin sayısı yüz milyonu aşmıştı. Bu sayı sadece ülkeler arasında çıkan savaşlarda ölenleri değil, Stalin'in yönetimi altındaki Sovyetler Birliği'ndeki "sınıf düşmanı, casus ve vatan haini" olmakla suçlanan yirmi milyon kişiyi veya Nazi Almanyası'ndaki sözcüklerle ifade edilmesi mümkün olmayan vahşet olaylarında, toplu katliamlarda ve soykırım olaylarında hayatlarını kaybeden kişileri de kapsamaktadır. Öte yandan, İspanya İç Savaşı'nda, ülke nüfusunun dörtte birinin yok olduğu Kamboçya'daki Kızıl Khmer rejimi döneminde ve dünyanın başka yerlerindeki daha küçük çapta, sayısız iç çatışmalarda da pek çok ölen olmuştu.

Televizyondaki günlük haberleri izlediğimizde, bu deliliğin günümüzde de henüz hızını kaybetmediğini ve yirmi birinci yüzyılda da devam ettiğini görüyoruz. Oksijen üreten ormanların yok edilmesi, bitki ve hayvan yaşamlarına yapılan saldırılar, hayvanların üretme çiftliklerinde insanlık dışı muamelelere maruz kalması ve nehirlerin, okyanusların ve havanın zehirlenmesi gibi, yaşam formlarına ve gezegenimizin kendisine karşı uygulanan eşi emsali görülmemiş vahşet, insanlardaki kolektif bozukluğu gösteren diğer işaretlerdir. Kısacası, açgözlülükle hareket eden ve bütünle olan bağının farkında olmayan insanoğlu, kontrol edilmediği takdirde kendi sonunu getirecek davranışlarda bulunmayı sürdürmektedir.

İnsan doğasının özündeki deliliğin ortak belirtileri tarihin çok eski çağlarında bile gözlenmiştir. Bakacak olursak, insanlık tarihini büyük ölçüde bir çılgınlık tarihi olarak tanımlamak mümkündür. Öyle ki, insanlık tarihi tek kişinin oluşturduğu bir klinik vaka olmuş olsaydı, ona konacak teşhis muhtemelen şöyle olurdu: Bilinçaltının dışavurumu olarak tanımlanabilecek kronik paranoyak sanrılar yaşayan ve patolojik düzeyde cinayet işleme ve "düşman" olarak algıladığı kişilere karşı aşırı şiddet ve zulüm eylemleri yapma eğilimi içinde olan biri... Kısacası, arada bir kısa süreli sağduyulu dönemler yaşayan, cezai ehliyeti olmayan bir deli!

Korku, açgözlülük ve erk hırsı ülkeler, kabileler, dinler ve ideolojiler arasındaki savaşın ve şiddetin arkasındaki psikolojik tetikleyiciler olmakla kalmazlar, aynı zamanda kişisel ilişkilerde sürekli olarak çatışmalar yaşanmasına da neden olurlar. Ayrıca diğer insanlarla ve kendimizle ilgili algılamalarımızda da bazı sapmaların oluşmasına sebebiyet verirler. Dolayısıyla her durumu yanlış yorumlamaya başlar ve bunun bir sonucu olarak kendimizi korkudan arındırmak için, dolması mümkün olmayan dipsiz bir kuyu gibi hep daha *fazlasını* ister ve yanlış yönlendirilmiş eylemlere girişerek tatmin olmaya çalışırız.

Ancak korku, açgözlülük ve erk hırsı gibi bu duyguların bizatihi, bahsini ettiğimiz işlev-bozuklukları olmadığını ve her insanın zihninin derinliklerinde yuvalanan kolektif sanrıdan kaynaklandığını kavramak bu aşamada çok önemlidir. Spiritüel öğretilerin bir kısmı bize korku ve hırs duygularından uzak durmamızı söyler, ama bu uygulamalar çoğunlukla başarılı olamazlar, çünkü bunlar işlev-bozukluğunun kökenine inememişlerdir. Korku, açgözlülük ve erk hırsı nihai etmenler değildir. İyi veya daha iyi bir insan olmaya çalışmak, takdir edilmesi gereken ve asil ruhlu bir davranıştır ama bilinç durumunuzda bir değişiklik yapmadığınız takdirde, başarıyı yakalamanız mümkün olamaz. Bunun nedeni, bir tür üstü kapalı kendini yüceltme isteğinizin (yani, daha fazlasını elde etme ve kavramsal kimliğinizi, yani öz-imajınızı güçlendirme arzunuzun), hâlâ aynı işlevsel-bozukluğun bir parçası olmaya devam etmesidir. İyi bir insan olmak, iyi bir insan olmaya çalışmakla değil, içinizde zaten mevcut olan iyiyi bulmakla ve bu iyiliğin ortaya çıkmasına izin vermekle mümkün olabilir. Ama bu iyilik sadece bilinç durumunuzda bazı temel değişiklikler olduğu takdirde ortaya çıkabilecektir.

Esas itibarıyla soylu ideallerden esinlenen Komünizm'in tarihi, kendi içsel gerçeklerini, yani bilinç durumlarını değiştirmeden önce dışsal gerçeği değiştirerek yeni bir dünya yaratmak isteyenlerin başına neler gelebileceğini açık bir şekilde göstermektedir. Bunların en büyük hatası, kendi planlarını tüm insanlarda var olan işlevsel-bozukluğun ayrıntılı planını, yani egoyu dikkate almadan önce uygulamaya kalkışmış olmalarıdır.

YENİ BİLİNCİN YÜKSELİŞİ

Antik dinlerin ve spiritüel geleneklerin pek çoğu aynı içgörüyü, yani "normal" ruh halimizin temel bir işlevsel-bozukluk içerdiği görüşünü paylaşırlar. İnsanlık halinin doğasıyla ilgili olan ve kötü haber diyebileceğimiz bu içgörüden sonra, ikinci bir içgörüyle karşı karşıya geliriz. Bu içgörü ise bize şu iyi haberi verir: İnsan bilincinin köklü bir dönüşümden geçebilmesi mümkündür. Hindu (ve bazı Budizm) öğretilerinde, bu dönüşüme *aydınlanma* adı verilir. İsa'nın öğretilerinde, buna *kurtuluş*, Budizm'de ise ıstırabın sonu denir. Bu dönüşümü tanımlamak için özgürleşme ve *uyanış* gibi terimler de kullanılmaktadır.

İnsanlığın en büyük başarısı sanat, bilim veya teknoloji alanlarında yarattığı büyük eserler değil, kendi bozukluğunu ve deliliğini tanımış olmasıdır. Çok eski zamanlarda bile, sayılı birkaç kişi bu kavrayışa sahip olmuştu. 2,600 yıl önce Hindistan'da yaşamış olan Gautama Siddharta, bu olguyu bütün açıklığıyla gören belki de ilk insandı. Daha sonra, kendisine "aydınlanmış kişi" anlamına gelen *Buda* unvanı verilmişti. İnsanlığın bu erken uyanan bilgelerinden biri daha hemen hemen aynı tarihlerde Çin'de ortaya çıktı. Adı Lao Tzu olan bu kişi, öğretilerini şimdiye kadar kaleme alınan ruhsal kitapların en derini ve anlamlısı olan *Tao Te Ching* adı altında bizlere bıraktı.

İnsanın kendi deliliğini fark edip kabul etmesi, doğal olarak bu deliliğin kendisini belli ettiğini ve dolayısıyla da iyileşmenin ve sınırları aşmanın başladığını göstermektedir. Dolayısıyla, insan bilincinin yeni bir boyut kazanması yolundaki ilk deneysel çiçeklenmenin gezegenimizde bu kişiler sayesinde başladığını söyleyebiliriz. Daha sonra, bu olağanüstü kişilikler çağdaşlarına seslendiler. Onlara günahtan, acılardan ve sanrılardan bahsettiler ve şöyle dediler: "Nasıl bir yaşam sürdüğünüze bir bakın. Neler yaptığınızı ve ne gibi acılara neden olduğunuzu bir görün." Sonra onlara, içinde bulundukları ve "normal" olarak tanımlanan o kolektif kabustan uyanmalarının mümkün olabileceğini anlattılar. Onlara bunu yapmanın yollarını gösterdiler.

Ama dünya onları karşılamaya hazır değildi. Dolayısıyla, insanlığın uyanış sürecinin hayati ve gerekli bir parçasını oluşturan bu insanlar, kaçınılmaz olarak en fazla da kendi çağdaşları ve sonrasında gelen kuşaklar tarafından yanlış anlaşıldılar. Son derece yalın ve güçlü olan öğretileri, kayıtları tutan kendi müritleri tarafından bile saptırıldı ve yanlış yorumlandı. Orijinal öğretilerle uzaktan yakından ilgisi olmayan ve temel bir yanlış anlamanın yansımalarından başka bir anlam taşımayan pek çok şey yüzyıllar boyunca metinlere eklendi. Öğretmenlerin bazıları alay konusu oldu, aşağılandı veya öldürüldü; diğer bazılarına ise tanrı diye tapınıldı. İnsan beyninin bozukluğunu aşmayı ve kolektif deliliğin ötesine geçmeyi salık veren öğretiler tümüyle saptırıldı ve sonunda onlar da deliliğin birer parçası oldular.

Sonuç olarak, dinler birleştirici olmaktan çıkıp, büyük ölçüde bölücü güçler haline geldiler. Tüm hayat formlarının tek bir bütün oluşturduğunu öğreterek şiddete ve nefrete son vermek yerine, daha çok şiddet ve nefret getirerek, hem insanları ayrıştırdılar, hem de sadece farklı dinler arasında değil, dinlerin her biri içinde de daha çok bölünmelere neden oldular. İnsanların kendilerini özdeşleştirdikleri ve kendi sahte benlik duygularını güçlendirmek için kullandıkları ideolojiler ve inanç sistemleri haline geldiler. Bu ideolojileri ve inanç sistemlerini kullanarak, kendilerini "haklı", diğerlerini "haksız" çıkarmaya ve böylece diğerlerini öldürülmeleri gereken "düşman", "inançsızlar" veya "kafirler" olarak tanımlamaya başladılar. Böylece, "Tanrı"yı insanın suretinde yaratma gayreti içine girdiler. Ezeli, ebedi, sonsuz ve tanımlanamaz olan bir varlık, insanların "benim tanrım" veya "bizim tanrımız" olarak inanması ve tapınılması gereken zihinsel bir puta dönüştürülmüş oldu.

Yine de... Yine de... din adına gerçekleştirilen tüm çılgınlıklara rağmen, bu kişiliklerin bize işaret ettiği Gerçek, bu dinlerin özünde hâlâ parlamakta. Belli belirsiz bir şekilde de olsa, tüm saptırma ve yanlış yorumlama katmanlarına rağmen bu Gerçek parlamaya devam ediyor. Ama içinizdeki o Gerçek'e bugüne kadar bir göz atmadıysanız, o parıltıyı görebilmeniz pek muhtemel değildir. Nitekim tarih boyunca, bir bilinç değişikliği yaşayan ve tüm dinlerin işaret ettiği şeyleri kendi içlerinde görmeyi başaran olağanüstü insanların tümü de, kavramsal olmayan o Gerçek'i tanımlamak ve açıklayabilmek için, kendi dinlerinin kavramsal çatısını kullanmışlardır.

Tüm belli başlı dinlerde, gerçeğin yeniden keşfedilmesine yönelik olan ve bazı durumlarda orijinal öğretilerin ışığının daha da yoğunlaştırılmasını amaçlayan birtakım "ekoller" veya hareketler, işte bu insanların sayesinde gelişmiştir. Erken Dönem ve Orta Çağ Hıristiyanlık dünyasındaki Gnostik ve mistik akımlar, İslamiyet'teki Sufizm, Musevilikteki Hasidizm ve Kabala, Hinduizm'deki Advaita Vedanta, Budizm'deki Dzogchen (Büyük Tamlık) öğretisi ve Zen felsefesi de böyle doğmuştur. Bu öğretilerin büyük çoğunluğu yerleşmiş geleneklere karşı çıkan, put kırıcı öğretilerdi. Bunlar başka seslere kulak tıkayan kavram katmanlarını ve inanç yapılarını sıyırıp attıkları için, kök salmış dinsel hiyerarşiler tarafından şüpheyle ve genellikle düşmanca karşılanmışlardır. Örgün dinlerin tersine, bu öğretiler daha çok sorgulamayı ve içsel dönüşümü vurguluyorlardı. Üstelik orijinal metinlere çoğu kez çok küçük bir azınlık ulaşabiliyordu. Belli başlı dinler buna rağmen bu ezoterik ekoller veya hareketler sayesinde orijinal öğretilerin dönüştürücü gücüne sahip oldular. Ancak, bu kişilerin sayısı, hiçbir zaman çoğunluğun kolektif bilinçsizliği üzerinde önemli bir etki yapacak kadar yeterli olamadı. Zaman içinde, bu ekollerin bazıları da etkilerini sürdürebilmek için, fazlasıyla katılaştı veya kavramsallaştı.

SPİRİTÜELLİK (MANEVİYAT) VE DİN

Yeni bilincin ortaya çıkmasında, yapılanmış dinlerin ne gibi bir rolü olmuştur? İnsanların çoğu, maneviyatla din arasındaki farkın farkındadır. Bu kişiler, bir inanç sistemine bağlı olmanın, yani doğası ne olursa olsun, mutlak gerçek olduğunu inandıkları bir dizi düşünceye sahip olmanın, onlara manevi bir boyut kazandırmadığını bilirler. Nitekim kendinizi düşüncelerinizle (inanışlarınızla) ne kadar çok özdeşleştirirseniz, içinizdeki spritüel boyuttan o kadar soyutlanmış olursunuz. Pek çok "dindar" kişi, işte bu düzeyde sıkışıp kalmışlardır. Onlar gerçek ile düşünceyi aynı kefeye koyarlar, kendilerini tamamen düşünceleriyle (zihinleriyle) özdeşleştirirler ve kimliklerini korumaya yönelik bilinçdışı bir çabayla, gerçeğin sadece kendilerine ait olduğunu savunurlar. Bu kişiler düşüncenin birtakım kısıtlamalar getirdiğini kavrayamazlar. Öyle ki, aynen onlar gibi inanmıyor veya düşünmüyorsanız, onların gözünde haksız olan taraf her zaman siz olarak kalırsınız. Yakın zamanlara kadar, bu insanlar sırf bu yüzden sizi öldürmeye hakları olduğunu bile düşünmüşlerdi. Aslına bakacak olursak, böyle düşünenler günümüzde hâlâ da var.

Yeni spiritüellik, yani bilincin dönüştürülmesi olayı, büyük ölçüde halen mevcut olan kurumsallaşmış dinlerin yapısını aşarak gelişmektedir. En tutucu dinlerde bile, spiritüelliğe ayrılmış küçük kovuklar vardır ama kurumsallaşmış hiyerarşiler bunları hep tehdit olarak algılamış ve bastırmak istemişlerdir. Dini yapıların dışında kalan geniş ölçekli bir spiritüellik açılımı, tamamen yeni bir olaydır. Geçmişte, özellikle Batı'da, böyle bir şeyi hayal bile etmek mümkün değildi. Örneğin, Kilise'nin onayını almadan ayağa kalkıp da ruhsallık konusunda bir konuşma yapmanız veya bu konuda bir kitap bastırmanız mümkün olamazdı. Yaptığınız takdirde sizi anında sustururlardı. Ama şimdi, bazı kilise ve dinlerde, değişim işaretleri var. Bu insanın yüreğini ısıtan türden bir gelişmedir ve Papa II John Paul'ün bir camiyi ve bir sinagogu ziyaret etmesi gibi en küçük bir açılım işaretini de minnetle karşılamak gerckir.

Kısmen, yapılanmış dinlerin dışındaki spiritüel öğretiler, kısmen de Doğu'dan gelen bilgelik öğretilerine olan yoğun ilgi nedeniyle, geleneksel dinlerin takipçileri bile giderek artan sayılarda kendilerini şekilcilikten, dogmalardan ve katı inanç sistemlerinden kurtarma yoluna gitmektedir. Bir yandan kendi benliklerinin içindeki derinliği bulma ve bir yandan da spiritüel geleneklerde saklı olan orijinal derinliği keşfetme yoluna giden bu kişiler, ne kadar "spiritüel" olduklarının neye inandıklarıyla değil, tamamen bilinç durumlarıyla bağlantılı olduğunu fark etmişlerdir. Sonuç olarak, bu farkındalık onların içinde yaşadıkları dünyayla ve diğer insanlarla ne tür bir etkileşim içinde olacaklarını belirlemektedir.

Biçimin ötesine geçemeyen insanlar ise giderek daha çok inanışlarının, yani zihinlerinin esiri olmaktadır. Burada tanık olduğumuz şey, sadece bugüne kadar örneğine rastlanmamış bir bilinç akışı değil, aynı zamanda egonun da kendisini emniyete alması ve güçlendirmesidir. Bazı dini kurumlar, bu yeni bilince karşı açık olacaklardır, ama diğer bazıları dogmatik tutumlarını daha da katılaştıracak ve kolektif egonun kendisini savunmak için "karşı mücadelede" bulunacağı insan elinden çıkma tüm diğer yapıların birer parçası haline geleceklerdir. Bazı kiliseler, mezhepler, kültler veya dini hareketler temel olarak kolektif ego varlıklarıdır. Bunların zihin yapıları, herhangi bir siyasi oluşumu körü körüne takip eden ve gerçekle ilgili alternatif yorumları kabul etmeyen kişilerinkinden farklı değildir.

Ama egonun çözülmesi kaçınılmazdır. Dinsel olsun veya olmasın, şirketler veya hükümetler gibi onun tüm kemikleşmiş yapıları, ne kadar kendilerini emniyete almış gibi görünseler de, içten içe parçalara ayrılıp dağılacaklardır. Öyle ki, en katı olan ve değişime karşı en sağlam duran kurumlar ilk yıkılanlar olacaktır. Bunun bir örneğini komünist Sovyetler Birliği'nde görmüş bulunmaktayız. Ne kadar korunmalı, ne kadar sağlam ve yekpare duruyordu, öyle değil mi? Ama birkaç yıl içinde, içinden çöküverdi. Bunu kimse öngörememiş ve herkes büyük bir şaşkınlık yaşamıştı. Şunu unutmayalım ki, depoda bizi bekleyen pek çok başka sürprizler daha var…

DÖNÜŞÜMÜN İVEDİLİĞİ

Radikal bir krizle karşılaşan, yani dünyadaki varlığını eskisi gibi sürdüremeyen, diğerleriyle olduğu kadar doğa âlemiyle etkileşim içine girme çabaları işe yaramayan ve varlığını sürdürme çabaları aşılamaz gibi görünen bazı sorunlarla tehdit edilen bir yaşam formu veya bir canlı türü, ya ölür, ya nesli tükenerek yok olur, ya da evrimsel bir sıçrama yaparak içinde bulunduğu koşulların sınırlarını aşar.

Bu gezegendeki yaşam formlarının ilk olarak denizde geliştiğine inanılmaktadır. Henüz karada herhangi bir hayvan yaşamazken, denizler çeşitli canlı türleriyle dolup taşıyordu. Denizde yaşayan bu yaratıklardan biri, bir noktada kuru toprağa çıkmaya yeltenmiş olmalıdır. Belki ilk başta, sadece birkaç santim sürünebilmiş ve gezegenimizin müthiş yerçekimi nedeniyle bitap düşerek, bu çekimin hemen hemen hiç olmadığı ve çok daha rahat koşullar altında hayatını sürdürebileceği suya geri dönmüştür. Bu denemesini çok uzun bir zaman süreci boyunca defalarca tekrarlamış olmalıdır. Sonunda, karada yaşamaya uyumlu bir hale gelmiş, yüzgeçlerinin yerini ayaklar, solungaçlarının yerini ise akciğerler almıştır. Ancak, bir canlı türünün herhangi bir kriz durumuyla karşılaşmaksızın ve mecbur kalmadıkça, yabancı bir ortamda yaşamaya cüret etmesi ve evrimsel bir dönüşümden geçmiş olması pek muhtemel görünmemektedir. Dolayısıyla balıklar, içinde yaşadıkları büyük bir deniz parçasının ana okyanusla bağlantısının kesilmesi ve suyun binlerce yıl boyunca yavaş yavaş çekilmesi sonucunda kendi habitatlarını terk etmek ve evrimleşmek zorunda kalmış olmalıdırlar.

Günümüzde, insanoğlu varlığını tehdit eden radikal bir krizle baş etme durumundadır. Nitekim antik çağ bilgelerinin 2,500 yıl önce fark ettikleri insan beynindeki işlevsel-bozukluk, bilim ve teknoloji yüzünden daha da güçlenmiş, hatta tarihte ilk kez olarak gezegenimizin varlığını tehdit eden boyutlara ulaşmıştır. İnsanlar çok yakın tarihlere kadar, yine antik çağ bilgelerinin dikkat çektiği insan bilincindeki dönüşümün sadece bir olasılıktan ibaret olduğunu düşünüyorlardı ve bu dönüşüm olgusu yalnızca dünyanın belirli yerlerindeki farklı kültürel ve dinsel çevrelere sahip, sıra dışı birkaç insan tarafından algılanabilmekteydi. İnsan bilincindeki yaygın çiçeklenme henüz başlamamıştı, çünkü o ana kadar öyle bir zorunluluk da oluşmamıştı.

Dünya nüfusunun önemli bir bölümü bugüne kadar görmedilerse bile, pek yakında göreceklerdir ki, insanlık pek iç açıcı olmayan bir seçim yapma durumuyla karşı karşıya bulunmaktadır. Bu seçim, evrimleşme ile yok olma arasında yapılması gereken bir seçimdir. Günümüzde, dünya nüfusuna oranla az sayılabilen ama sayıları giderek artan insan eski, benmerkezci zihinsel kalıplarını kırmaya ve yeni bir bilinç boyutuna ulaşma yönünde çaba göstermeye başlamış durumdadır.

Şimdi yükselişe geçen şey, yeni bir inanç sistemi, yeni bir din, spiritüel bir ideoloji, ya da mitoloji değildir. Artık sadece mitolojilerin değil, ideolojilerin ve inanç sistemlerinin de sonuna geliyoruz. Bu değişim, zihnimizin içeriğinden ve düşüncelerimizden daha derinlere uzanıyor. Aslında bu yeni bilincin özünde, yeni yeni keşfetmekte olduğumuz düşünceyi aşma yeteneğini kullanmamız ve içimizdeki düşünceden daha engin olan bir boyutun farkına varmamız yatmaktadır. Artık kimliğimizi eskisi gibi kullanmayacak, kim olduğumuzu önemsemeyecek ve eskiden kendimiz olduğunu sandığımız eski bilinç yapımızdan uzaklaşacağız. "Kafamdaki o ses"in ben olmadığımı anlamak, ne kadar inanılmaz bir özgürlük! Öyleyse ben kimim? Ben bunu görebilenim. Ben, düşünceden önce gelen farkındalık ve düşüncenin (veya duygunun ya da duyusal algılamanın) gerçekleştiği alanım.

Ego, kişinin kendisini diğer her şeyden önce biçimle, yani düşünce biçimleriyle özdeşleştirmesinden öte bir şey değildir. Eğer kötülüğün herhangi bir gerçekliği varsa (ki bu mutlak olmayan, göreceli bir gerçekliktir), biz bu gerçekliği açıklamak için tamamen biçimsel olan fiziksel, düşünsel ve duygusal tanımlamalar kullanırız. Bu da bizim bütünle olan bağlarımızın farkına varamamamıza, Kaynak'la olduğu kadar "diğer"leriyle de yaratılıştan bir birlik içinde olduğumuzu görememememize neden olur. İşte, bu unutkanlık "ilk günah"tır, acı çekmenin ve sanrılarla yaşamanın ta kendisidir. Bütünden ayrı olma yanılgısı bizim tüm düşüncelerimize, yaptıklarımıza ve söylediklerimize hakim olur ve onların temelini oluştururularsa, o zaman biz ne gibi bir dünya yaratmış oluruz? Bunun yanıtını bulmak için, insanların birbirleriyle olan iletişimlerine bir bakın, bir tarih kitabı okuyun veya bu gece televizyondaki haberleri izleyin.

Eğer insan beyninin yapısı değişmeden kalırsa, temelinde aynı olan bir dünyayı, içerdiği tüm kötülükler ve deliliklerle birlikte aynen ve tekrar tekrar yaratma durumuyla karşı karşıya gelmemiz kaçınılmazdır.

YENİ BİR CENNET VE YENİ BİR DÜNYA

"Dünya" sözcüğü biçimin dışa vuran tezahürü, yani içtekinin dışa yansımış halidir. İnsanoğlunun kolektif bilinci ile gezegenimizdeki yaşam, özünde birbirleriyle bağlantılıdır. *"Yeni bir gökyüzü (cennet)" insan bilincinin dönüşüme uğramış halidir ve "yeni bir yeryüzü de (dünya), bu bilincin fiziksel âlemdeki bir yansımasıdır.* İnsan hayatı ve insan bilinci gezegenimizdeki hayatla özünde bir birlik içinde olduğu ve bir bütün oluşturduğu için, eski bilinç durumu eriyip çözülürken, gezegenin pek çok yerinde eşzamanlı coğrafi ve iklimsel değişikliklerin ve doğal afetlerin yaşanması gerekir. Nitekim bizler bunların bazılarına tanık olmaya başladık bile.

İKİNCİ BÖLÜM

EGO: İNSANLIĞIN ŞU ANKİ DURUMU

Sözcükler, ister ses haline getirilerek ağzımızdan çıksınlar veya düşünceler halinde kalarak seslendirilmeden bırakılsınlar, üzerimizde neredeyse hipnotik diyebileceğimiz bir etki yaparlar. Kendinizi kolaylıkla onların içinde kaybedebilir ve bir sözcüğü bir nesneyle ilişkin kıldığınızda, adeta büyülenmiş gibi o nesnenin ne olduğunu kesin olarak bildiğiniz inancına kapılırsınız. Gerçek şudur ki, siz o nesnenin ne olduğunu aslında bilmiyorsunuzdur. Sizin yaptığınız, gizemli bir şeyi bir etiketle örtmekten başka bir şey değildir. Hiçbir şeyin, örneğin bir kuşun, bir ağacın, en basit bir taşın ve özellikle de bir insanın tamamıyla bilinmesi mümkün değildir, çünkü onlar akıl sır ermez bir derinliğe sahiptir. Bizim algılayabildiğimiz, deneyimleyebildiğimiz ve hakkında kafa yorduğumuz her şey, gerçeğin sadece üst tabakası olup ve buzdağının ucu bile değildir.

Yüzeydeki görünüşün altındaki her şey sadece birbiriyle değil, kendilerinin ve tüm hayatın gelmiş olduğu Kaynak'la da bağlantılıdır. Bir taş parçası bile sizi Tanrı'ya, Kaynak'a, kendinize giden yolu gösterebilir. Bunu, doğal olarak bir çiçek veya bir kuş daha kolaylıkla yapar. Ona baktığınızda, onu elinize aldığınızda ve onu herhangi bir ad dayatmadan veya herhangi bir zihinsel etiket yapıştırmadan *olduğu gibi* bıraktığınızda, içinizin bir huşu ve hayranlıkla dolduğunu görürsünüz. Onun içindeki öz sessizce sizinle iletişim kurar ve kendi özünüzü size geri yansıtır. Büyük sanatçıların hissettikleri ve sanatlarıyla yansıtmayı başardıkları şey de işte budur. Örneğin Van Gogh "Bu sadece eski bir sandalyedir," dememiştir. Böyle demek yerine, o sandalyeye defalarca bakmış, bakmış, bakmış ve ancak onun içindeki Var'lığı hissettikten sonra tuvalinin karşısına geçerek fırçasını eline almıştır. O sandalyenin kendisi belki birkaç dolara satılabilirdi, ama onu yansıtan tablo bugün 25 milyon dolardan bile fazla etmektedir.

Dünyayı sözcüklerle ve etiketlerle doldurmazsanız, uzun zaman önce insanların düşünceyi kullanmak yerine, onun esiri oldukları vakit kaybettikleri mucizevi bir duygu hayatınıza geri döner. Hayatınız bir derinlik kazanır. Her şeye bir yenilik ve tazelik gelir. En büyük mucize ise, tüm sözcükleri, düşünceleri, zihinsel etiketleri ve imgeleri aşarak öz benliğinizi deneyimleyebilmenizdir. Bunun gerçekleşmesi için "ben"i, yani Var'lık duygunuzu bulaştığı her şeyden, yani özdeşleştiği tüm şeylerden kurtarmanız gerekir. Bu kitap da zaten bu kördüğümü nasıl çözeceğinizle ilgili...

Şeylere, insanlara veya olaylara sözel veya zihinsel etiketler yapıştırmakta ne kadar aceleci davranırsanız, sizin gerçeğiniz de o kadar sığ ve cansız olur. Başka bir deyişle, içinizde ve çevrenizde hiç durmaksızın gözler önüne serilmekte ve kendisini belli etmekte olan hayat denen mucizeye, yani gerçeğe karşı o kadar duyarsız olursunuz. Etiket yapıştırmakta zeki olabilir ve bu konuda belirli beceriler kazanabilirsiniz ama bu arada, sadece bilgeliğinizi değil, neşenizi, sevginizi, yaratıcılığınızı ve farkındalığınızı da kaybedersiniz. Bütün bunlar algılama ile yorumlama arasındaki boşluk içinde kaybolup gitmişlerdir. Ama şunu da söylemeliyiz ki, sözcükleri ve düşünceleri tabii ki kullanmak zorundayız. Onların da kendilerine özgü bir güzelliği var, ama onların esiri olmak zorunda mıyız?

Sözcükler gerçeği, insan aklının kavrayabileceği bir boyuta indirger, bu da çok önemli bir olay değildir. Lisan dediğimiz şeyde, ses tellerimizin çıkartabildiği sekiz temel ses bulunmaktadır. Bunlar *a, e, ı, i, o, ö, u* ve *ü* adını verdiğimiz ünlülerdir. Diğerleri ise, havanın basıncıyla çıkan ve sessiz harflerle temsil edilen *s, f, g* ve benzeri gibi seslerdir. Siz, bu temel seslerden oluşan birtakım kombinasyonların sizi veya evrenin nihai amacını veya herhangi bir ağacı veya taşı derinliğine anlatabileceğine gerçekten inanıyor musunuz?

İLLÜZYON BENLİK

"Ben" sözcüğü, nasıl kullanıldığına bağlı olarak, hem en büyük hatayı, hem de en derin gerçeği içinde barındırır. ("Bana", "beni", "bende", "benim", "kendim" gibi ilgili sözcükleri de hesaba kattığımız vakit), bu sözcüğün geleneksel olarak bir lisanda en sıklıkla kullanılan ama aynı zamanda, insanı en yanlış yönlendirenler sözcüklerden biri olduğunu görürüz. Günlük kullanımda "ben" sözcüğü, ezelden beri var olan çok önemli bir hatayı içerir, çünkü sizin kim olduğunuza dair bir yanlış anlamaya neden olmakta ve sahte bir kimlik duygusu yaratmaktadır. Biz buna ego diyoruz. Sadece uzayla ve zamanla değil, insan doğasıyla da ilgili çok derin içgörülere sahip olan Einstein bu sahte benlik duygusunu "optik bir bilinç yanılsaması" olarak tanımlamıştır. Bu illüzyon benlik daha sonra gerçekle, düşünceyle, etkileşimlerle ve ilişkilerle ilgili tüm yorumlar, daha doğrusu yanlış yorumlar için bir temel oluşturur. Yani, sizin gerçeğiniz, orijinal illüzyonun bir yansıması haline gelir.

İyi haber ise şudur: İllüzyon olduğunu fark ettiğiniz anda illüzyon, illüzyon olmaktan çıkar. İllüzyonun fark edilmesi demek, onun sona ermesi demektir. Onun hayatta kalması için sizin onun gerçek olduğuna inanmayı sürdürmeniz gerekir. Kim olmadığınızı gördüğünüz anda, kim olduğunuz gerçeği kendiliğinden ortaya çıkar. Ego denilen o sahte benliğin mekanizmasını incelediğimiz bu ve bundan sonraki bölümleri içinize sindire sindire okurken siz de bu deneyimi yaşayacaksınız. Dilerseniz, ilk olarak bu illüzyon benliğin doğasında neler var, ona bakalım.

"Ben" sözcüğünü kullandığınızda söylemek istediğiniz şey, aslında sizin asıl kimliğiniz değildir. Bu sözcüğü kullanırken yaptığınız şey, koskoca bir basitleştirme yapmak ve son derece derin olan asıl kimliğinizi, ses tellerinizden çıkan bir ses veya zihninizdeki "ben" düşüncesi ve "ben"in özdeşleştiği herhangi bir şey ile karıştırmaktır. Peki, "ben" ve onunla bağlantılı olan "bana", "beni", "bende", "benim" gibi sözcüklerle neyi kastediyoruz?

Küçük bir çocuk, ebeveynlerinin ses tellerinden çıkan bir dizi sesin kendi adı olduğunu öğrendiği vakit, beyninde bir düşünce haline gelen bir sözcüğü kim olduğuyla özdeşleştirmeye başlar. Bu aşamada, bazı çocuklar kendilerinden üçüncü şahısmış gibi bahsederler. "Johnny'nin karnı acıktı," gibi. Kısa bir süre sonra, sihirli "ben" sözcüğünü öğrenirler ve bunu, daha önceden kim olduklarıyla eş tuttukları adlarıyla özdeşleştirirler. Daha sonra başka düşünceler gelir ve orijinal "ben" düşüncesiyle birleşir. Bundan sonraki aşama, "beni" ve "benim" düşüncelerinin, şu veya bu şekilde "ben"in parçaları olan şeyleri tanımlamak için kullanılmasıdır. Bu, kişinin kendisini nesnelerle özdeşleştirmesi, yani şeylere yatırım yapmasıdır, ama bir süre sonra bu şeyler sonuçta şeyleri temsil eden ve onlardan bir kimlik oluşturan düşüncelere dönüşür. Böylece, "benim" oyuncağım kırıldığı veya biri onu benim elimden aldığı vakit, yoğun bir ıstırap duygusu oluşur. Bunun nedeni, o oyuncağın sahip olduğu özgün değer değildir, çünkü çocuk bir süre sonra o oyuncağa olan ilgisini kaybedecek ve onun yerine başka oyuncaklar koyacaktır. Bu ıstırabın nedeni, çocuktaki "benim olan" düşüncesidir, çünkü oyuncak çocuğun gelişmekte olan benlik duygusuyla, yani "ben" düşüncesiyle özdeşleşmiş bulunmaktadır.

Çocuk büyürken de, bu orijinal "ben" düşüncesi aynı şekilde diğer düşünceleri kendisine doğru çeker ve çocuğun kendisini bir cinsiyetle, mülkiyetle, duyular yoluyla algıladığı bedeniyle, bir milliyetle, ırkla, dinle ve meslekle özdeşleştirmesine neden olur. "Ben" düşüncesinin özdeşleştiği diğer şeyler annelik, babalık, kocalık ve karılık gibi rollerin yanı sıra, bilgi veya fikir birikimleri, beğenilen veya beğenilmeyen şeyler ve "bana" geçmişte olan ve anıları benim benlik duygumu "beni ve hikayemi" daha kapsamlı bir şekilde anlatan düşüncelerdir. Bütün bunlar, bir kişinin kimlik duygusunu sağladığı şeylerden sadece bazılarıdır ve tümüne bir benlik duygusu yatırımı yapılmış olması nedeniyle, tehlikeli bir şekilde bir arada tutulan düşüncelerden daha fazlası değillerdir. Bu zihinsel yapı, normalde "ben" dediğiniz zaman kastettiğiniz şeydir. Daha açık söylemek gerekirse, çoğu zaman "ben" diyen veya "ben" diye düşünen siz değil, o zihinsel yapının, yani ego-benliğinizin bir parçasıdır. Ama uyanışı yaşadığınız vakit, "ben" sözcüğünü hâlâ kullanmakla birlikte, onun içinizin çok daha derinliklerinden geldiğini hissedeceksiniz.

İnsanların çoğu kendilerini hâlâ ardı arkası kesilmeyen bir zihin akışıyla, yani çoğu tekrardan ibaret ve anlamsız olan kompülsif (zorlayıcı) düşüncelerle özdeşleştirmektedir. Bu kişilerde, onların düşüncelerinden ve bunların beraberlerinde getirdikleri duygulardan ayrı bir "ben" yoktur. Spiritüel olarak bilinçsiz olmak da zaten böyle bir şeydir. Kafalarının içinde hiç durmadan konuşan bir ses olduğu söylendiğinde, onlar "Ne sesi?" derler veya öfkeli bir şekilde bunu inkar ederler. Aslında bunu söyleyen de *o* ses, o düşünce ve gözlemlenmeyen o zihindir. Bunu, onları ele geçirmiş olan bir yaratık olarak da tanımlayabiliriz.

Bazı insanlar, kendilerini düşüncelerinden ilk kez kurtardıkları ve kısa bir süre için dahi olsa, bir kimlik değişimi yaşayarak zihinlerinin içeriği olma konumundan arka alanda bekleyen farkındalık konumuna geçtikleri anı asla unutamazlar. Diğer bazıları için bu, öylesine belli belirsiz bir şekilde gerçekleşir ki, onlar bunun farkına bile varmazlar veya sadece nedenini bilmedikleri bir neşe akınına uğradıklarını veya içsel bir huzur yaşadıklarını hissederler.

KAFAMIZIN İÇİNDEKİ SES

Ben ilk farkındalığımı Londra Üniversitesi'nde birinci sınıf öğrencisiyken yaşadım. Haftada iki gün, üniversite kütüphanesine gitmem gerekiyordu. Metroya, genellikle sabah trafiğinin yoğunluğunu kaybetmeye yüz tuttuğu saat 9 sularında biniyordum. Bir keresinde, muhtemelen otuzlu yaşların başında olan bir kadın tam karşıma oturmuştu. Bu kadını daha önce birkaç kez aynı trende görmüştüm. Onu fark etmemek mümkün değildi. Vagon dolu olmasına rağmen, oturduğu yerin sağı ve solu hep boş kalıyordu, bunun nedeni de hiç şüphesiz kadının delilik belirtileri göstermesiydi. Son derece katı bir görünümü vardı ve kendi kendine hiç durmadan yüksek ve öfkeli bir sesle konuşuyordu. Kendisini öylesine düşüncelere kaptırmış gibiydi ki, ne diğer kişileri ne de çevresini hiç umursamıyordu. Yanındaki boş yerde oturan birisiyle konuşuyormuş gibi, hep aşağıya doğru bakıyordu. Başını da öne ve hafifçe sola doğru eğmişti. İçeriğini tam olarak hatırlamıyorum, ama kendi kendine yaptığı bu konuşmada şöyle diyordu: "Ve sonra o da bana dedi ki... Ben de ona sen bir yalancısın dedim beni sürekli istismar eden sensin öyleyse nasıl oluyor da beni .... yapmakla suçluyorsun sana güvenmiştim ama sen benim güvenime ihanet ettin..." Sesinde haksızlığa uğramış ve pozisyonunu ortaya koymadığı takdirde yok olup gitme tehlikesi altında olduğuna inanan birinin öfkesi vardı.

Tren Tottenham Court Road istasyonuna yaklaşırken, kadın ayağa kalktı ve nefes almadan konuşmaya devam ederek kapıya doğru ilerledi. Ben de bu durakta inecektim, dolayısıyla onun arkasından ben de kalktım. Sokağa çıktığımızda, onun aynı hayali diyaloğu sürdürdüğünü ve aynı suçlamalarda bulunduğunu fark ettim. Bedford Meydanı'na doğru ilerliyordu. Merakım ağır bastı. Benimle aynı güzergahta yürüdüğü müddetçe onu takip etmeye karar verdim. Kadın, hayali sohbetine kendisini fazlasıyla kaptırmıştı ama nereye gittiğini kesinlikle biliyor gibiydi. Az sonra, üniversitenin merkez yönetim binası ve kütüphanesi olarak kullanılan 1930'lardan kalma görkemli Senato Binası'nın önüne geldik. Hayretler içindeydim. Aynı yere gidiyor olabilir miydik? Evet, o da kesinlikle oraya doğru yönelmişti. Bir öğretmen miydi acaba, yoksa bir öğrenci, ofiste çalışan bir memur veya bir kütüphaneci filan mıydı? Belki de bir psikoloğun araştırma konusuydu. Bunu asla öğrenemedim, çünkü onu yirmi adım geriden takip etmeme rağmen, ben (ironik bir şekilde George Orwell'in 1984 adlı romanın film versiyonunda "Akıl Polisi'nin karargahının olduğu yer olan) kütüphane binasına girene kadar o, asansörlerden birine girmiş ve çoktan gözden kaybolmuştu...

Az önce tanık olduklarım beni gerçekten de çok etkilemişti. Yirmi beş yaşında, olgun bir birinci sınıf öğrencisiydim. Kendimi geleceğin entelektüelü olarak görüyor ve insan varlığının tüm çıkmazlarının düşünme yoluyla çözümlenebileceğine inanıyordum. O sıralarda, insan varlığının asıl çıkmazının, bir farkındalık içine girmeden düşünmek olduğunu henüz kavramış değildim. Ben profesörlere, her şeyin yanıtını bilen bilgeler, üniversiteye de bir bilgi tapınağı gözüyle bakıyordum. Az önce gördüğüm deli kişi böyle bir kurumun bir parçası nasıl olabilirdi ki?

Kütüphaneye girmeden önce ziyaret ettiğim erkekler tuvaletindeyken de bu kadını düşünmeye devam ettim. Ellerimi yıkarken, şöyle düşündüm: Umarım, günün birinde ben de onun gibi olmam. Yanımdaki adam bir an için benim olduğum yere doğru bir bakış attı. O anda büyük bir şaşkınlık yaşadım, çünkü o anda bu sözcükleri düşünmediğimi ve yüksek sesle söylediğimi fark etmiştim. "Aman Tanrım," diye düşündüm. "Ben onun gibi olmuşum bile." Benim de zihnim onunki kadar meşgul ve kendi düşünceleri içinde kaybolmuş değil miydi? Aramızda sadece belli belirsiz farklılıklar vardı. Onun düşüncelerinin arkasında yatan baskın duygu öfkeydi. Benim durumumda ise, genellikle endişe duygusuydu. O, yüksek sesle düşünüyordu. Ben ise, genellikle zihnimden düşünüyordum. Eğer o deli idiyse, o zaman ben de dahil olmak üzere, herkesin deli olması gerekirdi. Aramızda sadece derece farkı vardı.

Bir an için, kendimi zihnimden soyutladım ve olaya daha derin bir perspektiften bakmaya çalıştım. Düşünceden farkındalığa doğru, kısa süreli bir rota değişikliği yaptığımı hissettim. Hâlâ erkekler tuvaletindeydim, ama şimdi tek başımaydım ve aynadaki yüzüme bakıyordum. Zihnimden sıyrıldığımı hissettiğim o anda, yüksek sesle gülmeye başladım. Bazılarının delice olarak tanımlayabileceği bu kahkaha aslında akıl sağlığının, koca göbekli Buda'nın kahkahasıydı ve bana "Hayat, zihninin sandığı kadar ciddiye alınacak bir şey değil," der gibiydi. Ama bu sadece bir an sürdü ve o anı unutmam çok vakit almadı. Ondan sonraki üç yılımı endişeler ve depresyon içinde ve kendimi tamamen aklımla özdeşleştirerek geçirdim. O farkındalığı yeniden yaşayana kadar intiharın eşiğinde dolanıp durdum ve daha sonra farkındalık benim için anlık bir bakış olmaktan çıktı. Kompülsif düşüncelerden ve zihnimin ürünü olan o sahte "ben"den nihayet kurtulmuştum.

Bu bahsettiğim olay, sadece farkındalığa ilk kez bakış atmamı sağlamakla kalmamış, aynı zamanda insan aklına kayıtsız şartsız güvenme konusundaki ilk şüphe tohumlarını da içime ekmişti. Birkaç ay sonra, başıma şüphelerimi güçlendiren trajik bir olay geldi. Bir pazartesi sabahı, hayranlık duyduğum ve düşüncelerini çok beğendiğim bir profesörün vereceği bir konferansı dinlemek için üniversiteye geldiğimde, onun hafta sonunda kendisini vurarak intihar ettiğini öğrendim. Şoke olmuştum. Çok saygın bir öğretmendi ve tüm yanıtları biliyor gibi görünüyordu. Ben o zamanlar yine de tek alternatifin düşünmeyi geliştirmek olduğunu sanıyor ve onun bilincin sadece minicik bir parçası olduğunu göremiyordum. Ayrıca, bırakın egoyu kendi içimde bulmayı, onun ne anlama geldiğini bile bilmiyordum.

EGONUN İÇERİĞİ VE YAPISI

Ego-temelli zihin (egosal zihin) tamamen geçmişle şartlanmıştır. Bu şartlanma, egonun içeriği ve yapısıyla ilgili olmak üzere çift yönlüdür.

Oyuncağı elinden alındığı için derin bir kederle ağlayan çocuk için, o oyuncak içeriği temsil eder. Bu oyuncağın yerini başka bir içerik, yani başka bir oyuncak veya nesne alabilir. Kendinizi özdeşleştirdiğiniz içerik de, sizin çevrenizle, yetiştirilme tarzınızla ve içinde yaşadığınız kültürle şartlanmıştır. Çocuk zengin veya yoksul olabilir ve oyuncağının da hayvan şekli verilmiş bir tahta parçası veya sofistike bir elektronik alet olması, onun kaybının çocukta neden olduğu acıyı değiştirmez. Böylesine güçlü bir acının oluşması "benim" sözcüğünün içinde gizlidir ve bu acı yapısaldır. Kişinin kimliğini güçlendirmek için bilinçdışı bir zorlamayla herhangi bir nesneyle bağlantı kurması, egosal zihnin yapısının içine işlemiş olan bir durumdur.

Egonun vücut bulduğu en temel zihin yapılarından birisi özdeşleşmedir. "Özdeşleşme/Identification" sözcüğü Latince "aynı" anlamına gelen "idem" ve "yapmak" anlamına gelen "facere" sözcüklerinden türemiştir. Demek ki, bir şeyle özdeşleştiğim vakit, ben "o şeyi başka bir şeyle aynı yapmış" oluyorum. Yani, o şeyi "ben" ile aynı yapıyorum. En temel özdeşleşme düzeyi, nesnelerle olan özdeşleşmedir. Benim oyuncağım bir süre sonra benim arabam, benim evim, benim giysilerim, vb. olur. Kendimi nesnelerde bulmaya çalışırım ama bunda pek başarılı olamam ve sonunda bir de bakarım ki, onların içinde kaybolmuşum. Egonun kaçınılmaz yazgısı da işte budur.

ŞEYLERLE ÖZDEŞLEŞMEK

Reklam sektöründe çalışanlar, aslında ihtiyaçları olmayan bir şeyleri birilerine satabilmek için, bu nesnelerin onların kendilerine ve başkalarının onlara bakış açısına, diğer bir deyişle benlik duygularına bir şeyler katacağına dair o kişileri inandırmaları gerektiğini çok iyi bilirler. Size, örneğin falanca ürünü kullandığınız takdirde diğerlerinin arasından sıyrılacağınızı ve böylece gerçek kendiniz gibi olacağınızı söyleyerek yaparlar. Veya zihninizde o ürün ile şöhretli veya genç, çekici veya mutlu görünen bir kişi arasında bağlantı yaratırlar. Eski veya şu anda hayatta olmayan ünlülerin mesleklerinin zirvesindeyken çekilmiş fotoğrafları bile onların işine çok yarayabilir. Dile getirilmeyen varsayım şudur: O ürünü satın aldığınız takdirde, size sihirli bir değnek değecek ve siz de onlar gibi olacak, daha doğrusu onların yüzeysel imgesi haline geleceksinizdir. Dolayısıyla, çoğu kez bir ürünü değil, bir "kimlik güçlendiricisi"ni satın alıyorsunuzdur. Marka ürünler, her şeyden önce satın aldığınız kolektif kimliklerdir. Bunlar pahalıdır ve o nedenle de "kişiye özel"dir. Eğer onları herkes satın alabilseydi, bu ürünler psikolojik değerlerini kaybederler ve elinizde onlar için ödediğiniz paranın çok küçük bir bölümünü oluşturan maddesel bir değer kalırdı.

İnsanların kendilerini özdeşleştirdikleri şeyler yaşa, cinsiyete, gelir düzeyine, mensubu olunan sosyal sınıfa, günün modasına, içinde yaşanılan çevreye, vb. gibi faktörlere bağlı olarak kişiden kişiye değişmektedir. *Ne* ile özdeşleştiğiniz tamamen içerikle bağlantılıdır; ama özdeşleşmek için yapılan bilinçsiz zorlama, yapısaldır. Egosal zihnin en temel çalışma yöntemlerinden biri de budur.

Çelişkili olarak, bizim tüketici olarak tanımladığımız toplumun ayakta kalmasını sağlayan şey, insanların kimliklerini nesneler aracılığıyla bulmaya çalışmasının işe yaramamasıdır. Egonuzun tatmin olma süresi çok kısadır, dolayısıyla hemen daha çok şey arayışı içine girer, satın almayı sürdürür, yani tüketmeye devam edersiniz.

Doğal olarak, yüzeysel benliklerimizin içinde yaşamakta olduğu bu fiziksel boyutta, nesneler gereklidir ve hayatımızın kaçınılmaz parçalarıdır. İçinde yaşayacak bir eve, giysilere, eşyalara, aletlere ve ulaşım araçlarına ihtiyaç duyarız. Hayatımızda, güzel veya özünde nitelikli oldukları için değer verdiğimiz şeyler olabilir. Nesnelerin dünyasını aşağılamak yerine, ona saygı duymamız gerekir. Geçici bir şekle bürünmüş olan her bir şeyin kökeni, her şeyin, her cismin, her yaşam formunun kaynağı olan ve biçimsel olmayan tek bir Hayat'a kadar uzanır. Antik çağ kültürlerinin pek çoğunda insanlar (cansız olduğu düşünülenler de dahil olmak üzere), her şeyin içinde yaşayan bir ruh olduğuna inanırlardı. O açıdan baktığımızda, onlar gerçeğe bizim bugün olduğumuzdan çok daha yakındılar. Zihinsel soyutlamanın öldürdüğü bir dünyada yaşadığınızda, evrenin canlılığını hissetmezsiniz. Gerçekten de, insanların pek çoğu yaşayan değil, kavramsallaşmış bir gerçeğin içinde yaşamaktadır.

Ama kendi kimliğimizi güçlendirmek, diğer bir deyişle özdeşleşmek için kullandığımız şeylere gerçek anlamda itibar etmemiz mümkün değildir. Aslında, egonun yaptığı da tam anlamıyla budur. Egonun şeylerle özdeşleşmesi, şeylere bağlanmaya ve onlara karşı saplantılar geliştirmeye neden olur ve bu da sonunda, gelişmenin tek ölçüsünün daima *daha fazla* olduğu bir tüketici toplumunun ve ekonomik yapıların oluşmasına yol açar. Daha fazlaya ve sınırsız büyümeye olan bu istek kontrol edilmediği takdirde, işlevsel bir bozukluk ve bir hastalık haline gelir. Çoğalmaktan başka bir hedefi olmayan ve ait olduğu organizmayı mahvederken, kendi sonunu da getirdiğini fark etmeyen kanser hücreleri de aynı işlevsel-bozukluğu gösterir. Bazı ekonomistler büyüme kavramına öylesine bağlıdırlar ki, bu sözcükten vazgeçmeleri mümkün değildir. Dolayısıyla, ekonomideki durgunluğu bile "olumsuz büyüme" olarak tanımlarlar.

Pek çok insanın hayatının büyük bir bölümü, şeylerle ilgili saplantılar nedeniyle harcanıp gider. Nitekim günümüzün en önemli hastalıklarından biri, nesne bağımlılığıdır. Gerçek yaşamı hissedemediğiniz vakit, hayatınızı büyük bir olasılıkla nesnelerle doldurmak isteyeceksinizdir. Spiritüel bir uygulama olarak, size öz-gözlem yöntemiyle nesne dünyasıyla, özellikle de "benim" sözcüğüyle tanımladığınız şeylerle olan ilişkilerinizi incelemenizi önereceğim. Ama bu konuda, örneğin özünüze verdiğiniz değerin sahip olduğunuz nesnelere bağlı olup olmadığını değerlendirirken dikkatli ve dürüst olmalısınız. Belirli şeyler size bir tür üstünlük veya önemli olma duygusu veriyor mu? Onlardan mahrum olmak, sizden daha fazlasına sahip olanlara göre daha değersiz olduğunuzu aklınıza getiriyor mu? Hiç gereği yokken sahip olduğunuz şeyleri lafın arasına sıkıştırıyor veya onları başkalarının gözündeki öneminizi ve onlar vasıtasıyla da kendi gözünüzdeki öneminizi arttırmak için gösteriş için kullanıyor musunuz? Birilerinin sizden fazlasına sahip olduğunu gördüğünüzde veya değer verdiğiniz bir eşyanızı kaybettiğinizde öfkeleniyor ve değerinizden bir şeyler kaybetmiş gibi hissediyor musunuz?

KAYIP YÜZÜK

Danışmanlık ve spiritüel eğitmenlik yaptığım dönemlerde, haftada iki gün kanserle boğuşmakta olan bir kadını ziyaret ediyordum. Kırklı yaşların ortalarında ve bir öğretmen olan bu kadına doktorları birkaç aylık ömür biçmişlerdi. Bu ziyaretlerimde onunla arada bir, birkaç sözcük ediyorduk ama çoğunlukla sessizce oturuyorduk. Bu kadın, bir öğretmen olarak geçirdiği onca koşuşturmalı zamandan sonra, ilk kez birlikte geçirdiğimiz o sessiz anlarda kendi içindeki dinginliği yakalama şansı elde ediyordu.

Ama bir gün, ziyaretine gittiğimde onun çok öfkeli ve büyük bir stres altında olduğunu gördüm. "Ne oldu?" diye sordum. Hem maddi, hem de manevi değeri çok büyük olan elmas yüzüğünün kaybolduğunu söyledi. Yüzüğün her gün birkaç saat ona bakmaya gelen kadın tarafından çalındığından emindi. Bir insanın nasıl böyle bir şeyi ona yapacak kadar duyarsız ve kalpsiz olabildiğini bir türlü anlamadığını söylüyordu. Bana, kadınla yüzleşmesinin mi, yoksa vakit geçirmeden polisi aramasının mı daha iyi olacağını sordu. Ben de ona ne yapması gerektiğini söyleyemeyeceğimi belirttim ve hayatının bu aşamasında bu yüzüğün veya herhangi bir şeyin onun için ne kadar önemli olabileceğini bir gözden geçirmesi gerektiğini söyledim. "Anlamıyorsunuz," dedi. "Bu benim büyükannemin yüzüğüydü. Hastalanana ve parmaklarım şişene kadar bu yüzüğü takmaya devam etmiştim. O, benim için sıradan bir yüzük değil. Üzülmemem mümkün mü?"

Bu kadar süratle tepki vermesi ve sesindeki öfke ve savunucu ton, henüz kendi içine bakamadığını, gösterdiği tepkiyi başına gelen bu olaydan ayıramadığını ve onları tek tek tarafsızca izleyemediğini açıkça gösteriyordu. Gösterdiği öfke ve savunma moduna geçmiş olması, konuşanın kendisi değil egosu olduğunu belli eden işaretlerdi. Ona, "Size birkaç soru soracağım," dedim, "ama şimdi yanıt vermek yerine, isterseniz bu yanıtları kendi içinizde bulmaya çalışın. Her sorudan sonra bir süre bekleyeceğim. Bulacağınız yanıtı sözlerle ifade etmek zorunda da değilsiniz." Dinlemeye hazır olduğunu söyledi. Bunun üzerine ona, "Bu yüzüğü eninde sonunda, belki de pek yakında bırakmak zorunda kalacağınızı biliyorsunuz, değil mi?" diye sordum. "Onu bırakmaya hazır olmak için sizce ne kadar zamana ihtiyacınız var? Onu kaybetmiş olmak, sizin daha az mı kendiniz olmanıza neden olacak? *Sizin kim olduğunuz* bu kayıpla bir eksikliğe uğradı mı?" Son sorudan sonra birkaç dakikalık bir sessizlik oldu.

Tekrar konuşmaya başladığında, yüzünde bir gülümseme vardı ve huzuru bulmuş gibi görünüyordu. "Bu son soru önemli bir şeyi anlamamı sağladı," dedi. "Bir yanıt bulmak için önce zihnime danıştım ve zihnim bana 'Evet, tabii ki bir eksikliğe uğradın,' dedi. Sonra kendime 'Benim kim olduğum bu kayıpla bir eksikliğe uğradı mı?' sorusunu tekrar sordum. Bu kez sorunun yanıtını düşünmeye değil hissetmeye çalıştım. Ve aniden 'ben ben-im' diye hissettim. Öyle bir şey ilk kez başıma geliyordu. 'Ben ben-im' diye öylesine güçlü bir şekilde hissedebiliyorsam, o zaman kim olduğum da zayıflamış veya herhangi bir eksikliği uğramış olamaz diye düşündüm. Bunu hâlâ hissedebiliyorum, bana huzur veriyor ama kıpır kıpır bir duygu bu..."

Ona "İşte, sizin bu hissettiğiniz Var'lık Sevinci'dir," dedim. "Bunu ancak zihninizin içinden çıkmayı başardığınızda hissedebilirsiniz. İnsan bir Var'lık olduğunu hissetmelidir. Bunu düşünceyle yapamazsınız. Egonuz bunu bilmez, çünkü o safi düşüncedir. O yüzük sizin zihninizdeki bir düşünceydi ve siz onu "ben" olma duygusuyla karıştırıyordunuz. "Ben" olmanın veya onun bir parçasının, yüzüğün içinde olduğunu sanıyordunuz.

"Egonun aradığı ve bir şekilde bağlandığı her şey, onun hissetmesi mümkün olmayan Var'lığın yerine koyduğu şeylerdir. Siz bazı nesnelere değer verebilir ve onları önemseyebilirsiniz ama onlara bağlanan aslında siz değil, egonuzdur. Bir nesneye değil, içinde 'ben', 'beni' veya 'benim' olan bir düşünceye bağlanırsınız. Bir kaybı tamamen kabul ettiğiniz vakit, egonuzu ve kim olduğunuzu aşmışsınız demektir. Bilincin ta kendisi olan gerçek "ben" zaten o zaman ortaya çıkar."

"İsa'nın söylediği ve benim daha önce anlam veremediğim bir şeyi şimdi anlıyorum," dedi. "O şöyle demişti: Eğer birisi sizin gömleğinizi alırsa, ona paltonuzu da verin."

"Aynen öyle," dedim. "Tabii bu, kapınızı asla kilitli tutmayacaksınız demek değildir. Bir şeyin gitmesine izin vermenin, bazen onu korumaktan veya ona tutunmaya çalışmaktan daha güçlü bir eylem olması demektir.

Bedeninin iyice zayıf düştüğü son birkaç hafta, bu kadın giderek daha parıltılı ve içinden sanki bir ışık yayılıyormuş gibi bir görüntüye sahip oldu. Eşyalarının birçoğunu başkalarına verdi, hatta bazılarını yüzüğü çaldığını düşündüğü kadına hediye etti ve verdiği her eşyayla birlikte mutluluğu daha da perçinlendi. Annesi onun bu dünyadan ayrıldığını haber vermek için beni aradığında, yüzüğü onun ölümünden sonra banyodaki ecza dolabının içinde bulduklarından da bahsetti. Evde çalışan kadın yüzüğü geri getirmiş olabilir miydi, yoksa yüzük başından beri orada mıydı? Bunu hiç kimse bilemeyecek. Ama bildiğimiz bir şey var: Bilincinizin bir evrimden geçmesi için, hayat size daima en yararlı deneyimi yaşatacaktır. Bunun sizin ihtiyacınız olan deneyim olduğunu nasıl anlarsınız? Çünkü o, ihtiyacınız olduğu anda yaşamakta olduğunuz deneyimdir de ondan.

Peki, sahip olduğunuz şeylerle gurur duymanız veya sizden daha fazlasına sahip olanlara içerlemeniz yanlış bir şey midir? Kesinlikle değil. Bir insanın gurur duyması ve diğer insanların arasından sıyrılma ihtiyacını hissetmesi, benlik duygusunun görünüşte "daha fazlaya" sahip olmasıyla güçlenmesi veya "daha aza" sahip olmasıyla eksilmesi, aslında ne doğrudur, ne de yanlış. Bu sadece egonun bir özelliğidir. Yanlış olan ego değil, bilinçsizliktir. İçinizdeki egoyu fark ettiğinizde, onu aşmaya başlamışsınız demektir. Onu fazla ciddiyle almayın. Ego-temelli bir davranışta bulunduğunuzu sezerseniz, sadece gülümseyin. Hatta isterseniz kahkaha bile atabilirsiniz. İnsanlık nasıl olmuş da, bu kadar uzun bir süre boyunca tongaya basmış diye düşünmeye başlayabilirsiniz. Her şeyden önce, şunu bilin ki ego kişisel değildir. O siz değilsiniz. Egonun sizin kişisel sorununuz olduğunu düşünüyorsanız, onun oyununa biraz daha fazla gelmişsiniz demektir.

MÜLKİYET İLLÜZYONU

Bir şeye sahip olmak... Bunun anlamı tam olarak nedir? Bir şeyin "benim" olması ne demektir? New York'taki bir sokağın ortasında durup, gökdelenlerden birini parmağınızla göstererek, "Bu bina bana ait. Ben onun sahibiyim," derseniz, ya çok zenginsiniz, ya bir hayal dünyasında yaşıyorsunuz, ya da bir yalancısınız demektir. Bunlardan hangisi doğru olursa olsun, sizin yaptığınız şey, anlattığınız hikayede 'bina' düşüncesini 'ben' düşüncesinin içine sokmak ve ikisini karıştırmaktır. Mülkiyet kavramı zihinsel olarak böyle işler. İnsanlar sizin bu hikayenizi onaylarlarsa, bunu teyit etmek için birtakım kağıtlar imzalanır ve zengin olduğunuz tescil edilir. Hikayeye kimse inanmazsa, sizi gönderecekleri yer bir psikoloğun ofisidir, çünkü siz ya hayal dünyasında yaşayan birisiniz ya da iflah olmaz bir yalancı…

Burada önemli olan şey, insanlar size inansın veya inanmasın, bu hikayeyi oluşturan düşünce şekillerinin, sizin kim olduğunuzla uzaktan veya yakından bir ilgisi olmadığını kavramaktır. İnsanlar size inansalar bile, hikayeniz bir kurgudan ibarettir. İnsanların pek çoğu, ölüm döşeğinde yatana ve dış dünyada olup bitenlerle olan bağları kopmaya başlayana kadar, sahip oldukları *hiçbir şeyin* onların kim olduklarıyla herhangi bir bağlantısı olmadığını anlayamazlar. Ölüm yaklaştıkça, mülkiyet kavramının anlamsızlığını ve nasıl bir aldatmaca olduğunu anlarlar. Hayatlarının son anlarında şunun farkına varırlar: Tüm hayatları boyunca daha güçlü bir benlik duygusu arayışı içinde olmuşlardır, ancak asıl aramakta oldukları şey, onların gerçek benlikleridir. Bu gerçek benlik başından beri oradadır, ama kendilerini şeylerle, yani zihinleriyle özdeşleştirmiş olmaları nedeniyle o benlikleri büyük ölçüde karanlıkta kaldığı için onu fark edememişlerdir.

İsa, "Ne mutlu ruhu yoksul olanlara, çünkü gökyüzünün (cennetin) krallığı onların olacaktır," demiştir. "Ruhu yoksul olmak" ne demektir? Bunun anlamı, içsel yüklerden ve nesnelerle özdeşleşmelerden arınmış olmaktır. Kişinin kendisini nesnelerle ve zihinsel kavramlarla özdeşleştirmemesi demektir. Ya "gökyüzünün (cennetin) krallığı" ne anlama gelmektedir? Gökyüzünde (cennette) kral olmak demek, kişinin kendisini özdeşleşmelerden kurtarması ve "ruhunu yoksullaştırdığı" vakit, yalın ama çok derin olan bir Var'lık Sevinci'ni yaşamasıdır.

Sahip olunan tüm şeylerden vazgeçmenin çok eskilerden beri Hem Doğu, hem de Batı felsefelerinde yer bulan bir uygulama olmasının nedeni de budur. Ne var ki, mülkiyetten vazgeçmek sizi otomatik olarak egonuzdan kurtarmaz. Egonuz özdeşleşecek başka şeyler bularak yerini korumak isteyecek ve örneğin, maddiyata olan tüm ilgisini aşmayı başarmış biri olarak, sizin diğer insanlardan daha spiritüel, dolayısıyla da onlardan *daha* üstün olduğunuza dair zihinsel bir imge bile yaratacaktır. Nitekim öyle insanlar vardır ki, sahip oldukları her şeyden vazgeçmişlerdir ama pek çok milyonerden daha büyük egoları vardır. Bir özdeşleşme nesnesini ortadan kaldırsanız bile, ego onun yerine hemen bir başkasını bulacaktır, çünkü bir kimliği olduğu sürece, neyle özdeşleştiğine aldırmaz. Tüketim veya özel mülkiyet karşıtı olmayı, nesnelerle özdeşleşmenin yerini alan bir diğer düşünce şekli veya yeni bir zihinsel pozisyon olarak benimser. Böylece bunları kullanarak kendisini haklı, diğerlerini haksız çıkaracaktır. Daha sonra göreceğimiz gibi, kendisini haklı, başkalarını ise haksız çıkarmak, egosal zihinsel kalıpların ve bilinçsizlik şekillerinin en önemlilerinden biridir. Diğer bir deyişle, egonun içeriği değişebilir ama onu canlı tutan zihin yapısı değişmez.

Bilinçsiz varsayımlarımızdan bir tanesi de, mülkiyet yanılgısına düşerek kendimizi bir nesneyle özdeşleştirirken, o nesnenin görünüşteki sağlamlığı ve kalıcılığının benlik duygumuzu da daha sağlam ve kalıcı hale getireceğine inanmamızdır. Bu, özellikle binalar ve belki de yok edilmesi mümkün olmayan tek şey olarak gördüğünüz için, daha çok araziler için geçerli olan bir durumdur. Halbuki bir şeye sahip olmanın saçmalığı aslında arazi mülkiyeti durumunda daha açıkça ortadadır. Beyazların yerleşmeye başladığı dönemde, bir araziye sahip olma hırsı Kuzey Amerika'daki yerlilerin akıllarının almadığı bir kavramdı. Avrupalılar tarafından önlerine koyulan kağıtlar da bir anlam taşımadığı için topraklarını kaybettiler, çünkü onlara göre, toprak onlara değil, onlar toprağa aitlerdi.

Ego, sahip olmayı Var'lıkla eşit tutma eğilimindedir. Sahibim, öyleyse Var'ım. Ne kadar çok şeye sahip olursam, o kadar çok "ben" olurum. Ego, varlığını kıyaslamalarla sürdürür. Başkalarının sizi nasıl gördüğü, sizin kendinizi nasıl gördüğünüze dönüşür. Eğer herkes bir köşkte yaşasaydı veya herkes varlıklı olsaydı, sizin köşkünüz veya zenginliğiniz sıradanlaşır ve bu durum sizin benlik duygunuzu yüceltmeye pek yaramazdı. O zaman, küçük bir kulübeye çekilir, zenginliğinizden vazgeçer ve kendinizi diğerlerinden daha spiritüel olarak gördüğünüz ve başkalarının da sizi öyle gördüğü yeni bir kimlik kazanarak egonuzu bu şekilde beslerdiniz. Başkalarının sizi nasıl gördüğü, sizin neye benzediğinizi ve kim olduğunuzu yansıtan bir ayna gibidir. Egonun öz-değer duygusu çoğu kez sizin başkalarının gözündeki değerinizle ilintilidir. O yüzden, size bir benlik duygusu vermeleri için başkalarına ihtiyaç duyarsınız. Öz-değeri büyük ölçüde sizin nelere ve ne miktarda sahip olduğunuzla aynı kefeye koyan bir kültürde yaşıyor ve bu kolektif aldatmacanın ötesine geçemiyorsanız, öz-değerinizi bulabilmek ve benlik duygunuzu eksiksiz hale getirme ümidiyle hayatınız boyunca bu şeylerin peşinden koşacaksınız demektir.

Şeylere bağlı olmaktan nasıl vazgeçebilirsiniz? İsterseniz bunu yapmayı denemeyin bile, çünkü bu imkansızdır. Şeylere olan bağlılık, ancak kendinizi onların içinde görmekten vazgeçtiğiniz zaman kendiliğinden ortadan kalkar. O ana kadar, sadece şeylere bağlı olduğunuzun bilincinde olun. Bazen, belirli bir şeye bağlı olduğunuzu, onu kaybedene veya kaybetme riskiyle karşılaşana kadar bilmezsiniz bile. Böyle bir durum başınıza geldiğinde üzüntü, endişe veya benzeri bir his içine girerseniz, bu sizin o şeye bağlanmış olduğunuzu gösterir. Ama kendinizi bir şeyle özdeşleştirmiş olduğunuzun farkına vardığınız anda, bu özdeşleşme eksiksiz olmaktan çıkar. "Ben bağlı olduğunun farkında olan farkındalığım," dediğiniz anda, bilincinizde bir dönüşüm olmaya başlamış demektir.

İSTEMEK: DAHA FAZLASINA İHTİYAÇ DUYMAK

Ego kendisini sahip olmakla özdeşleştirir, ama sahip olmaktan duyduğu tatmin hissi oldukça sığ ve kısa ömürlüdür. Onun içinin derinliklerinde bir tatminsizlik, eksiklik ve "yeterli olmama" duygusu yuva yapmıştır. "Henüz yeterli şeye sahip değilim," diyen egonun asıl söylemek istediği şey, "Henüz *ben* yeterli değilim"dir.

Daha önce de gördüğümüz gibi, *sahip olma*, yani mülkiyet kavramı, egonun kendisini sağlamlaştırmak ve kalıcı kılmak, başkalarının arasından sıyrılmak ve kendisine özel bir konum kazandırmak için yarattığı bir kurgudur. Ama bir şeylere sahip olmak, kendinizi bulmak için yeterli değildir. O yüzden, egonuzun yapısındaki daha güçlü başka bir dürtü devreye girer. Bu, daha fazlasına ihtiyaç duyma, yani "daha fazlasını isteme" diye tanımlayabileceğimiz bir dürtüdür. Hiçbir ego, daha fazlasını istemeden duramaz. O nedenle, egonun yaşaması için "sahip olmak"tan çok "istemek" etkili olur. Yani ego sahip olmaktan çok, daha fazlasını istemeyi ister. Ve böylece, sahip olmanın verdiği sığ tatmin duygusunun yerini daima daha çok istemek alır. Bu, psikolojik olarak daha fazlaya ihtiyaç duymak, yani kişinin kendisini özleştirebileceği daha fazla şey bulma özlemidir. Ama bu, gerçek bir ihtiyaç değil, bağımlılık diyebileceğimiz türden bir ihtiyaçtır.

Egonun en belirgin özelliğini oluşturan daha fazlaya sahip olma veya yeterli şeye sahip olmama duygusu bazı durumlarda öyle güçlenir ki, fiziksel bir boyuta taşınır ve doyurulması imkansız olan bir açlığa dönüşür. Örneğin, *bulimia*dan mustarip olan kişiler kilo almadan yemeye devam edebilmek için kendilerini kusmaya zorlarlar. Aslında aç olan bedenleri değil, beyinleridir. Bu tür bir beslenme bozukluğu, ancak bu kişilerin kendilerini zihinleriyle özdeşleştirmekten kurtarıp, bedenleriyle iletişime geçmeleriyle ve egosal zihinlerindeki sahte açlığı değil, bedenlerindeki gerçek ihtiyaçları hissetmeleriyle şifa bulabilir.

Bazı egolar ne istediklerini bilirler ve amaçları doğrultusunda kararlı bir şekilde ve acımasızca ilerlerler. Cengiz Han, Stalin ve Hitler bu bağlamda verebileceğimiz abartılı birkaç örnektir. Ama bu kişilerin daha fazlasını istemelerinin gerisindeki enerji, eşit yoğunlukta ters bir güç yaratarak sonunda onların düşüşüne neden olmuştur. Bu kişiler, bu arada sadece kendilerini değil, başkalarını da mutsuz etmişler ve yukarıda verdiğimiz abartılı örneklerdeki gibi dünya üzerinde bir cehennem yaratmışlardır. Çoğu egonun birbiriyle çelişen istekleri vardır. Farklı zamanlarda farklı şeyler isterler veya ne istediklerini bilmezler. Aslında istemediklerinden emin oldukları tek şey, gerçek olan tek şeydir, yani şimdiki an'dır. İsteklerinin yerine gelmemesi, bu kişilerde huzursuzluk, gerginlik, yerinde duramama, sıkıntı, endişe, tatminsizlik gibi duygulara neden olur. İsteme yapısal bir olaydır ve o zihinsel yapı yerinde durduğu müddetçe, içerik miktarı ne olursa olsun, o kişi kalıcı bir tatmin duygusu yaşayamaz. Belirgin bir nesneyi isteme duygusu da, genellikle sürekli bir olumsuzluk ve tatminsizlik yaşayan bazı ergenlerin gelişmekte olan egolarına has bir özelliğidir.

Daha fazlaya olan delice ve haris iştahın, yani egonun açgözlülüğünün, yeryüzü kaynaklarında yarattığı dengesizlik olmasaydı, gezegenimiz üzerinde yaşamakta olan tüm insanların yiyecek, su, barınak, giyecek ve konfor sağlayan tüm temel fiziksel ihtiyaçlarının karşılanması çok daha kolay olurdu. Bu iştah, daha fazlaya sahip olmak için birbirleriyle savaşan egosal varlıklarla, yani devasa şirketlerle, dünyamızın ekonomik yapısında kolektif bir ifade şekli bulmaktadır. Bunların gözleri kâr etmekten başka bir şey görmez. Bu hedeflerine ulaşmak için mutlak bir acımasızlıkla ilerlerler. Onlar için doğa, hayvanlar, insanlar ve hatta yanlarında çalışan kişiler bile bir muhasebe defterinin üzerindeki rakamlardan ve kullanıldıktan sonra fırlatıp atılan cansız nesnelerden farklı değildir.

"Beni", "bana", "benim", "daha fazlası", "istiyorum", "ihtiyacım var", "sahip olmalıyım" ve "yeterli değil" gibi düşünce formları, içerikle değil, egonun yapısıyla ilgilidir. İçerikle ilgili olanlar her zaman birbiriyle yer değiştirebilir. Bu düşünce biçimlerini kendi içinizde görmediğiniz ve bunlar bilinçdışı kaldığı müddetçe, siz onların söylediği her şeye inanır ve bunların talimatları doğrultusunda hareket etmeye, sürekli aramaya ama bulamamaya mahkum olursunuz. Çünkü bu düşünceler harekete geçtiği vakit, sahip olduğunuz hiçbir şey, yer, kişi veya koşul sizi tatmin etmeyecektir. Kısacası, ego-temelli yapı yerinde durduğu müddetçe, hiçbir içerik sizi mutlu etmeyecektir. Neye sahip olursanız olun mutlu olamazsınız. Her zaman sizi daha çok tatmin etmeyi, benliğinizdeki eksiklik duygusunu gidermeyi ve içinizdeki boşluğu doldurmayı vaat eden başka bir şeyin arayışı içinde olacaksınız.

BEDENLE ÖZDEŞLEŞMEK

Nesnelerin dışında, bir diğer temel özdeşleşme şekli, "benim" bedenimle olan özdeşleşmedir. Her şeyden önce, beden ya bir erkeğe, ya da bir kadına aittir ve o yüzden çoğu insanın benlik duygusunun en önemli parçasını erkek ya da kadın olma duygusu oluşturur. Burada kimliği oluşturan şey cinsiyettir. Cinsiyetle özdeşleşmek erken yaşlarda teşvik edilmeye başlanır ve sizin bir rol içine girerek, sadece cinselliğinizi değil, hayatınızın tüm veçhelerini etkileyecek olan şartlanmış davranış kalıplarına uymanızı zorunlu kılar. Özellikle, cinsiyetle özdeşleşmenin her nasılsa giderek azalmakta olduğu Batılı ülkelerde değil de, muhafazakar toplumlar içinde yaşamakta olan pek çok kişi, bu rolü oynarken kendisini kapana kısılmış gibi hisseder. Bazı muhafazakar toplumlarda, bir kadının sahip olabileceği en kötü yazgı, evlenememek veya kısır olmak, bir erkeğin ise cinsel iktidarsızlık yaşaması ve çocuk yapamamasıdır. Kısacası, bu tür toplumlarda yaşayan insanların hayattaki en büyük amacı, cinsel kimliklerinin gereklerini yerine getirebilmektir.

Batı kültüründe kim olduğunuz duygusuna en fazla katkıda bulunan şey, fiziksel görünümünüzdür. Bedeninizin güçlü veya zayıf olması ve başkalarına güzel mi yoksa çirkin ki göründüğü sizin için büyük bir önem taşır. Pek çok kişinin kendisine verdiği değer, fiziksel gücüyle, güzelliğiyle sağlıklı olmasıyla ve dış görünümüyle yakından ilintilidir ve bu kişilerin pek çoğu, bedenlerinin güzel veya mükemmel olmadığını düşündükleri için öz-değerlerinin eksildiğini düşünürler.

Bazı durumlarda, "bedenim" kavramının veya bu sözcüğün yarattığı zihinsel imgenin, gerçekle uzaktan yakından bir ilintisi yoktur. Genç bir kadın aşırı şişman olduğunu düşündüğü için, oldukça zayıf olmasına rağmen kendisini aç bırakır. Artık bedenini görememektedir. Onun "görebildiği" tek şey, bedeninin zihnindeki imgesidir ve bu imge ona sürekli olarak "şişmanım" veya "şişmanlayacağım" demektedir. Bu durumun temelinde, zihinle özdeşleşme yatar. İnsanların egoyla ilgili işlev-bozukluklarının artmasının bir sonucu olarak kendilerini giderek artan bir şekilde zihinleriyle özdeşleştirmeleri, anoreksiya olaylarının da son yıllarda dramatik bir şekilde tırmanmasına neden olmuştur. Bu hastalığın kurbanları, zihinlerinin yargıcı müdahalelerine inanmak yerine, bedenlerine bakabilseler, kendilerini oldukları gibi görebilseler ve daha da iyisi, bedenlerini içlerinden hissedebilselerdi, bu hastalık için bir şifa sürecinin başlamasını sağlayabilirlerdi.

Güzellikleriyle, fiziksel güçleriyle veya fiziksel becerileriyle özdeşleşen kişiler, bu özellikleri doğal olarak azalmaya ve giderek kaybolmaya başladığında acı çekerler. Buna bağlı olarak, kimlik duyguları da bir çökme tehlikesiyle karşı karşıya kalır. Her halükarda, güzel veya çirkin olan her insan kimliğinin olumlu veya olumsuz önemli bir parçasını bedeninden alır. Daha açık anlatmak gerekirse, bu kişiler bir hataya düşerek kimliklerini beden kavramına veya bedenlerinin zihinlerindeki imgesine bağladıkları "ben" düşüncesinden türetirler. Ne var ki, beden de sonuçta tüm biçimlerin yazgısını paylaşan, yani geçici ve zaman içinde çürümeye mahkum olan fiziksel bir biçim olmaktan öte bir şey değildir.

Duyularla algılanan ve yaşlanmaya, buruşmaya ve ölmeye mahkum olan fiziksel bedeni, "ben" ile denkleştirmek er geç acıya yol açar. Bedenle özdeşleşmekten kaçınmak, onu ihmal ettiğiniz, aşağıladığınız veya onu artık önemsemediğiniz anlamına gelmez. Bedeniniz güçlü, güzel veya zindeyse, tabii ki devam ettikleri sürece, bu özelliklerden keyif alabilir ve onları takdir edebilirsiniz. Doğru beslenme ve fiziksel egzersizler sayesinde bedeninizin kondisyonunu da geliştirebilirsiniz. Ama kendinizi bedeninizle özdeşleştirmezseniz, güzelliğiniz solduğu, gücünüz azaldığı veya elden ayaktan düştüğünüz vakit bile değer ve kimlik duygunuz asla etkilenmez. Aslında beden güçsüzleştikçe, şekilden arınmış bir boyut olan bilincin ışığının bu güçsüz biçimin içinden daha kolaylıkla geçtiğini sezebilirsiniz.

Kimliklerini bedenleriyle özdeşleştiren insanlar, sadece güzel veya mükemmele yakın bedenlere sahip olan kişiler değildir. Kendinizi "sorunlu" bir bedenle de kolaylıkla özdeşleştirebilir ve onun çirkinliğini, hastalıklarını veya sakatlığını da kimlik duygunuzun içine katabilirsiniz. Böyle yaptığınızda, falanca kronik hastalıktan "mustarip", iş göremez biri olduğunuzu düşünür ve kendinizi öyle tanımlarsınız. Size, kavramsal kimliğinizin acı çeken veya hasta biri olduğunu sürekli olarak hatırlatan doktorlardan ve çevrenizdeki kişilerden olağanüstü ilgi görürsünüz. Sonunda siz de farkında bile olmadan bu hastalığa veya iş göremezliğe tutunursunuz, çünkü bunlar kimlik duygunuzun önemli bir parçası haline gelmiştir. Ego bir kimlik yakaladığı takdirde, onu kolay kolay bırakmak istemez. Öyle ki, daha güçlü bir kimlik arayışında olan egonun, kendisini güçlendirmek için şaşırtıcı bir beceriyle hayali hastalıklar yaratması mümkündür ve genellikle bunu başarır da...

İÇSEL BEDENİ HİSSETMEK

Bedenle özdeşleşmiş olmak egonun en temel durumlarından biridir, ama iyi haber şudur ki aşmayı en kolay başarabileceğiniz durumlardan biri de budur. Bunu, kendinizi bedeniniz olmadığınıza dair inandırmaya çalışarak değil, dikkatinizi bedeninizin dışsal görünümünden, yani onun güzel, çirkin, güçlü, zayıf, çok şişman ve çok zayıf olması gibi fiziksel özellikleriyle ilgili düşüncelerden uzaklaştırıp, bedeninizin içindeki canlılığa odaklanarak yapabilirsiniz. Dış görünüşü nasıl olursa olsun, bedeniniz bu dışarıdan görünen biçimin ötesinde muazzam bir enerji alanına sahiptir.

Eğer bu "içsel beden" farkındalığı size tanıdık gelmiyorsa, bir an için gözlerinizi kapatın ve ellerinizin içinde bir hayat olup olmadığını hissetmeye çalışın. Zihninize danışmayın, çünkü o size "Hiçbir şey hissetmiyorum," diyecektir. Belki de "Bana düşünecek daha ilginç bir şey ver," de diyebilir. O yüzden, zihninize bir şey sormak yerine, doğrudan ellerinize gidin. Yani, onların içindeki belli belirsiz dirimi fark etmeye çalışın. Onu orada bulacaksınız. Yapmanız gereken şey, sadece oraya gitmek ve oraya odaklanmaktır. Önce, hafif bir gıdıklanma hissedebilirsiniz, ama daha sonra bir enerjinin veya canlılığın orada olduğunu algılayacaksınız. Bunu yaparken bazı insanların gözlerini kapatması gerekmez. Onlar "içsel ellerini" bu kitabı okurken bile hissedebilirler. Sonra ayaklarınıza gidin ve dikkatinizi birkaç dakika kadar oraya odaklayın. Daha sonra da ellerinizle ayaklarınızı aynı anda hissetmeye çalışın. Son olarak, içsel bedeninizdeki genel canlılığı bir bütün olarak hissedene kadar, bedeninizin bacaklar, kollar, karın, göğüs vb. gibi diğer parçalarını bu hissetme sürecine dahil edin.

Bunu yaptığınızda benim "içsel beden" dediğim şey, artık bir beden olmaktan çıkmış ve bir yaşam enerjisi, yani biçimler dünyası ile biçimlerin olmadığı bir dünya arasındaki köprü haline gelmiştir. İçsel bedeninizi sık sık hissetmeyi bir alışkanlık haline getirin. Bir süre sonra, onu hissetmek için gözlerinizi kapatmanız gerekmeyecektir. Örneğin, birisini dinlerken bile içsel bedeninizi hissedip etmediğinize bir bakın. Bu adeta bir paradoks gibidir: İçsel bedeninizle iletişim halinde olduğunuzda, kendinizi ne bedeninizle ne de zihninizle özdeşleştirirsiniz. Yani artık herhangi bir biçimle özdeş değilsinizdir ve biçimle özdeşleşmekten kurtulup, biçimin olmadığı bir alana geçiyorsunuzdur. Buna Var'lık da diyebiliriz. Sizin gerçek ve öz kimliğiniz işte budur. Beden farkındalığı sadece şimdiki an'a demir atmanızı değil, aynı zamanda ego dediğimiz zindandan kurtulmanızı da sağlar. Ayrıca, bağışıklık sisteminizi ve bedeninizin kendisine şifa verme yeteneğini de güçlendirir.

VAR'LIĞIN UNUTULMASI

Ego demek, biçimle tanımlanmak ve kendinizi herhangi bir biçim içinde aramak ve biçimler içinde kaybetmek demektir.

Biçim, sadece maddesel objelere ve fiziksel bedenlere özgü değildir. Şeylerden ve nesnelerden daha temel olan başka bir biçim türü daha vardır. O da, bilinç alanımızda sürekli olarak oluşan düşünce biçimleridir. Bunlar enerji biçimlenmeleridir ve fiziksel maddelerden daha az yoğun ve daha hassastırlar, ama sonuçta onlar da birer biçimdir. Örneğin, kafanızın içinde hiç durmadan konuşan bir ses olarak algılayabileceğiniz şey, kesintisiz ve zorlayıcı olan bir düşünme akışıdır. Her bir düşünce dikkatinizi tamamen emdiğinde, yani kendinizi zihninizdeki o sesle ve bu sese eşlik eden duygularla özdeşleştirdiğiniz ve kendinizi tamamen düşüncelerde ve duygularda kaybettiğinizde, biçimle özdeşleşmiş ve o nedenle de egonun pençesine düşmüşsünüz demektir. Ego, sürekli tekrarlanan düşünce biçimlerinden ve "ben" ve benlik duygusu eklenerek şartlanmış zihinsel-duygusal kalıplardan oluşan bir yığındır. Ego, biçimi olmayan bilinç diye adlandırdığımız "Ben ben-im" duygunuzun, biçimle ilişki kurmasıyla ortaya çıkar. Özdeşleşmenin anlamı da budur. Buna, Var'lığın unutulması, birincil hata ve realiteyi kabusa dönüştüren mutlak ayrılık illüzyonu da diyebiliriz.

DESCARTES'IN HATASINDAN SARTRE'IN İÇGÖRÜSÜNE

Modern felsefenin kurucusu olarak bilinen on yedinci yüzyıl düşünürü Descartes, temel gerçek olarak değerlendirdiği pek bilinen "Düşünüyorum, öyleyse varım," deyişiyle büyük bir hata yapmıştı. Bu, aslında onun "Mutlak kesinlikle bilebileceğim bir şey var mı?" sorusuna bulduğu bir yanıttı. Her an düşünmekte olduğunun şüphe götürmez bir olgu olduğunu anladığı için, düşünmeyi Var'lıkla bağdaştırmıştı. Bu sözleri söylemekle, nihai gerçek yerine egonun kökenini bulmuştu ama kendisi bunu bilmiyordu.

Bir başka tanınmış düşünürün bu deyişte sadece Descartes'ın değil, diğer tüm insanların gözünden kaçan bir şeyi görmesi için tam üç yüz yıl geçmesi gerekti. Bu kişi Jean-Paul Sartre idi. Descartes'ın "Düşünüyorum, öyleyse varım," deyişini çok derinden inceleyen Sartre, aniden şunu kavradı ve tam olarak şöyle dedi: " 'Ben ben-im' diyen bilinç ile düşünen bilinç aynı değildir." Sartre bununla ne demek istemişti? Düşündüğünüzün farkındaysanız, o farkındalık düşünmenin bir parçası olamaz ve farklı bir bilincin boyutu olmalıdır. "Ben ben-im" diyen de zaten o farkındalıktır. Eğer içinizde sadece düşünce olsaydı, düşünüyor olduğunuzu bile bilemez ve rüya görmekle birlikte rüya gördüğünün farkında olmayan biri gibi olurdunuz. Rüya gören kişinin kendisini rüyasında gördüğü imgelerle tanımladığı gibi, siz de kendinizi düşüncenizle tanımlardınız. İnsanların pek çoğu hâlâ böyle yaşamakta, aynı kabus dolu realiteyi sürekli olarak tekrar tekrar yaratan eski bozuk zihin yapısının tutsağı olarak uyurgezer gibi dolaşmaktadır. Rüya görürken, rüya gördüğünüzü biliyorsanız, rüyanın içinde uyanıksınız, yani farklı bir bilinç boyutuna girmişsiniz demektir.

Sartre'ın bu içgörüsü muhteşemdir, ne var ki o da keşfettiği şeyin (yani yeni bir bilinç boyutunun varlığının) önemini tam olarak kavrayamayacak kadar kendisini düşünceyle özdeşleştirmişti.

İNSAN AKLININ KAVRAYAMADIĞI BİR HUZUR HALİ

Bu yeni bilinç boyutunu, hayatlarının belirli bir aşamasında trajik bir kayıp yaşayarak keşfeden çok sayıda insan vardır. Bazıları tüm mal varlıklarını, diğer bazıları ise çocuklarını veya eşlerini, sosyal konumlarını, ünlerini ya da fiziksel becerilerini kaybetmişlerdir. Savaş veya doğal afetler nedeniyle bütün bunları aynı anda kaybedenler ve bir anda "hiçbir şeyleri" kalmayan insanlar da vardır. Onların yaşadığı, "bir insanın yaşayabileceği en uçtaki durumlardır". Düşünebiliyor musunuz, kendilerini özdeşleştirdikleri ve onlara kimlik duygusu veren her şey, bir anda ellerinden uçup gitmiştir. Ama daha sonra ne olur biliyor musunuz? İlk başlarda hissettikleri yoğun endişe ve korku, aniden ve açıklanamaz bir şekilde yerini derin bir huzur, dinginlik ve korkudan tamamen özgür olma durumuyla tanımlanabileceğimiz ulvi bir Mevcudiyet duygusuna bırakır. Bu fenomeni "Tanrı'nın bahşettiği ve tüm kavrayışların ötesine geçen huzur" ifadesini kullanmış olan Aziz Pavlos da yaşamış olmalıdır. Bu, insana mantıklı gelmeyen, insan aklının kavrayamadığı bir huzurdur. Nitekim bu duyguyu yaşayan kişiler de kendilerine "İçinde bulunduğum *bu* duruma rağmen, nasıl oluyor da huzurlu olabiliyorum?" diye sorarlar.

Egonun ne olduğunu ve nasıl işlediğini anladığınız anda, bu sorunun yanıtını da kolaylıkla verebilirsiniz. Size benlik duygusunu veren ve kendinizi özdeşleştirmiş olduğunuz biçimler çöktüğü veya elinizden gittiği vakit, bu durum egonun da çökmesine yol açabilir, çünkü ego da biçimle tanımlanır. Geride kendinizi özdeşleştireceğiniz bir biçim kalmadığı takdirde size ne olur? Etrafınızdaki biçimler öldüğü vakit veya sizin ölüm saatiniz yaklaştığında, sizin "ben ben-im" duygunuz, biçimle iç içe girmekten ve onunla birbirine dolanmaktan kurtulur. Yani, ruh maddenin içinde tutsak olmaktan kurtulur. Temel kimliğinizin, biçimden özgür ve bütün biçimlerden ve tanımlamalardan çok önce Var olan, her yanı kaplayan bir Mevcudiyet olduğunu anlarsınız. Gerçek kimliğinizin bilincin kendisini özdeşleştirdiği şey değil, bilincin ta kendisi olduğunu görürsünüz. İşte Tanrısal huzur dediğimiz şey budur. Sizin kim olduğunuzla ilgili nihai gerçek, "ben buyum" veya "ben şuyum" değil, "ben ben-im" demektedir.

Ama büyük kayıplar yaşamış olan herkes bu tür bir uyanışı, biçimden ayrılmayı ve uzaklaşmayı deneyimleyemez. Bazıları hemen kendilerini bir olayın, başka kişilerin, adaletsiz kaderin veya Tanrı'nın kurbanı olarak gördükleri güçlü bir zihinsel imge veya düşünce biçimi yaratırlar. Kendilerini bu düşünce biçimiyle ve onun neden olduğu öfke, kırgınlık, kendine acıma ve benzeri gibi duygularla özdeşleştirirler. Bu özdeşleşme, yaşadıkları kayıpla birlikte çöken diğer tüm tanımların yerini alır. Diğer bir deyişle, ego hiç vakit kaybetmeden yeni bir biçim bulur. Bu yeni biçimin son derece mutsuz olması egonun umurunda değildir, çünkü bir kimliği olduğu sürece, bu kimliğin iyi veya kötü olması onu ilgilendirmez. Nitekim bu yeni ego eskisine göre daha gergin, daha katı ve daha anlaşılmaz olacaktır.

Trajik bir kayıp yaşadığınızda, ya direnirsiniz ya da teslim olursunuz. Bazı insanlar karamsarlaşırlar veya derin bir kırgınlık yaşarlar; diğer bazıları merhametli, bilge ve sevecendir. Teslim olmanın anlamı, olan biteni içsel olarak kabul etmeniz ve kendinizi hayata açmanız demektir. Direnmek ise, içsel olarak gerilmeniz, egonuzun kabuğunun katılaşması ve kendinizi kapamanız demektir. İçsel direniş hali içindeyken giriştiğiniz eylemler (buna biz olumsuzluk da diyoruz), daha fazla dışsal direnişe neden olacak ve evren sizin tarafınızda olmayacak, hayat da size yardım etmeyecektir. Unutmayın ki, kepenkleri kapattığınız vakit güneş içeriye giremez. İçsel olarak boyun eğdiğinizde, yani teslim olduğunuzda ise, yeni bir bilinç boyutu açılır. Eğer bir eylem mümkün ise veya gerekiyorsa, sizin girişeceğiniz eylem de bütünle uyum içinde olacak ve içsel olarak kabullenici olduğunuzda bütünleştiğiniz koşulsuz bilinç, yani yaratıcı zeka tarafından desteklenecektir. Koşullar ve insanlar işte o zaman size yardım edecekler ve sizinle işbirliği içine gireceklerdir. Beklemediğiniz rastlantılarla da karşılaşabilirsiniz. Eylem mümkün olmadığı zaman, teslim olmakla birlikte gelen bir huzur ve içsel dinginlik içinde kalırsınız. Yani Tanrı'yla bütünleşirsiniz.

ÜÇÜNCÜ BÖLÜM

EGONUN ÖZÜ

İnsanların çoğu, kendilerini kafalarının içindeki sesle, yani istemdışı, kesintisiz ve zorlayıcı (kompülsif) düşünce akımıyla ve buna eşlik eden duygularla o kadar özdeşleştirmişlerdir ki, zihinlerinin tutsağı haline gelmişlerdir. Bu özdeşleşmenin farkında olmadığınız müddetçe, düşünen kişinin siz olduğunu sanırsınız. Aslında o düşünen şey, sizin ego-temelli zihninizdir. Ona ego-temelli zihin dememizin nedeni anı, yorum, fikir, görüş, tepki ve duygu ifade eden her bir düşüncede bir benlik (ego) algısının olmasıdır. Spiritüel açından konuşacak olursak, bu bilinçaltı bir durumdur. Sizin düşünceleriniz ve zihninizin içeriği doğal olarak geçmişle şartlanmıştır. Yetiştirilme tarzınız, kültürünüz, aile geçmişiniz bunları etkiler. Tüm zihinsel aktivitenizin özünde, kendinizi özdeşleştirdiğiniz ve sürekli olarak tekrarlanan birtakım güçlü ve inatçı düşünceler, duygular ve tepki kalıpları vardır. İşte bunların tümü, egonun kendisini oluşturur.

Daha önce de gördüğümüz gibi, "ben" dediğiniz vakit konuşan siz değil, egonuzdur. Onun içinde düşünceler, duygular ve "ben ve benim hikayem" diye tanımladığınız bir yığın anı, farkında olmadan oynadığınız ve oynamayı alışkanlık haline getirmiş olduğunuz roller ve milliyet, din, ırk, sosyal sınıf veya politik eğilimler gibi kolektif özdeşleşmeler vardır. Ayrıca, sadece sahip olduklarınız değil, fikirleriniz, dış görünüşünüz ve uzun süreli kırgınlıklarınız nedeniyle veya kendinizi başkalarından daha iyi veya daha az iyi, daha başarılı veya başarısız olarak gördüğünüz için yaptığınız kişisel özdeşleşmeler de söz konusudur.

Egonun içeriği kişiden kişiye değişir ama her egoda aynı yapı işler. Başka bir deyişle, egolar sadece yüzeysel farklılıklar gösterir. Özlerinde, hepsi de aynıdır. Hangi şekillerde aynıdır? Tüm egolar özdeşleşmeyle ve ayrı olmayla beslenirler. Ne var ki, ego dediğimiz düşünce ve duygu içeren zihin-ürünü benlikle yaşıyorsanız, kimliğinizin temeli sallantıdadır çünkü düşünceler ve duygular doğaları itibarıyla kısa süreli ve gelip geçicidir. O yüzden, her ego sürekli olarak hayatta kalabilme, kendisini koruma ve güçlendirme mücadelesi içindedir. "Ben" düşüncesini desteklemek için, karşıt bir "diğeri" düşüncesine ihtiyaç hisseder. Kavramsal "ben", kavramsal "öteki" olmadan hayatta kalamaz. Bu ötekiler, ben onları düşman olarak gördüğüm vakit "en fazla öteki" olanlar haline gelir. Bu bilinçdışı ego-temelli terazinin bir kefesinde, ötekilerde hata bulmak ve onlardan şikayet etmek gibi ego-temelli kompülsif bir alışkanlık vardır. İsa'nın, "Neden biraderinin gözündeki çöpe bakıyorsun da, kendi gözündeki merteği görmezden geliyorsun?" diye sorarken söylemek istediği de budur. Terazinin diğer kefesinde ise, kişiler arasındaki fiziksel şiddet ve ülkeler arasındaki savaşlar vardır. İsa'nın bu sorusu İncil'de yanıtsız kalmıştır ama yanıt tabii ki şöyledir: Çünkü bir başkasını tenkit ettiğim veya onu kınadığım vakit, kendimi daha büyük ve daha üstün hissediyorum.

ŞİKAYET ETMEK VE GÜCENİKLİK

Egonun kendisini güçlendirmek için en sık başvurduğu yöntemlerden biri şikayet etmektir. Her şikayetin altında, zihninizin ürettiği ve sizin de tamamen inandığınız bir hikaye yatar. İsterseniz yüksek sesle, isterseniz sadece düşüncelerinizde şikayet edin, arada bir fark yoktur. Kendilerini özdeşleştirecekleri fazla bir şeyleri olmayan egolar, sadece şikayet ederek bile hayatta kalabilirler. Böyle bir egonun pençesi altındaysanız, özellikle de başkaları hakkında şikayet etmek sizin için bir alışkanlık halini almıştır ve bu, doğal olarak bilinçaltı bir durumdur. Bu da, ne yaptığınızı bilmediğiniz anlamına gelir. Yüz yüze konuştuğunuz veya haklarında başkalarına bir şeyler söylediğiniz insanlara zihinsel etiketler yapıştırmak ve hatta onlar hakkında olumsuz düşünmek bile genellikle bu kalıbın bir parçasıdır. İnsanları aşağılamak maksadıyla gıyaplarında "Pislik, aşağılık, sürtük" gibi, onlara cevap hakkı tanımayan yargılayıcı etiketler yapıştırmak ve isimler takmak, egonun haklı çıkma ve başkalarını yenme ihtiyacının en ilkel şekilde ifade edilme yöntemlerinden biridir. Bu tür bilinçdışı davranışların bir basamak altında bağırıp çağırma vardır ve onun hemen altında da fiziksel şiddet gelir.

Güceniklik de, şikayete ve kişilere birtakım zihinsel etiketler yapıştırmaya eşlik eden bir duygudur ve egoya daha da fazla enerji sağlar. Gücenik olduğunuz vakit, kendinizi üzgün, içerlemiş, incinmiş ve rencide olmuş gibi hissedersiniz. Başkalarının açgözlülüğüne, sahtekarlıklarına, namussuzluklarına ve halen yapmakta ve geçmişte yapmış oldukları, söyledikleri veya söylemedikleri, yapmaları veya yapmamaları gereken şeylere içerler ve gönül koyarsınız. Bu, egonun yapmaya bayıldığı bir şeydir. Başkalarının bilinçsiz davranışlarını görmezden gelmek yerine, bu davranışları onların kimlikleriyle özdeşleştirirsiniz. Bunu yapan kimdir, biliyor musunuz? Sizin içinizdeki bilinçsizlik, yani egonuz... Nitekim bazen başkalarında gördüğünüz "kusur", gerçekte mevcut bile olmayabilir ve belki de, tamamen yanlış bir yorumlamanın veya düşmanlarını yakalamaya ve kendisinin herkesten daha doğru veya daha üstün olduğunu kanıtlamaya şartlanmış olan bir zihnin ürünüdür. Bu kişilerin gerçekten de kusurlu olduğu zamanlar da olabilir ama eğer siz gözü kara bir şekilde yalnızca o kusura odaklanırsanız, onu fazlasıyla abartmış olursunuz. Böylece, başkalarında tepki gösterdiğiniz o kusurun, kendinizde güçlenmesine yol açarsınız.

Sadece kendi içinizdeki egoyu aşmanın değil, kolektif insan egosundan da kurtulmanın en etkili yolu, başkalarının egolarına karşı tepkisiz kalmaktır. Ama böyle bir tepkisizlik durumuna geçmeyi başarabilmek için, karşınızdaki kişinin davranışının egosundan kaynaklandığını ve bu davranışın insanlarda kolektif olarak bulunan işlevsel-bozukluğun bir yansıması olduğunu anlamanız gerekir. Bu davranışın kişisel olmadığını anladığınız anda, ona tepki göstermek gibi bir zorunluluk altında olmadığınızı da kavrarsınız. Egoya tepki vermemekle, başka insanların içindeki aklıselimi de, yani şartlanmış değil, şartlanmamış bilinçlerini de ortaya çıkarmanız mümkün olabilir. Zaman zaman, gerçekten de çok bilinçsiz davranan kişilerden korunmak için bazı adımlar atmanız gerekebilir. Bunu insanları kendinize düşman etmeden yapabilirsiniz. Sizi en çok koruyacak şey, bilinçli olmaktır. Eğer bir kişinin ego adını verdiğimiz bilinçsizliğini kişiselleştirirseniz, o kişi sizin düşmanınız olur. Tepki vermemek zayıflık değil, tam tersine bir güçlülük ifadesidir. Tepkisizliğe verebileceğimiz bir başka ad, bağışlayıcılıktır. Bağışlamak, görmezden gelmek, daha doğrusu onun içinden bakarak diğer tarafı görmek demektir. Bağışladığınız vakit egonun içinden her insanoğlunun özünde var olan aklıselimi görürsünüz.

Ego sadece başka insanlardan değil, durumlardan da şikayet etmeyi ve onlara karşı bir kırgınlık içinde olmayı sever. Bir durumu da, aynen bir kişiye yaptığınız gibi, düşmanınız haline getirebilirsiniz. Bunun anlamı, daima sizin şöyle düşünüyor olmanızdır: Bu olmamalıydı; burada olmak istemiyorum; bunu yapıyor olmak istemiyorum; bana adil davranmıyorlar... Ve egoların en büyük düşmanı, tabii ki, şimdiki an, yani hayatın kendisidir.

Şikayet etmeyi, düzeltilmesi mümkün olan herhangi bir hata veya eksiklik konusunda bir kişiye uyarıda bulunmakla karıştırmamak gerekir. Şikayet etmekten kaçınmak da, kötü bir karakter özelliğine veya davranışa her zaman göz yummak anlamına gelmez. Bir garsona servis ettiği çorbanın soğuk olduğunu ve ısıtılması gerektiğini söylemenin, yani gerçek ve tarafsız olgulara bağlı kalmanın, egoyla hiçbir ilgisi yoktur. Ama "Bana nasıl olur da bu soğuk çorbayı servis edersin?" diye bağırmak şikayettir. Bu şikayette, soğuk çorbadan kişisel olarak rencide olduğunu hissetmekten hoşlanan, bu durumu azami ölçüde sömürmek isteyen ve birisini haksız çıkarmaktan müthiş keyif alan bir "bana" vardır. Bu tür bir şikayet, değişimin değil egonun hizmetindedir. Ego da, şikayet etmeye devam edebilmek için, durumun değişmesini istemediğini zaten bazen belirgin bir şekilde belli eder.

Gelin, kafanızın içinde şu anda belki de bir şeylerden şikayet etmekte olan sese kulak verin ve bu sesi olduğu gibi kabul edin: Bu ses, egonuzun sesidir ve şartlanmış bir zihin kalıbından öte, yani bir düşünceden başka bir şey değildir. O sesi her fark ettiğinizde, kendinizin o ses değil, o sesi fark eden olduğunuzu da fark edeceksiniz. Arka alanda farkındalık, ön alanda ise o ses, yani düşünen siz vardır. Böylece, egonuzdan ve zihninizden özgür bir hale gelirsiniz. İçinizdeki egoyu fark ettiğiniz an, o artık tamamen ego olmaktan çıkmış, eski ve şartlanmış bir zihin kalıbı haline girmiştir. Ego beraberinde farkında olmamayı getirir. Farkındalık ve ego yan yana yaşayamaz. Eski zihin kalıpları veya zihinsel alışkanlıklar bir süre daha hayatta kalabilir ve tekrarlayabilir çünkü arkalarında binlerce yıllık kolektif insan bilinçsizliğinin yarattığı momentum vardır, ama onları her fark ettiğinizde bu kalıplar zayıflamaya devam edecektir.

TEPKİSELLİK VE KİNDARLIK

Güceniklik genellikle şikayetle birlikte gelen bir duygudur, ama zaman zaman ona öfke veya sinirlilik gibi daha güçlü bir duygu da eşlik edebilir. Böylece güceniklik enerji açısından daha yüklü bir hale gelir ve şikayet etme durumu tepkiselliğe dönüşür. Bu da egonun kendisini güçlendirmek için kullandığı bir diğer yöntemdir. Tepki vermek, rahatsızlık duymak veya kızmak için sürekli olarak bir şeylerin olmasını bekleyen pek çok insan vardır ve bunu çok kolaylıkla başarırlar. "Bu büyük bir ayıp," derler. "Buna nasıl cüret edersin?" "Bu hiç hoşuma gitmedi." Bazı insanların uyuşturucu bağımlısı olması gibi, bunlar da mutsuzluğa ve öfkeye bağımlıdırlar. Şuna veya buna öfkelenerek benlik duygularını teyit ederler ve güçlendirirler.

Uzun süren bir kırgınlığa kindarlık denir. Kindar olmak demek, daimi surette "karşı" olmak demektir. Kindarlık, işte o yüzden pek çok insanın egosunun önemli bir parçasını oluşturur. Kolektif kindarlık, bir ülkenin veya kabilenin psişesinde asırlar boyu sürebilir ve sürekli olarak bitmeyen bir şiddet döngüsünü körükler.

Kindarlık, bir zamanlar uzak bir geçmişte yaşadığınız ve zorlayıcı düşüncelerle zihninizde canlı tutarak, yüksek sesle "falanca bana şunu yapmıştı" veya "filanca bize şunu yapmıştı" şeklinde anlattığınız bir olayla bağlantılı olan güçlü ve bir olumsuz duygudur. Kindarlık hayatınızın diğer alanlarına da bulaşır. Örneğin, kin duyduğunuz kişi veya olay hakkında düşünürken, bu düşüncenin yarattığı olumsuz duygusal enerji nedeniyle şimdiki an'da olan bir olayı doğru algılayamaz veya bir insanı korumak için ne şekilde konuşmanız veya davranmanız gerektiğini kestiremezsiniz. Güçlü bir kin, hayatınızın önemli bir bölümünü kirletmek ve sizi egonuzun pençesi altında kıvranmaya mahkum etmek için yeterlidir.

İçinizde hâlâ bazı kinler güdüp gütmediğinize ve hayatınızda hâlâ tamamen bağışlayamadığınız bir "düşman"ın olup olmadığına karar vermek için, kendinize karşı son derece dürüst olmalısınız. Eğer gerçekten de böyle bir durum söz konusuysa, hem duygusal hem de düşünsel düzeyde bu kindarlığın farkına varmanız, yani bu duyguyu canlı tutan düşünceleri ve bu düşüncelere bedeninizin verdiği tepkiyi oluşturan duyguyu fark etmeniz gerekir. Kindarlığınızı boşlamaya çalışmayın. Boşlamaya çalışmak, yani bağışlamak burada işe yaramaz. Kindarlığın sahte bir benlik duygusu yaratmaktan ve egoyu bulunduğu yerde tutmaktan başka bir amacı olmadığını gördüğünüz an, bağışlama olayı zaten doğal olarak gerçekleşecektir. Bunu gördüğünüz vakit özgürleşirsiniz. Nitekim İsa da bir öğretisinde "düşmanlarınızı bağışlayın" derken, insan zihninin en temel egosal yapılarından birinin ortadan kaldırılmasından söz etmekteydi.

Geçmişin sizi şimdiki an'da yaşamaktan alıkoyma gücü yoktur. Bunu ancak geçmişe dayalı kindarlığınız başarabilir. Kindarlık dediğimiz şey nedir ki? Eski düşünce ve duygulardan oluşan bir yük değil mi?

HAKLI OLMAK, HAKSIZ ÇIKARMAK

Şikayet etmek, başkalarında kusur bulmak ve tepkisellik, egonun hayatta kalmak için ihtiyaç duyduğu sınırları çizer ve ayrı olma duygularını güçlendirir. Bu davranışların egoyu güçlendirmek için kullandıkları bir diğer yol da, onu besleyen bir üstünlük duygusunu ona vermektir. Örneğin bir trafik sıkışıklığından, politikacılardan, "gözü doymayan zenginler"den veya "tembel işsizler"den veya meslektaşlarınızdan veya eski eşinizden, erkeklerden veya kadınlardan şikayet etmenin size ne gibi bir üstünlük duygusu verdiğini hemen göremeyebilirsiniz. Aslında bu çok açıktır: Şikayet ettiğiniz vakit, dolaylı olarak kendinizin haklı ve şikayet ettiğiniz veya tepki gösterdiğiniz kişinin veya durumun haksız olduğunu ima etmiş olursunuz.

Egoyu, haklı olma duygusundan daha fazla besleyen hiçbir şey yoktur. Haklı olmak zihinsel bir pozisyonla, yani bir bakış açısıyla, bir fikirle, bir hükümle ve bir hikayeyle özdeşleşmek demektir. Haklı olmanız için, doğal olarak, başka birisinin haksız olmasına ihtiyacınız vardır. O yüzden, egonuz haklı olmak için başkalarını haksız çıkarmaya bayılır. Diğer bir deyişle, daha güçlü bir benlik duygusuna sahip olmak için başkalarını haksız çıkarmanız gerekir. Sadece bir insanı değil, bir durumu da "Böyle bir şeyin olmaması" gerektiğini ima edecek şekilde şikayet ederek ve tepki göstererek haksız çıkarabilirsiniz. Haklı olmak, yargılanıp haksız veya kusurlu çıkarılan bir kişi veya bir duruma karşı size hayali bir ahlaki üstünlük kazandırır. Egoyu besleyen de, işte onun sürekli olarak açlığını çektiği bu üstünlük duygusudur.

BİR İLLÜZYONU SAVUNMAK

Olgusal gerçekler, hiç şüphesiz ki vardır. "Işık sesten daha hızlı yol alır," dediğiniz vakit, birisi çıkıp da bunun aksini savunursa, burada haklı olan kesinlikle siz, haksız olan da o kişidir. Şimşeğin gök gürültüsünden önce geldiğini gözlemlemek bile bunun doğruluğunu kanıtlamak için yeterlidir. Ayrıca, sadece haklı olmakla kalmaz, haklı olduğunuzu da bilirsiniz. Burada, herhangi bir şekilde egodan bahsetmek mümkün müdür? Mümkündür ama şart değildir. Doğru olduğuna inandığınız bir şeyi ifade etmekle yetiniyorsanız ve işin içine herhangi bir özdeşleşme katmıyorsanız, egonun burada herhangi bir dahli yoktur. "Neyle özdeşleşme?" diye sorabilirsiniz. Zihinle ve zihinsel bir pozisyonla, tabii ki... Bu tür bir özdeşleşme içine girmek, yine de oldukça kolaydır. Örneğin, "İnanın ki, ben biliyorum..." veya "Bana neden hiç inanmıyorsunuz?" gibisinden bir şeyler söylerseniz, egonuzun size çaktırmadan işe karışmış demektir. İşin sırrı bu küçük "ben" veya "bana" sözcüklerindedir. O vakit, "Işık sesten daha hızlı yol alır," gibi basit bir cümle, doğruyu yansıtmakla birlikte illüzyonun, yani egonun hizmetine girmiş olur. Yani, sahte bir "ben" duygusuyla kirlenmiş, kişiselleştirilmiş ve zihinsel bir pozisyona dönüştürülmüştür. Buradaki "ben", birisinin "ben"in ne dediğime inanmaması yüzünden incinmiş veya kendisini alçalmış hissetmiştir.

Ego her şeyi kişisel olarak alır. Duygular üretir, dolayısıyla savunmaya girer ve hatta belki de saldırganlaşır. Gerçeği savunduğunuzu sanırsınız ama gerçeğin hiçbir şekilde savunulmaya ihtiyacı yoktur. Sizin veya başkalarının ne düşündüğü ne sesi, ne de ışığı etkileyebilir. Gerçeği savunduğunuzu düşünürken, savunduğunuz şey aslında kendiniz, daha doğrusu bir illüzyon, yani zihninizin ürünü olan sahte bir kimliktir. O illüzyonun kendisini savunduğunu söylemek, belki de daha yerinde bir saptama olur. Ego merkezli bir zihin ve illüzyon, basit ve açık gerçekleri bile böylesine çarpıtabiliyorsa, "benlik" duygusuyla kolaylıkla iç içe geçebilen düşünce biçimlerini oluşturan ve daha az somut olan fikirlerin, bakış açılarının ve yargıların ne denli etkilenebileceğini bir düşünün.

Her ego, fikirleri ve bakış açılarını gerçeklerle karıştırabilir. Onun da ötesinde, bir olayla o olaya verilen tepki arasındaki farkları da bilemez. Her ego, selektif algılamanın ve saptırılmış yorumların üstadıdır. Olgusal gerçekle fikir arasındaki farkı düşünerek değil, sadece ve sadece farkındalık sayesinde görebilirsiniz. Farkındalığın size göstereceği şey şudur: Burada bir durum var ve ben bu durumla ilgili olarak öfke hissediyorum, ama duruma yaklaşmanın ve onunla baş etmenin farklı yolları olabileceğini görebiliyorum. Sınırlı bir bakış açısı benimsemek yerine, durumla veya bir kişiyle ilgili resmin tamamını görebilmeniz ancak ve ancak farkındalık sayesinde mümkün olabilir.

GERÇEK: GÖRECELİ MİDİR, YOKSA MUTLAK MI?

Basit ve kanıtlanabilir olgusal gerçeklerin ötesindeki "ben haklıyım, sen haksızsın" tarzındaki görüşlerde ısrarcı olmak, ülkeler, kabileler, dinler vb. arasındaki ilişkiler açısından olduğu kadar, kişisel ilişkilerde de tehlike arz eden bir durumdur.

Ama eğer "ben haklıyım, sen haksızsın" inanışı, egonun kendisini güçlendirmek için kullandığı yöntemlerden biriyse, yani bir kişinin kendisini haklı ve başkalarını haksız çıkarma arzusu, insanlar arasında ayrılık ve çekişme yaratan zihinsel bir bozukluktan kaynaklanıyorsa bu ne anlama gelir? "Davranışın, eylemin veya inanışın doğrusu veya yanlışı olmaz" anlamına mı? Bu tarz bir inanış, bazı çağdaş Hıristiyan öğretilerinin zamanımızın en büyük kötülüğü olarak gördüğü ahlaki görecelilik kapsamına mı girer?

Gerçeği bilen, yani haklı olan tek kişinin siz olduğunuza inanmanın, eylemlerinizi ve davranışlarınızı delilik noktasına getirecek kadar nasıl yozlaştırabileceğini gösteren en güzel örnek Hıristiyanlık tarihidir. Kilise doktrinlerinden veya "Gerçek" olduğuna inanılan kutsal kitapların sığ yorumlarından farklı görüşleri olan insanların "haksız" oldukları gerekçesiyle diri diri yakılmasına veya işkenceye tabi tutulmasına, asırlar boyunca göz yumulmuştur. Bu insanlar Kilise'ye göre öyle haksızlardı ki, öldürülmeleri gerekiyordu. Gerçek, o dönemlerde insan hayatından daha fazla önem taşımaktaydı. Peki, ama Gerçek ne idi? Gerçek, inanmanız gereken bir hikaye idi, yani bir düşünce yığını...

Kamboçya'nın deli diktatörü Pol Pot'un bir emriyle öldürülen milyonlarca kişinin arasında pek çok gözlüklü insan vardı. Neden mi? Çünkü Pol Pot'a göre mutlak gerçek, tarihin Marksist bir anlayışla yorumlanmasıydı ve gözlük takan kişiler eğitimli sınıfa, yani köylü sınıfını sömüren burjuvaziye mensuptu. Yeni bir sosyal sınıfa yer açmak için bunların ortadan kaldırılması gerekiyordu. Onun gerçeği de, işte bu düşünce yığınından ibaretti.

Katolik kilisesi ve diğer kiliseler, göreciliği (rölativizmi, yani insan davranışlarına yön verecek tek bir mutlak gerçek olmadığı inancını), zamanımızın en büyük kötülüğü olarak tanımlarken aslında haklıydılar; ama mutlak gerçeği, onun olmadığı bir yerde, yani doktrinlerde, ideolojilerde, kurallar dizisinde veya hikayelerde ararsanız, bulmanız mümkün olamaz. Bu saydıklarımızın ortak noktası nedir? Bunların ortak noktası, hepsinin düşüncelerden oluşmasıdır. Düşünce, olsa olsa bir gerçeğe işaret edebilir, ama gerçeğin *kendisi* değildir. Budistler o yüzden "Ay'ı gösteren parmak, ay değildir," derler. Tüm dinler, nasıl kullanıldıklarına bağlı olarak, aynı derecede doğru ve aynı derecede yanlıştır. Onları egonun hizmetinde de, Gerçek'in hizmetinde de kullanabilirsiniz. Eğer kendi dininizin tek Gerçek olduğuna inanıyorsanız, dininizi egonuzun hizmetinde kullanıyorsunuz demektir. Bu şekilde kullanılan bir din ideoloji haline gelerek, yanıltıcı bir üstünlük ve insanlar arasında ayrılık ve çekişme yaratır. Ama Gerçek'in hizmetinde kullanılan bir dinin öğretileri, uyanmış olan insanların sizin de ruhsal bir farkındalık içine girmenizi, yani kendinizi biçim ile tanımlamaktan kurtulmanızı kolaylaştırmak için geride bıraktıkları yol tabelalarını ve işaretlerini temsil ederler.

Tek bir mutlak Gerçek vardır ve diğer tüm gerçekler bundan kaynaklanır. O Gerçek'i bulduğunuz vakit, eylemleriniz de onunla uyumlu bir hale girecektir. İnsan davranışları Gerçek'i de yansıtabilir, illüzyonu da... Peki, Gerçek'i sözcüklerle ifade etmek mümkün müdür? Evet, mümkündür ama sözcükler gerçeğin kendisi olamazlar; sadece ona işaret eden bir parmak gibidirler.

Gerçek, sizin kim olduğunuzdan ayrılması mümkün olmayan bir şeydir. Evet, doğru anladınız. Gerçek *sizsiniz*. Onu bulmak için başka yerlere bakmanız gerekmez. Öyle yaparsanız, hayal kırıklığı yaşarsınız. Sizin öz varlığınız, Gerçek'in ta kendisidir. İsa da, "Ben yolum, ben gerçeğim ve ben yaşamım," derken bu mesajı iletmek istemiştir. Onun bu sözleri, doğru yorumlandığı takdirde, Gerçek'i en güçlü bir şekilde ve en doğrudan anlatan işaretlerdir. Ama yanlış bir yorum, bu sözcükleri bir engel haline getirebilir. Burada İsa'nın anlatmak istediği şey, en derindeki "ben", yani erkek veya kadın her insanın, hatta her canlı varlığın içinde var olan öz kimliktir ve sizin yaşamın ta kendisi olmanızla ilgilidir. Bazı Hıristiyan mistikler buna "içimizdeki İsa" adını vermişlerdir; Budistler ona "içimizdeki Buda özelliği", Hindular ise Atman, yani "içimizde yaşayan Tanrı" derler. İçinizdeki bu boyutla iletişim halinde olduğunuz takdirde (onunla iletişim içinde olmanız özünde mucizevi bir başarı değil, çok doğal bir olaydır), derinden hissettiğiniz hayatla bir birlik ve bütünlük içinde olmanız, tüm eylem ve ilişkilerinize yansıyacaktır. Bu sevgidir. Kanunlar, emirler, kurallar ve düzenlemeler sadece içlerindeki Gerçek'ten kopuk olanlar için gereklidir.

EGO KİŞİSEL DEĞİLDİR

Kolektif düzeyde, "biz haklıyız ve onlar haksızlar" şeklindeki bir zihin yapısı, dünyanın ülkeler, ırklar, kabileler, dinler veya ideolojiler arasında uzun süreli, yaygın ve aşırı boyuttaki çekişmelerin yaşandığı yerlerinde özellikle daha da kemikleşmiştir. Çatışma içinde olan her iki taraf da, kendi bakış açılarıyla, yani kendi hikayeleriyle, diğer bir deyişle kendi düşünceleriyle özdeşleşmişlerdir. Her iki taraf da, diğerinin bakış açısını görememekte, başka bir hikayenin mevcut ve geçerli olabileceğine inanmamaktadır. İsrailli yazar Y. Halevi, "rakip hikayeyle uzlaşmak"tan bahseder, ama dünyanın pek çok yerinde, insanlar henüz böyle bir şey için ne hazırdır, ne de istekli.[1] Her iki taraf da, mutlak gerçeği kendisinin bildiği görüşündedir. Her iki taraf da kendisini kurban, diğerini ise "kötü" olarak görmektedir ve karşı tarafı kavramsal olarak insanlıktan uzak bir düşman olarak gördükleri için de, birbirlerini ve hatta çocukları bile öldürmekten veya onların insan olduğunu ve çektikleri acıları görmezden gelerek her türlü şiddeti uygulamaktan çekinmezler. Bu insanlar çılgınca bir suçun ve intikam duygusunun, dolayısıyla da bir eylem ve tepki sarmalının içinde sıkışıp kalmışlardır.

Mekanizma aynı olmakla birlikte, buradaki "onlar"a karşı "biz" yaklaşımındaki insan egosunun kolektif veçhesi, belirgin şekilde bireysel egoyu temsil eden "ben"den daha tehlikeli ve delicedir. İnsanların birbirlerine uyguladığı şiddetin çok büyük bir kısmı canilerin veya zihinsel açıdan hasta kişilerin değil, kolektif egonun hizmetindeki normal ve saygın vatandaşların işidir. Dolayısıyla, bu gezegendeki "normal" insanların aslında birer "deli" olduğunu söyleyecek kadar ileri gidebiliriz. Bu deliliğin kökeninde yatan şey nedir? Kişinin kendisini tamamen düşünceleri ve duygularıyla, yani egosuyla özdeşleştirmesidir, tabii ki…

Gezegenimizdeki açgözlülük, bencillik, sömürü, zulüm ve şiddet bütün hızıyla devam etmekte ve yayılmaktadır. Siz bunları temelde yatan işlevsel bir bozukluğun veya zihinsel bir rahatsızlığın bireysel ve kolektif tezahürleri olarak görmediğiniz müddetçe, onları kişiselleştirme hatasına düşersiniz. Belirli bir kişi veya grup için kavramsal bir kimlik oluşturur ve "bu adam işte böyle birisi. Onlar da böyle insanlar," dersiniz. Onların egosu ile kimliklerini karıştıran, aslında bu yanlış algılamayı kendisini haklı ve dolayısıyla daha üstün göstermek için kullanan ve tepkilerini başkalarını mahkum ederek, öfkelenerek ve düşman gördüklerine sinirlenerek göstermekte olan sizin kendi egonuzdur. Bütün bunlar egoyu son derece tatmin eden şeylerdir. Bir süre sonra, karşınızdaki kişiyi "öteki" kişi olarak görmeniz öyle bir boyuta ulaşır ki, onun da sizin gibi bir insan olduğunu ve diğer insanlar gibi onun da sizinle aynı Hayat'ın kökünden geldiğini tamamen unutursunuz.

Başkalarında en güçlü olarak tepki verdiğiniz ve onların kimlikleri olarak algılama hatasına düştüğünüz en belirli egotemelli kalıplar, sizde olması kuvvetle muhtemel olan, ancak sizin içinizde saptayamadığınız veya keşfetmeye heves etmediğiniz kalıplarla aynıdır. Bu anlamda, düşmanlarınızdan pek çok şey öğrenebilirsiniz. Onlarda sizin en çok sinirinize dokunan, en dayanamadığınız ve en rahatsız edici bulduğunuz şey nedir? Onların egoistliği mi? Açgözlülüğü mü? Güçlü olma ve kontrolü ele geçirme istekleri mi? Samimiyetsizlikleri, sahterkarlıkları, şiddet eğilimli olmaları veya herhangi başka bir şey mi? Kısacası, sizin başkalarında içerlediğiniz ve güçlü bir şekilde tepki gösterdiğiniz her şey, aslında sizde de mevcuttur. Ama bunların tümü de yalnızca bir tür egodur ve dolayısıyla kesinlikle kişisel değildir. Yani, o kişinin veya sizin kim olduğunuzla uzaktan yakından ilintili değildir. Bunları kendi içinizde keşfetmeniz, sadece onları kendi kimliğinizle karıştırdığınız takdirde sizin benlik duygunuz için bir tehdit oluşturabilir.

SAVAŞ BİR ZİHİN YAPISIDIR

Bazı durumlarda, kendinizi veya birisini başka biri tarafından zarar görmekten korumanız gerekebilir, ama bunu yaparken "kötülüğün kökünü kazıma" gibi bir görevi üstlenmekten kaçının, çünkü savaştığınız şeyin kendisi haline gelme olasılığı oldukça yüksektir. Bilinçsizliğe karşı savaşmak, sizi de bilinçsizliğin içine çekebilir. Bozuk egosal davranışlar olarak da tanımlayabileceğimiz bilinçsizliği, ona saldırarak asla yenemezsiniz. Hasmınızı yenseniz bile, bilinçsizlik sizin de içinize işlemiştir veya hasmınız yeni bir kisveyle karşınıza çıkacaktır. Mücadele ettiğiniz her şeyi güçlendirir ve neye karşı direnirseniz onun direnmesine yol açarsınız.

Bugünlerde falanca şeye "karşı savaş", filanca şeye "karşı savaş" sözcüklerini sıklıkla duyuyor olmalısınız. Bunları her duyduğumda, ben de bu savaşların kesinlikle başarısızlıkla sonuçlanacağını düşünüyorum. Günümüzde uyuşturucuya, suça, şiddete, kansere, yoksulluğa ve bunlara benzer şeylere karşı mücadele edildiği bir gerçektir, ama örneğin suça ve uyuşturucuya karşı yapılan mücadeleye rağmen, son yirmi beş yıl içinde bunlarla bağlantılı suç oranlarında dramatik bir artış olmuştur. Birleşik Devletler hapishanelerindeki mahkumların sayısı 1980 yılında 300,000'in biraz altındayken, 2004 yılında şaşırtıcı bir şekilde 2.1 milyona fırlamış bulunmaktadır.[2] Hastalıklara karşı yapılan mücadele bizi, diğer şeylerin yanı sıra, antibiyotiklerle tanıştırmıştır. Bunlar ilk başlarda son derece başarılıydılar ve bulaşıcı hastalıklara karşı açtığımız savaşta başarılı olduğumuz izlenimi oluşmuştu. Şimdi ise, pek çok uzman, antibiyotiklerin yaygın ve gelişigüzel kullanımının saatli bir bomba yarattığını söylemekte ve antibiyotiklere karşı direnç gösteren ve "süper-böcekler" olarak tanımlanan yeni tür bakterilerin bu hastalıkların yeniden, hem de bu kez salgınlar yaratacak şekilde meydana çıkmasına neden olacağında hemfikirdirler. *Journal of the American Medical Association*'a göre tıbbi tedaviler, Amerika Birleşik Devletleri'nde kalp hastalıkları ve kanserden sonra en yaygın olan üçüncü ölüm nedenidir. Hastalıklarla baş ederken, onları düşman olarak görmeyen ve o yüzden yeni hastalıklar yaratmayan alternatif tedavi yöntemlerine verebileceğimiz iki örnek homeopati ve Çin tıbbıdır.

Savaş bir zihin yapısıdır ve onun neden olduğu tüm eylemler ya kötülüğü temsil ettiği düşünülen düşmanı güçlendirir ya da savaş kazanıldığı takdirde, mağlup edilen kötüye eşit ve hatta genellikle ondan daha da kötü olan başka bir düşman yaratır. Bilinç durumunuzla dışarıdaki gerçek arasında derin bir bağ vardır. "Savaş" gibi bir zihin yapısının tuzağına düştüğünüzde, algılarınız son derece seçici ve bir o kadar da karmakarışık olur. Bir başka deyişle, sadece görmek istediğiniz şeyleri görür ve onları da yanlış yorumlarsınız. Böylesine yanılgılar içinde olan bir sistemden nasıl bir eylem çıkacağını varın siz hayal edin artık... Veya hayal etmek yerine, bu gece televizyondaki haberleri izleyin...

HUZUR MU İSTERSİNİZ, YOKSA DRAMATİK DURUMLAR MI?

Tabii ki huzur istiyorsunuz. Dünyada huzur istemeyen hiç kimse yoktur. Ama yine de içinizde bir şey drama peşindedir ve çatışma ister. Bunu her an hissedemeyebilirsiniz. Hissedebilmek için bir durumun oluşmasını veya içinizdeki tepkiyi tetikleyecek bir düşüncenin gelişmesini, örneğin birisinin sizi şu veya bu şekilde suçlamasını, siz orada yokmuşsunuz gibi davranmasını, sizin alanınıza el uzatmasını, sizin tarzınızı sorgulamasını veya para konusunda hır çıkarmasını beklersiniz. Öfkeyle veya saldırganlıkla maskelediğiniz korku denen muazzam güç dalgasının içinizde yükseldiğini, büyük bir olasılıkla ancak o zaman hissedebilirsiniz. Sesinizin kulağı tırmalayacak şekilde giderek daha tizleştiğini veya sertleştiğini ve daha yüksek ve birkaç oktav daha alçak tonda çıktığını duyar gibi oluyor musunuz? Pozisyonunu savunmak, kendisini haklı çıkarmak, saldırıya geçmek ve karşı tarafı suçlamak için zihninizin atağa geçtiğini görüyor musunuz? Diğer bir deyişle, o bilinçsizlik anında farkındalık içine girip, bir uyanış yaşıyor musunuz? İçinizdeki bir şeyin kendisini tehdit altında gördüğü için ne pahasına olursa olsun hayatta kalmak ve hayat denen bu tiyatro oyununda zafer kazanan karakter olmak istediğini, o nedenle de dramatik olaylara ihtiyaç hissettiğini ve bu uğurda bir savaş verdiğini görebiliyor musunuz? İçinizde, huzurlu olmaktansa haklı çıkmayı tercih eden bir şeyin var olduğunu hissedebiliyor musunuz?

EGONUN ÖTESİ: GERÇEK KİMLİĞİNİZ

Ego savaş halindeyken, hayatta kalmak için mücadele eden şeyin bir illüzyondan ibaret olduğunu unutmayın. O illüzyon kendisini siz sanmaktadır. Özellikle, ego hayatta kalma modu içindeyken veya geçmişten kalan duygusal bir kalıp canlandırıldığı vakit, o an'a tanıklık eden Mevcudiyet olmak ilk başlarda kolay bir iş değildir, ama bir kez bunun tadını alırsanız Mevcudiyet gücünüzü geliştirir ve böylece egonun sizin üzerinizdeki hakimiyetini de azaltmış olursunuz. Yani, egonuzdan ve aklınızdan çok daha büyük olan bir güç hayatınıza girmiş olur. Egodan kurtulmak için yapılması gereken tek şey onun farkında olmaktır, çünkü farkındalık ile ego bir arada var olamazlar. Farkındalık Şimdi'nin içinde gizli olan bir güçtür. Onun için biz ona Mevcudiyet de diyebiliyoruz. İnsan varlığının nihai amacı, yani sizin var oluş amacınız o gücü bu dünyaya getirmektir. Egodan kurtulmanın, gelecekte erişilmesi gereken bir hedef haline getirilmesi de işte o yüzden mümkün değildir. Sizi sadece Mevcudiyetiniz egonuzdan kurtarabilir. Dünde veya gelecekte değil, ancak ve ancak Şimdi'de bulunabilirsiniz ve ancak Şimdi'de bulunmak içinizdeki geçmişi silebilir ve bilinç durumunuzu dönüştürebilir.

Spiritüel farkındalık ne demektir? Kişinin kendisinin bir ruh olduğuna inanması mı? Hayır, bu sadece bir düşüncedir. Bu düşünce gerçeğe, nüfus kağıdınızda yazan kişi olduğunuza inanan düşünceden biraz daha yakındır, ama sonuçta o da bir düşüncedir. Spiritüel farkındalık, algıladıklarımın, deneyimlediklerimin, düşündüklerimin veya hissettiklerimin aslına ben olmadığımı açıkça görmek ve gerçek kimliğimi sürekli olarak geçip giden o şeylerin içinde bulamayacağımı kavramak demektir. Muhtemelen, Buda bunu açıkça gören ilk insandı ve böylece *anata* (benliksizlik) kavramı onun öğretilerinin temel noktalarından birini oluşturmuştu. İsa da "kendinizi inkar edin," dediğinde "benlik illüzyonunu hükümsüz kılın (ve böylece onu iptal edin)" demek istemiştir. Eğer benlik, yani ego, gerçekten benim kim olduğum olsaydı, onu "inkar etmek" son derece saçma bir şey olurdu.

Geriye kalan şey, algıların, deneyimlerin, düşüncelerin ve duyguların gelip gittiği bilinç ışığıdır. İşte Var'lık, yani derinlerde ki gerçek "ben" budur. Bunu anladığım anda, hayatımdaki her bir şeyin mutlak değil, göreceli bir önemi olduğunu da kavramış olurum. Onlara saygı duyarım, ama onlar benim için mutlak ciddiyetini ve ağırlığını kaybetmiştir. Aslında önemi olan tek şey şudur: özümdeki Var'lığı, yani asıl kimliğimi her an hayatımın arka alanında hissedebiliyor muyum? Daha açıkça söylemek gerekirse, "ben ben-im" diyebiliyor muyum? Mevcudiyetimi, yani bilincimin aslında öz kimliğimin kendisi olduğunu hissedebiliyor muyum? Yoksa kendimi olayların, zihnimin ve dünyanın içinde kaybediyor muyum?

TÜM YAPILAR GÜVENİLMEZ VE DENGESİZDİR

Hangi biçimi alırsa alsın, egonun gerisindeki bilinçsiz dürtü, kendim olduğumu sandığım imgeyi güçlendirmek ister. Bu imge, hem muhteşem bir nimet, hem de büyük bir bela olan düşünce vasıtasıyla varlık bularak hakimiyeti ele alan ve bizim

Var'lık veya Kaynak olarak da adlandırdığımız Tanrı ile birlikteliğin verdiği yalın ama derin ve anlamlı mutluluğun üstünü örten hayalet benliktir. Ego nasıl bir davranış sergilerse sergilesin, bu davranışların arkasındaki gizli motivasyon hep aynıdır: Diğerlerinin içinde sivrilme, özel olma, dikkat çekme, daha fazlasına sahip olmak için kontrolü elinde tutma ve tabii ki, başkalarından ayrı ve farklı olma duygusunu hissedebilmesi için, kendisine muhalefet edecek düşmanlar edinme ihtiyacı...

Ego her zaman başkalarından veya durumlardan bir şeyler talep eder. Her zaman gizli bir gündemi vardır ve sürekli olarak "henüz yeterli değil", "giderilmesi gereken bir yetersizlik ve doldurulması gereken bir eksiklik durumu var" duygusu yaşar. İnsanları ve durumları istediğini elde etmek için kullanır. Amaçlarına ulaşmak isterken engellendiği de çok olur ve "İstiyorum" ile "elde edebilecekleri" arasındaki mesafe çoğunlukla onun için bir üzüntü ve endişe nedeni olur. Günümüzde artık klasikleşmiş olan iyi bilinen "Asla Tatmin Olamıyorum" (I Can't Get No Satisfaction) şarkısı, aslında egonun şarkısıdır. Egonun tüm aktivitelerine hükmeden temel duygu korkudur. Bunlar, bir "hiç kimse" olma korkusu, var olmama korkusu ve ölüm korkusu gibi duygulardır. Bu aktivitelerin tamamı işte bu korkuların giderilmesi için tasarlanmıştır, ama egonun en fazladan yapabileceği şey, bu korkuyu samimi bir ilişkiyle, yeni bir mülkle veya şunu veya bunu kazanarak geçici olarak gizleyebilmektir. İllüzyon sizi asla tatmin edemez. Sadece gerçek kimliğiniz (o da ancak onun farkındalığı içine girebildiğiniz takdirde) sizi özgürleştirebilir.

Neden korku? Çünkü temelinde biçimle özdeşleşmek yatan ego içten içe bilir ki hiçbir biçim kalıcı değildir ve hepsi de uçup gidecektir. Yani ego, dıştan bakıldığında kendinden emin gibi görünse de, sürekli olarak bir güvensizlik duygusu içindedir.

Bir arkadaşımla birlikte Kaliforniya, Malibu'daki muhteşem bir doğa koruma alanında yürürken, bir zamanlar yazlık ev olarak kullanılan, ancak birkaç önce yanmış olan bir binanın kalıntılarına rastladık. Binayı çevreleyen ve her yanı ağaçlarla ve envaitürlü muhteşem bitkilerle dolu olan bahçeye yaklaştığımızda, gözümüze park yetkilileri tarafından patikanın yan tarafına yerleştirilmiş olan bir tabela çarptı. Tabelada şöyle yazıyordu: DİKKAT, TEHLİKE! TÜM YAPILAR GÜVENİLMEZ VE DENGESİZDİR. Arkadaşıma "Bu, derinliği olan bir *sutra* (kutsal yazı)," dedim. İkimiz de şaşkın bakışlarımızı o tabeladan alamıyorduk. Eğer görünüşte çok sağlam gibi görünenler de dahil olmak üzere, tüm yapıların (biçimlerin) dengesiz ve güvenilmez olduğunu fark eder ve bunu kabullenirseniz, içinizi bir huzur kaplar. Bunun nedeni şudur: Tüm biçimlerin geçici olduğunu fark ettiğinizde, bir uyanış içine girer ve kendi içinizdeki biçimi olmayan, ölümün ötesindeki o boyuta ulaşırsınız.

EGONUN KENDİNİ ÜSTÜN GÖRME İHTİYACI

Egonun süptil (fark edilmesi güç) olan ve kolaylıkla gözden kaçırılabilen pek çok biçimi vardır ama siz bunları yine de diğer insanlarda ve daha da önemlisi kendi içinizde gözleyebilirsiniz. Şunu unutmayın ki, içinizdeki egonun farkına vardığınız anda, ortaya çıkan şey sizin egonun ötesindeki kimliğiniz, yani derindeki "ben"dir. Sahtenin fark edilmesi, gerçeğin kendini göstermesi demektir.

Örneğin, birisine bir haber vermek üzere olduğunuzu düşünün. Şöyle diyebilirsiniz: "Tahmin et bakalım, bugün neler oldu? Aa, hâlâ duymadın mı? O zaman ben sana söyleyeyim." Eğer yeterince Şimdi'ye odaklanmışsanız, kötü bile olsa o haberi vermeden önce içinizde kıpırdanmaya başlayan o tatmin duygusunu hissedersiniz. Bunun nedeni, sizinle diğer kişi arasında egonun hoşuna giden sizin lehinize bir dengesizlik olmasıdır. Egonuza göre, kısa bir an için dahi olsa, siz diğer kişiden *daha fazlasını* biliyorsunuzdur. Aslında sizin hissettiğiniz tatmin duygusu egoya aittir ve diğer kişiye göre onun daha güçlü bir benlik duygusu içinde olmasından kaynaklanmaktadır. Karşınızdaki kişi Birleşik Devletler başkanı ya da Papa olsa bile, o kısacık anda ondan *daha fazlasını* bildiğiniz için kendinizi daha üstün hissedersiniz. Pek çok kişinin dedikodu bağımlısı olmasının nedeni de kısmen budur. Ayrıca, dedikodu çoğu kez başkaları hakkında yargılayıcı ve kötü niyetli bir eleştiri unsuru taşır. Dolayısıyla birisiyle ilgili olumsuz bir yargıda bulunduğunuz her vakit, hayal ürünü olan bir ahlaki üstünlüğü ima ederek egonuzu güçlendirmiş olursunuz.

Birisi "ben"den daha fazlasına sahipse, daha fazlasını biliyorsa ve daha fazlasını yapabiliyorsa, ego kendisini tehdit edilmiş gibi hisseder, çünkü "daha az" duygusu onun bu hayal ürünü üstünlüğünün yarattığı duyguyu azaltır. O yüzden daha sonra, diğer kişinin sahip olduklarını, bilgisini veya yeteneklerini önemsemeyerek, küçümseyerek ve eleştirerek kendisini toparlamaya çalışır. Veya stratejisini değiştirir ve diğer kişiyle rekabet içine girmek yerine, diğer insanların gözünde önemli olması kaydıyla, o kişiyle arasında bir bağ kurarak kendisini güçlendirme yolunu seçer.

EGO VE ŞÖHRET

Şöhretli birisinden, lafın arasında ve aklına o anda gelmiş havası yaratarak bahsetmek ve bu "önemli" kişiyle olan ilişkisini kendine pay çıkarmak için kullanmak, egonun öteki insanların olduğu kadar kendi gözünde de üstün bir kimlik kazanmak için başvurduğu iyi bilinen bir yöntemdir. Bu dünyada şöhretli biri olmanın kötü tarafı, kimliğinizin kolektif zihinsel imge tarafından tamamen karanlığa gömülmesidir. Karşılaştığınız insanların çoğu, sizinle olan bağlarını kullanarak kimliklerini, yani kim olduklarının zihinsel imgesini güçlendirmek isterler. Bu insanların kendileri sizinle hiçbir şekilde ilgilenmediklerinin farkında bile değillerdir, onların tek isteği kendi kurgusal kimliklerini güçlendirmektir. Onlar, sizi kullanarak daha önemli olacaklarına inanırlar. Onların istediği tek şey, sizin şöhretli bir kişi, yani efsanevi özellikleri olan kavramsal bir kimlik olarak onlarda yarattığınız imge vasıtasıyla kendi eksiklerini tamamlamaktır.

Şöhretin saçma bir şekilde abartılması, dünyamızdaki egotemelli çılgınlığın pek çok tezahüründen sadece bir tanesidir. Bazı şöhretli kişiler de aynı hataya düşerek, kendilerini başkalarının ve medyanın onlar için yarattığı kolektif kurgu ile özdeşleştirirler ve kendilerini gerçekten de sıradan ölümlülerden üstün görmeye başlarlar. Bunun sonucunda, kendilerine ve diğer insanlara giderek daha çok yabancılaşırlar, giderek daha fazla mutsuzlaşırlar ve popülerliklerine daha bağımlı bir hale gelirler. Çevrelerinde sadece onların öz-imajını pohpohlayan insanlar olduğu için, gerçek ve samimi ilişkiler kuramaz hale gelirler.

Herkesin neredeyse insanüstü bir varlık olarak hayranlık

duyduğu ve dünyanın gelmiş geçmiş en tanınmış insanlarından biri olma yazgısına sahip olan Albert Einstein, kendisini asla kolektif zihnin onun için yarattığı imajla özdeşleştirmemiş ve hayatı boyunca mütevazı bir şekilde ve egosuz yaşamıştır. Nitekim kendisi de "İnsanların benim başarılarım ve yeteneklerimle ilgili olarak düşündükleriyle, benim gerçekte kim olduğum ve neler yapabileceğim arasında çok tuhaf bir çelişki bulunmaktadır," demiştir.[3]

Şöhretli bir kişinin diğer insanlarla sahici ilişkiler içine girebilmesi o yüzden çok zordur. Samimi bir ilişkide, egonun imaj yaratma ve kendisini bulma çabasının yeri yoktur. Gerçek ve samimi bir ilişkide, karşınızdaki kişiyle aranızda açık bir iletişimin yanı sıra özenli ve dikkatli bir ilgi alışverişi vardır ve herhangi bir menfaat söz konusu değildir. Bizim Mevcudiyet olarak da tanımladığımız bu özenli dikkat, gerçek bir ilişkinin olmazsa olmazıdır. Ego her zaman bir şeyler ister. Karşı taraftan alabileceği bir şey olmadığına inanırsa, ilgisini tamamen koparır, yani sizi umursamaz. Dolayısıyla, ego-temelli bir ilişkide üç baskın durum vardır. Bunlar istek, ket vurulan istek (öfke, kırgınlık, suçlama, şikayet) ve umursamazlıktır.

DÖRDÜNCÜ BÖLÜM

ROLLERE BÜRÜNMEK: EGONUN BİN BİR YÜZÜ

Maddi kazanç elde etmek, güçlü olma duygusu yaşamak, diğerlerinden üstün olmak, kendisini özel hissetmek ve fiziksel veya psikolojik anlamda zevk elde etmek gibi istekleri olan ego – hangisi istemiyor ki – bu "ihtiyaçları"nın karşılanması için genellikle bir nevi rol oynar. İnsanlar genellikle oynadıkları rollerin farkında bile değillerdir, çünkü o roller zaten *kendileridir*... Bazı roller güç algılanır; diğerleri ise o rolü oynayan kişi dışındaki herkes için olanca çıplaklığıyla ortadadır. Bazı roller, sadece başkalarının dikkatini çekmek için tasarlanmıştır. Ego, başkalarının dikkatini çekmeye bayılır; sonuçta, dikkat de bir tür psişik enerjidir. Ego, sizin içinizdeki tüm enerjinin kaynağının ne olduğunu bilmez, o yüzden onu dışarıda arar, ama bu dikkat zaten egonun varlığını onaylatmak için aradığı ve bizim Mevcudiyet olarak tanımladığımız biçimi olmayan dikkat değil, doğrulanmayı, methedilmeyi, hayranlık duyulmayı veya herhangi bir şekilde fark edilir olmayı arayan biçimsel bir dikkattir.

Başkalarının dikkatini çekmekten korkan utangaç bir kişi de egosundan özgür değildir, ama onun egosu başkalarının dikkatini çekmeyi hem ister, hem de bundan korkar. Korkunun nedeni, bu dikkatin ayıplayıcı veya eleştirel olması, yani benlik duygusunu güçlendirecek yerde azaltacak bir şekle bürünmesidir. Nitekim utangaç kişinin dikkat çekme korkusu, onun dikkat çekme ihtiyacına baskın çıkar. Utangaçlık, genellikle ağırlıklı olarak olumsuz, yani yeterli olmadığına inanan bir benlik kavramına eşlik eder. Kendimi şöyle veya böyle görüyorum tarzındaki kavramsal benlik duygusu, egonun ta kendisidir. Bu duygu olumlu (ben en iyisiyim) veya olumsuz (işe yaramaz biriyim) olabilir. Her olumlu kavramsal benlik duygusunun arkasında yeterince iyi olamama korkusu vardır. Her olumsuz kavramsal benlik duygusunun arkasında da en iyi veya diğerlerinden daha iyi olma arzusu yatar. Kendisine güvenen egonun sürekli olarak üstün olma ihtiyacı içinde olmasının altında da, bilinçaltında yatan bir aşağılık kompleksi ve korkusu vardır. Buna karşın, kendisini yetersiz ve aşağı gören utangaç egonun içinde gizli bir üstünlük arzusu bulunur. Pek çok kişi, durumlara veya temas içine girdikleri insanlara bağlı olarak, aşağılık ve üstünlük duyguları arasında gelip giderler. Sizin kendinizle ilgili olarak bilmeniz ve gözlemlemeniz gereken tek bir şey vardır: Ne vakit kendinizi başkalarına göre daha aşağıda veya daha üstün görürseniz, bilin ki egonuz devreye girmiştir.

KÖTÜ ADAM, KURBAN, AŞIK

Peşinde oldukları övgü veya hayranlığı bulamayan bazı egolar, başka şekillerde ilgi çekmeye yönelirler ve bunu sağlayabilecekleri roller oynarlar. Eğer olumlu anlamda ilgi çekemezlerse, onun yerine olumsuz bir ilgi arayışı içine girerler, yani başkalarında olumsuz bir tepki uyandırmaya çalışırlar. Bazı çocuklar bunu sıklıkla yaparlar ve ilgi çekmek için haylazlık ederler. Ego, aktif bir acı-yumağıyla, yani geçmişten kaynaklanan ve daha fazla acı yaşayarak kendisini yenilemek isteyen duygusal bir acıyla abartıldığında, bu olumsuz roller daha da belirgin bir hal alır. Bazı egolar ün kazanmak için suç işlerler. Kötü bir şöhret yaratarak ve başkalarının onları kınamasını sağlayarak ilgi çekmek isterler. "Lütfen bana var olduğumu ve önemsiz olmadığımı söyleyin," der gibidirler. Bu tür patolojik egolar, normal egoların aşırı versiyonlarıdır.

En sıklıkla oynanan rollerden biri kurban rolüdür. Bu rolü oynayan egonun peşinde olduğu şey, başkalarının ona sempatiyle bakması, acıması veya *benim* sorunlarıma, "bana ve benim hikayeme" ilgi göstermesidir. Kendisini kurban olarak görmek, ego-temelli davranışlara yol açar, yani şikayet etmek, rencide olduğunu ifade etmek, öfkelenmek ve benzeri şekillerde tezahür eder. Kendisini kurban rolünü biçtiği bir kimlikle özdeşleştirdiği andan itibaren, bu rolün bitmesi egonun hiç işine gelmez. Nitekim, her terapistin bildiği gibi ego, kimliğinin birer parçasını oluşturdukları için "sorunlarının" bitmesini hiç istemez ve şöyle düşünür: Benim kederli hikayeme kimse aldırış etmiyorsa, ben de onu tekrar tekrar kendi zihnimde anlatır ve hayatın veya diğer insanların, kaderin veya Tanrı'nın adil davranmadığı bir insan kimliğine bürünerek kendime acırım. Böylece benlik imajım bir netlik kazanır ve beni de bir kişilik haline getirir. Ego için önemli olan tek şey de budur zaten.

Pek çok sözde romantik ilişkinin ilk aşamalarında insanların çoğu, egolarının "beni mutlu edecek, bana özel olduğumu hissettirecek ve benim tüm ihtiyaçlarımı karşılayacak" birisi olduğunu düşündüğü kişiyi cezbetmek ve onu elinde tutmak için rol yapar. "Ben, senin olmamı istediğin kişiyi oynayacağım ve sen de benim olmanı istediğim kişiyi oynayacaksın," der. Bilinçaltında yapılan ve söze dökülmeyen anlaşma işte budur. Yine de, rol yapmak güç bir iştir ve insanlar özellikle de birlikte yaşamaya başladıklarında sonsuza kadar rol yapamazlar. Peki, bu rollerden sıyrıldığınızda neler görürsünüz? Ne yazık ki, çoğu kez henüz varlığın özünü görmeniz mümkün değildir. Görebileceğiniz şey, sadece gerçek özün üstündeki örtüdür. Bu örtü, rollerden sıyrılmış olan ham bir egodan, onun içindeki acı-yumağından, gerçekleşmemiş isteklerden ve ego-temelli benliğin özünde yatan korkunun ve eksiklik duygusunun suçlusu olarak gördüğü ve muhtemelen eşe veya partnere karşı duyulan öfkeden oluşmaktadır.

"Aşık olmak" diye tanımladığımız şey, çoğunlukla ego-temelli isteklerin ve ihtiyaçların yoğun bir hale gelmesinden öte bir şey değildir. Başka birisine, daha doğrusu onun sizdeki imajına bağımlı bir hale gelirsiniz. Bunun isteklerden tamamen arınmış olan gerçek sevgiyle bir ilgisi yoktur. Geleneksel anlamda, aşk kavramını en dürüst şekilde açıklayan dil İspanyolcadır. Bu dilde *Te quiero* hem "seni seviyorum", hem de "seni istiyorum" demektir. "Seni seviyorum" demenin bir başka yolu olan ve herhangi bir anlam kargaşası taşımayan *Te amo* ise, çok ender olarak kullanılır. Bunun nedeni belki de gerçek aşkın da en az onun kadar ender olmasıdır.

ÖZ-TANIMLAMALARDAN KURTULMAK

Kabile kültürleri kadim uygarlıklara dönüşürken, bazı insanlara yöneticilik, rahiplik veya rahibelik, savaşçılık, çiftçilik, zanaatkarlık, işçilik ve benzeri gibi belirli görevler tahsis edilmiş ve böylece bir sınıf sistemi oluşturulmuştu. Çoğunlukla içine doğduğunuz sınıfın gerektirdiği görevleriniz, sizin kimliğinizi, yani başkalarının gözünde ve kendi gözünüzde kim olduğunuzu belirlerdi. Göreviniz size biçilen bir rol olurdu ama bu, bir rol olarak görülmezdi. Sadece o dönemde yaşayan Buda ve İsa gibi ender kişilikler, kast sisteminin veya sosyal sınıfların saçmalığını gördüler ve bunların sadece biçimle tanımlanmak olduğunu ve bu tür şartlanmış ve geçici tanımlamaların her insanın içinde parıldamakta olan koşulsuz ve ebedi ışığı gölgelediğini fark ettiler.

Çağdaş dünyamızda, sosyal yapılar eskisinden daha esnektir ve daha muğlak bir şekilde tanımlanmıştır. Pek çok kişi, doğal olarak, hâlâ çevreleri tarafından şartlandırılmaktadır ama onlara görevleri ve kimlikleri artık otomatik olarak verilmemektedir. Aslına bakarsanız, modern dünyada, giderek daha fazla insan nereye sığacakları, amaçlarının ne olduğu ve hatta kim oldukları konusunda tereddüt yaşamaktadır.

"Artık ben kim olduğumu bile bilmiyorum," diyen insanları ben genellikle kutluyorum. O zaman, onlar da hayrete düşüyorlar ve bana "zihin karışıklığı yaşamanın iyi bir şey olduğunu mu söylemek istiyorsunuz?" diye soruyorlar. Ben de onlara bunun yanıtını kendilerinin araştırıp bulmasını söylüyorum. Zihin karışıklığı yaşamak ne demektir? Örneğin "Bilmiyorum," demek bir zihin karışıklığı değildir, ama "Bilmiyorum, ama bilmem gerek" veya "bilmiyorum ama bilmeye ihtiyacım var," demek zihin karışıklığıdır. Peki, kim olduğunuzu bilmeniz gerektiği veya bilmeye ihtiyacınızın olduğu şeklindeki inanışlardan kendinizi kurtarabilir misiniz? Diğer bir deyişle, size bir benlik duygusu verecek kavramsal tanımlamalar aramaktan vazgeçebilir misiniz? Kimliğinizi belirlemek için *düşünce*ye bel bağlamaya son verebilir misiniz? Kim olduğunuzu bilmek zorunda veya ihtiyacında olduğunuza dair inanışınızı bir kenara atarsanız, zihin karışıklığınıza ne olur, biliyor musunuz? Bu karışıklık aniden ortadan kaybolur. Kim olduğunuzu bilmediğinizi kesin olarak kabul ettiğiniz takdirde, bir huzur ve berraklık içine girersiniz. Bu durum aslında sizin gerçek kimliğinize, herhangi bir düşüncenin olabileceğinden çok daha fazla yakındır, çünkü bilin ki kimliğinizi bir düşünce ile tanımladığınızda, aslında kendinizi sınırlamış oluyorsunuz.

ÖNCEDEN BELİRLENMİŞ ROLLER

Gayet doğal olarak, bu dünyada yaşamakta olan farklı insanların farklı görevleri vardır. Başka türlüsü düşünülemez. Nitekim bilgi birikimleri, beceriler, yetenekler ve enerji düzeyleri gibi entelektüel veya fiziksel yetiler söz konusu olduğunda, insanlar birbirlerinden çok farklıdır. Önemli olan sizin bu dünyada ne gibi görevler üstleneceğiniz değil, bu görevin size ne kadar hakim olduğu ve ne ölçüde sizin oynadığınız bir rol olduğudur. Rol oynadığınız vakit, bilinçdışı hareket ediyorsunuzdur. Kendinizi rol yaparken yakaladığınızda, bu farkındalık sizinle oynadığınız rol arasında bir mesafe yaratır. İşte, rol yapmaktan özgür olmanın başladığı an budur. Kendinizi tamamen bir rolle özdeşleştirdiğiniz vakit, bir davranış kalıbını kimliğinizle karıştırabilir ve kendinizi fazla ciddiye almaya başlarsınız. Ayrıca otomatik olarak başkalarına da sizinkiyle örtüşen roller biçersiniz. Örneğin, kendilerini tamamen oynadıkları rolle özdeşleştirmiş olan doktorların gözünde siz bir insan değil, bir hasta veya tıbbi bir vakasınızdır.

Çağdaş dünyamızdaki sosyal yapılar eskiye göre çok daha esnek olmasına rağmen, insanların kendilerini özdeşleştirmeye hazır oldukları ve egolarının parçası haline gelen, önceden belirlenmiş görevler veya roller hâlâ mevcuttur. Bu, insan etkileşimlerinin yapaylaşmasına ve insani olmaktan çıkmasına neden olur ve bir yabancılaşmaya yol açar. Bu roller size bir süre için rahatlatıcı bir kimlik duygusu verebilir, ama eninde sonunda kendinizi bu rollerin içinde kaybedersiniz. Ordu, devlet kurumları veya büyük şirketler gibi hiyerarşik yapısı olan yerlerde çalışan insanlar, kendilerini oynadıkları rollere hemen kaptırırlar ama böyle durumlarda samimi insan etkileşimleri imkansızlaşır.

Önceden belirlenmiş bazı rollere biz arketip (ilk örnek) deriz. Birkaç arketip örneği vermek gerekirse, (eskisi kadar çok rastlanmamakla birlikte, hâlâ yaygın olan) orta sınıfa mensup ev kadınlarını, maço erkekleri, baştan çıkarıcı kadınları, topluma ayak uydurmayan sanatçıları veya icracıları ve edebiyat, güzel sanatlar ve müzik konularındaki bilgilerini diğerlerinin pahalı bir giysi veya araba konusunda sergilediği gibi sergileyebilen (Avrupa'da oldukça yaygın olan) kültür adamlarını sayabiliriz. Ve tabii ki bir de evrensel yetişkin rolü vardır. Bu rolü oynadığınız vakit, kendinizi ve hayatı çok ciddiye alırsınız. Doğallık, kaygısızlık ve neşeli olmak o rolün içinde yer almaz.

Birleşik Devletler'in West Coast bölgesinde başlayan ve daha sonra tüm batı dünyasında yayılan hippi hareketinin nedeni, pek çok genç insanın ego-temelli sosyal ve ekonomik yapıların yanı sıra sosyal arketipleri, rolleri ve önceden belirlenen davranış kalıplarını reddetmesiydi. Bu gençler, ebeveynlerinin ve toplumun onlara dayattığı rolleri oynamak istemiyorlardı. Çok ilginçtir, bu hareket 57,000'den fazla genç Amerikalının ve

3 milyon Vietnamlının hayatını kaybettiği ve çılgın bir sistemin altında yatan zihin yapısını gözler önüne seren dehşetengiz Vietnam Savaşı'yla aynı döneme denk gelmişti. 1950'lerde, pek çok Amerikalının düşünce yapısı ve davranış biçimi açısından son derece konformist olmasına karşın, 1960'larda milyonlarca insan kolektif çılgınlığın bu kadar uluorta sergilenmesine içerleyip, kimliklerini kolektif kavramsal bilinçten çekmeye başladılar. Hippi hareketi insanlık psişesindeki ego-temelli katı yapıların esnekleştirilmesini temsil ediyordu. Bir süre sonra yozlaşarak sona eren bu hareket, her şeye rağmen sadece bu hareketin parçası olan kişilerle sınırlı kalmayıp, pek çok insanı etkileyen bir açılım yarattı. Bu da, kadim Doğu bilgeliğinin ve spiritüelliğin batıya doğru kaymasında ve küresel bilincin uyanmasında önemli bir rol oynamıştır.

GEÇİCİ ROLLER

Eğer diğer insanlarla nasıl bir etkileşim içinde olduğunuzu gözlemleyecek kadar uyanık ve farkındalık içindeyseniz, etkileşim içinde bulunduğunuz kişiye bağlı olarak konuşmanızda ve yaklaşımlarınızda belli belirsiz farklılıklar olduğunu görebilirsiniz. Başlangıçta bunu başka insanlarda gözlemlemeniz daha kolay olabilir, ama daha sonra kendinizde de fark etmeye başlarsınız. Bir şirketin yönetim kurulu başkanıyla yaptığınız konuşmanın tarzı, bir odacıyla yaptığınız konuşmanın tarzından farklıdır. Bir çocukla konuşurken, bir yetişkinle konuştuğunuzdan farklı konuşabilirsiniz. Bunun nedeni nedir, biliyor musunuz? Bunun nedeni sizin de rol oynamanızdır. Aslında siz, ne şirket yöneticisiyle, ne odacıyla, ne de çocukla konuşurken kendinizsinizdir. Bir şey satın almak için bir dükkana girdiğinizde, bir lokantaya, bankaya veya postaneye gittiğinizde, kendinizi önceden belirlenmiş sosyal rolleri oynarken bulursunuz. Oralarda, bir müşterisinizdir ve o role uygun bir şekilde konuşur ve davranırsınız. Ve kendi rollerini oynamakta olan satış elemanı veya garson da sizin bir müşteri olduğunuzu bilir ve size o şekilde davranır. Yani, iki insan arasındaki etkileşimin nasıl olacağını belirleyen şey, devreye giren bir dizi şartlandırılmış davranış kalıplarıdır. Öyle ki, aslında insanlar değil, kavramsal zihinsel imgeler birbiriyle etkileşim içine girerler ve insanlar kendilerini oynadıkları rollerle ne ölçüde özdeşleştirirlerse, aralarındaki ilişkiler de o ölçüde yapaylaşır.

Sadece diğer kişinin kimliğiyle değil, özellikle etkileşim içinde olduğunuz o kişiyle bağlantılı olarak kendi kimliğinizle de ilgili zihinsel bir imajınız vardır. Yani aslında, o kişiyle ilişki kuran *siz* değilsiniz. Kim olduğunuzu sandığınız siz, kim olduğunu sandığınız o kişiyle ve kim olduğunu sandığınız kişi de, kim olduğunuzu sandığı sizle bir ilişki içine girmiştir. Zihninizin kendinizle ilgili olarak oluşturduğu kavramsal imaj, diğer kişiyle ilgili olarak kendisinin yarattığı kavramsal imajla ilişki kurmuştur. Diğer kişinin zihni de muhtemelen aynı şeyi yapmıştır, yani iki insan arasındaki bu ego-temelli etkileşim aslında, zihnin kavramsal olarak yarattığı ve tamamen kurgusal olan iki varlık arasındaki etkileşimdir. İlişkilerde bu kadar çok çatışma yaşanmasına da o yüzden şaşmamak gerekir. İşin aslı şudur: Gerçek ilişki diye bir şey *yoktur.*

AVUÇLARI TERLEYEN KEŞİŞ

Kasan, bir Zen eğitmeni ve keşişiydi. Günün birinde, tanınmış bir soylunun cenaze törenini yönetme görevini yerine getirmesi gerekti. Töreni başlatmak için valinin ve diğer soyluların gelmesini beklerken, avuçlarının terlemiş olduğunu fark etti.

Ertesi gün müritlerini topladı ve gerçek bir öğretmen olmaya henüz hazır olmadığını itiraf etti. Onlara ister dilenci, ister kral olsun, tüm insanları eşit görmesi gerekmesine rağmen, bunu başaramadığını açıkladı. Sosyal rolleri ve kavramsal kimlikleri aşması gerekirken, tüm insanların özlerinde aynı olduğunu göremiyordu. Sonra oradan ayrıldı ve başka bir üstadın öğrencisi oldu. Sekiz yıl sonra, aydınlanmış olarak eski müritlerinin yanına geri döndü.

MUTLUYMUŞ GİBİ DAVRANMAK VE GERÇEKTEN MUTLU OLMAK

"Nasılsınız?" "Harika... Daha iyi olamazdım." Bu doğru mu, değil mi?

İnsanlar pek çok durumda mutluymuş gibi davranırlar; oysaki gülümseyen yüzlerinin gerisinde, büyük bir acı vardır. Kişi gerçeği kendisinden bile saklayıp büyük mutsuzluğunu inkar etme durumu içine girdiği vakit, o mutlu gülüşün ve bembeyaz dişlerin arkasına depresyonun, sinir bozukluğunun ve aşırı tepkiselliğin gizlenmesi sıklıkla görülen bir olaydır.

Mutsuz olmanın veya görünmenin normal sayıldığı ve o yüzden sosyal açıdan kabul edilebilir bulunduğu Amerika'da, "gayet iyiyim" rolünü oynamak, diğer ülkelere göre egonun daha yaygın olarak yaptığı bir şeydir. Biraz abartılı olabilir ama bana söylendiğine göre, İskandinav ülkelerinden birinin başkentinde, sokakta giderken tanımadığınız kişilere gülümsediğiniz takdirde, sarhoş olduğunuz gerekçesiyle tutuklanma riskiniz olabilirmiş.

İçinizde mutsuzluk varsa, her şeyden önce onun varlığını kabul etmeniz gerekir. Ama "ben mutsuzum," diyerek değil... Mutsuzluğun sizin kim olduğunuzla bir ilgisi yoktur. "İçimde bir mutsuzluk var," deyin. Ondan sonra, araştırmaya bakın. İçinizde bulunduğunuz bir durumun bu mutsuzlukla bir bağlantısı olabilir. Bu durumu değiştirmek veya kendinizi o durumdan sıyırmak için bir eyleme geçmeniz gerekebilir. Eğer yapabileceğiniz hiçbir şey yoksa, bunu kabullenin ve şöyle söyleyin: "Tamam, şu anda durum böyle. Bunu ya kabulleneceğim ya da hayatı kendime zindan edeceğim." Mutsuzluğun temel nedeni sizin belirli bir durum hakkındaki düşüncelerinizdir, yoksa durumun kendisi değil. O düşünceleri, kasıtsız ve olduğu gibi olan durumun kendisinden her zaman ayırın ve şöyle deyin: "İşte olgusal gerçekler ve içinde bulunduğum durum ve işte benim onlarla ilgili düşüncelerim..." Hikayeler üretmek yerine, olgusal gerçeklere bağlı kalın. Örneğin, "Mahvoldum!" demek hikaye üretmektir. Böyle konuşmak sizi kısıtlar ve etkin bir eylem içine girmenizi engeller. Öte yandan, "Bankadaki hesabımda elli sentim kaldı," demek olgusal bir gerçeği dile getirmektir. Olgusal gerçeklerle yüzleşmek sizi her zaman güçlendirir. Duygularınızı büyük ölçüde düşüncelerinizin yarattığını aklınızdan çıkarmayın. Düşüncelerinizle duygularınız arasındaki bağlantıyı görün. Düşünceleriniz veya duygularınız olmak yerine, onların ötesindeki farkındalık olun. Mutluluk arayışı içine girmeyin. Onu ararsanız, bulamazsınız çünkü arayış mutluluğun antitezidir. Mutluluk hep kaçar, ama içinde bulunduğunuz durumu kabul edip, hikayeler üretmekten vazgeçerseniz, mutsuzluktan kurtulmayı şu anda bile başarabilirsiniz. Unutmayın ki, sizde doğal olarak mevcut olan esenliğin ve içsel huzurun, yani gerçek mutluluğun kaynağının üstünü örten şey, mutsuzluktur.

EBEVEYNLİK: ROL MÜ, YOKSA GÖREV Mİ?

Yetişkin kişiler bir çocukla konuşurken genellikle rol yaparlar. Aptalca sözcükler kullanırlar ve komik sesler çıkarırlar. Onu küçümsermiş gibi konuşurlar ve ona kendileriyle eşit biriymiş gibi davranmazlar. Sizin geçici olarak ondan daha çok şey bilmeniz veya ondan daha büyük olmanız aslında o çocuğun sizinle eşit olmadığını göstermez. Yetişkinlerin çoğu, hayatlarının belirli bir aşamasında, kendilerini ebeveyn konumunda bularak, en evrensel rollerden birine geçiş yaparlar. Buradaki en önemli soru şudur: Bir ebeveyn olmanın görevlerini yerine getirebilecek durumda mısınız? Bu görevleri, kendinizi o görevlerle özdeşleştirmeden ve bir rol haline getirmeden en iyi şekilde yapabilecek misiniz? Bir ebeveyn olmanın vazgeçilmez şartları, çocuğun ihtiyaçlarını karşılamak, onun herhangi bir tehlikeye maruz kalmasını önlemek ve gerektiğinde ona ne yapıp ne yapmaması gerektiğini söylemektir. Ama ebeveyn olmayı bir kimlik haline getirirseniz, yani benlik duygunuzu tamamen veya kısmen ebeveyn olmaya dayandırırsanız, bu görev kolaylıkla aşırı vurgulanmış ve abartılmış bir hal alır ve sizi kontrol etmeye başlar. Çocuğun ihtiyaçlarını karşılamada aşırıya kaçarak onu şımartırsınız; onu tehlikeden koruyayım derken, aşırı koruyucu olur ve onun dünyayı keşfetme ve kendisini geliştirme ihtiyacına müdahale edersiniz. Ona ne yapıp ne yapmaması gerektiğini söylerken aşırı kontrolcü olur ve bir zorba durumuna düşersiniz.

Bunun da ötesinde, bu belirli görevlere gerek kalmadığı zamanlarda bile rol oynayan kimlik yerinde durur. İnsanlar çocukları birer yetişkin olduğu vakit bile kendi ebeveyn kimliklerini terk edemezler. Diğer bir deyişle, çocuklarının onlara ihtiyaç duymasına ihtiyaçları vardır ve bundan vazgeçemezler. Çocukları kırk yaşına gelmiş bile olsa, ebeveynler "senin için neyin doğru olduğunu en iyi ben bilirim," tutumunu terk edemezler. Ebeveynlik rolü bu kez zorlayıcı bir hal alır ve dolayısıyla ebeveyn ile çocuk arasında sahici bir ilişki yaşanamaz. Bu tür ebeveynler kendilerini o kimlikle özdeşleştirmiş durumdadır ve bilinçaltlarında ebeveynlik konumları ellerinden giderse kimliklerini de kaybedecekleri korkusunu yaşarlar. Eğer, yetişkin çocuklarının hareketlerini kontrol etme veya etkileme arzuları bir şekilde engellenirse (ki bu sıklıkla olur), bilinçaltı bir çabayla rollerini ve dolayısıyla kimliklerini korumak için eleştirel olmaya ve hoşnutsuzluklarını belli etmeye başlarlar veya çocuğun kendisini suçlu hissetmesini sağlamaya çalışırlar. Dışarıdan bakıldığında, onlar sadece çocuklarının iyiliğini isteyen anne-babalardır ve kendileri de buna inanır ama asıl kaygıları, rol yapan kimliklerini korumaktır. Tüm ego-temelli güdüler, kendini güçlendirmek ve menfaat üzerine kuruludur, ama bazen öylesine sinsice devreye girerler ki, kişinin kendisi bile bunu fark edemez.

Kendisini ebeveynlik rolüyle özdeşleştirmiş olan bir anne veya baba, çocukları sayesinde kendisini daha eksiksiz bir insan haline getirme arzusu içinde de olabilir. Böylece egosu, kendi eksikliğini kapamak için başkalarını kullanmak yerine, bu kez kendi çocuklarını kullanmaya başlar. Bir ebeveynin çocuklarını güdüleme eğiliminin gerisindeki genellikle bilinçaltı olan varsayımlar ve güdüler bilinçli bir hale getirilip söze dökülseydi, bunlar muhtemelen şunların bazılarını veya tamamını içerebilirdi: "Ben senin, benim başaramadıklarımı başarmanı istiyorum; ben senin dünyanın gözünde önemli bir kişi olmanı istiyorum, böylece ben de senin sayende önemli biri olabilirim. Beni hayal kırıklığına uğratma. Ben senin için neler feda ettim. Benim isteklerimi yerine getirebilesin diye sürekli olarak seni kınıyor ve kendini suçlu ve rahatsız hissetmeni sağlamaya çalışıyorum. Seni seviyorum ve senin için iyi olduğunu bildiğim şeyleri yapmaya devam ettiğin takdirde, seni sevmeye devam edeceğim."

Tüm bu bilinçsiz güdüleri bilinçli hale getirdiğiniz takdirde, bunların ne kadar saçma olduğunu hemen görebilirsiniz. Sadece bunların gerisindeki egonuz değil, onun bozuklukları da göze görünür bir hale gelir. Kendileriyle konuştuğum bazı ebeveynler, aniden durumu fark edip, "Aman Tanrım, ben böyle mi yapıyordum?" diye feryat etmişlerdir. Neler yaptığınızı ve sürekli yapmakta olduğunuzu bir kez fark ettiğinizde, onların ne kadar boş ve yararsız olduğunu da görürsünüz. Böylece, o bilinçaltı kalıp da kendiliğinden devreden çıkar. Bu da, farkındalık içine girmenin değişimin en önemli aracı olduğunu bize göstermektedir.

Eğer ebeveynleriniz size yukarıda bahsettiğim şekilde davranıyorlarsa, onlara bilinçaltlarının ve egolarının pençesi altında olduklarını sakın söylemeyin, çünkü ego o zaman hemen savunmacı bir pozisyon alır. Sizin bütün bunları yapanın onların egosu olduğunu ve onların gerçek kimliğinin bu olamadığını bilmeniz yeterlidir. İçsel olarak onlara karşı çıkmadığınız takdirde, uzun süreli olanlar da dahil olmak üzere, ego-temelli kalıplar bazen mucizevi bir şekilde kendiliklerinden eriyip giderler. Gitmezlerse, o zaman bu kalıplarla zıtlaşmak onlara yeni bir güç verdiği için, yapmanız gereken şey, ebeveynlerinizin davranışlarını onlara tepki göstermeden, yani kişisel hale getirmeden sevgi ve merhametle kabullenmek olmalıdır.

Eski, alışılagelmiş tepkilerinizin arkasında kendi bilinçaltı varsayımlarınızın veya beklentilerinizin yattığını hiçbir zaman aklınızdan çıkarmayın. "Annem ve babam benim yaptıklarımı onaylamalıdırlar. Beni anlamalı ve beni olduğum gibi kabul etmelidirler." Öyle mi? Bunu yapmaya neden mecbur olsunlar ki? Gerçek şu ki, onlar bunu yapmazlar, çünkü yapamazlar. Evrimleşme sürecinde olan bilinçleri henüz farkındalık düzeyine ulaşacak kuantum sıçramasını yapabilmiş, yani o önemli atılımı gerçekleştirebilmiş değildir. Onlar henüz rolleriyle özdeşleşmekten kurtulmaya hazır değillerdir. "Evet, ama onlar beni onaylamadıkları ve bana anlayış göstermedikleri takdirde, kimliğim konusunda ben kendimi mutlu ve huzurlu hissedemiyorum." Gerçekten mi? Onların sizi onaylaması veya kınaması sizin kimliğinizde ne gibi bir fark yaratır ki? Aslında, tüm bu sınanmamış varsayımlar büyük miktarda olumsuz duygu yaratmakta ve gereksiz bir mutsuzluğa neden olmaktadır.

Uyanık olun. Zihninizden geçen düşüncelerin bazıları annenizin veya babanızın size belki de "Sen yeterince iyi değilsin. Hiçbir zaman bir işe yarayacak gibi de görünmüyorsun," diyen sesi veya bir başka zihinsel yargılamanın veya pozisyonun ürünü olabilir mi? Eğer içinizde bir farkındalık varsa, beyninizin içindeki o sesin ne olduğunu anlayabilirsiniz: Bu, geçmişin şartlandırdığı eski bir düşüncedir. Eğer bir farkındalık içindeyseniz, zihninizden geçen her düşünceye inanmanız gerekmediğini de anlarsınız. Onlar hep eski birer düşünceden ibarettir, o kadar. Oysaki farkındalık Mevcudiyet demektir ve içinizdeki bilinçaltı geçmişi bir tek Mevcudiyet, yani şimdiki an'da olmanız çözebilir.

Ram Das, "kendinizi bu ölçüde aydınlanmış hissediyorsanız," demişti, "gidin bir haftanızı ebeveynlerinizin yanında geçirin." Bu gerçekten de çok güzel bir öneri. Ebeveynlerinizle olan ilişkiniz hem müteakip ilişkilerinizin tonunu ayarlayan en eski ilişkinizdir, hem de aynı zamanda Mevcudiyetinizin ne ölçüde olduğunu sınamak için size iyi bir fırsat yaratır. Onlarla olan ilişkinizde ne kadar ortak geçmiş varsa, sizin de o ölçüde an'da olmanız gerekir; aksi takdirde geçmişi tekrar ve tekrar yaşamak zorunda kalırsınız.

BİLİNÇLİ ACI

Küçük çocuklarınız varsa, onlara yardımcı olun, rehberlik edin ve elinizden geldiğince onları koruyun ama bunlardan daha önemlisi onlara özel alanlarında yaşama hakkı tanıyın. Dünyaya sizin sayenizde gelmiş olmaları, onları "sizin malınız" haline getirmez. "Senin için neyin iyi olduğunu ben bilirim," yaklaşımı onlar çok küçükken doğru olabilir, ama yaşları büyüdükçe bu doğruluk geçerliliğini kaybeder. Onların hayatlarının nasıl olması gerektiği hakkındaki ne kadar çok beklentiniz olursa, onlar için hazır bulunmaktan çok kendi zihninizin içinde yaşarsınız. Sonuç olarak onlar tabii ki bazı hatalar yapacaklar ve tüm insanlar gibi bir şekilde bazı acılar yaşayacaklardır. Aslında bunlar belki de sizin bakış açınıza göre hata olarak tanımlanabilecek şeylerdir. Sizin hata olarak gördüğünüz bir şey, belki de tam anlamıyla çocuklarınızın yapması veya yaşaması gerekli olan bir şeydir. Özellikle de yetişkinlik dönemine erişene kadar onlara elinizden geldiğince yardımcı olun ve rehberlik edin, ama onlara hata yapma ve acı çekme fırsatı tanımanız gerektiğini de bilin. Onlar hiç nedensiz de acı çekebilirler veya bunu kendi hataları nedeniyle de yaşayabilirler.

Onları bütün bu acılardan koruyabilmek ne kadar harika olurdu, diye düşünüyorsunuz, değil mi? Hayır, olmazdı. Öyle olsaydı, onlar insan olarak gelişemezler ve biçimlerle özdeşleşmiş sığ kimliklerinin içine sıkışmış olarak kalırlardı. Acı çekmek sizi olgunlaştırır. Buradaki çelişki şudur: Acı kişinin kendisini biçimlerle özdeşleştirmesinden kaynaklanır, ama aynı zamanda da biçimle özdeşleşmeyi de erozyona uğratır. Başka bir deyişle, acının büyük bir kısmı egodan kaynaklanır, ama acı çekmek egoyu eninde sonunda yok eder. Tabii, acının bilinçli olması kaydıyla...

İnsanlığın acının ötesine geçmesi gerekir, ama egonun sandığı şekilde değil. Egonun pek çok yanlış varsayımlarından, pek çok hayal ürünü düşüncesinden bir tanesi şudur: "Acı çekmemeliyim." Bazen bu düşüncenin odaklandığı kişi, size yakın olan birisidir. İçinizden "Çocuğum asla acı çekme durumunda kalmamalı," diye geçirirsiniz. Aslında, acının temelinde yatan da işte bu düşüncedir. Acı çekmenin, bilincin evrimleşmesi ve egonun tamamen yok olması gibi soylu bir nedeni vardır. Çarmıha gerilen adam, arketip bir imgedir. O tüm erkekleri ve tüm kadınları temsil eder. Acı çekmeye direndiğiniz müddetçe, acı süreniz daha da uzar çünkü gösterdiğiniz direnç, ortadan kaldırılması gereken daha çok ego yaratacaktır. Ama acı çekmeyi kabul ederseniz, bilinçli olarak acı çektiğiniz için, acı çekme süreciniz hızlanacaktır. Acı çekmeyi kendiniz veya bir başkası, örneğin çocuğunuz veya ebeveyniniz için isteyebilirsiniz. Bilinçli acının ortasında, her zaman bir başkalaşım vardır. Yani acının ateşi, bilincin ışığı haline gelir.

Ego şöyle söyler: "Benim acı çekmem gerekmemeli." Sizin daha çok acı çekmenize neden olan da işte bu düşüncedir. Bu, tam anlamıyla gerçeğin saptırılması ve paradoksal bir durumdur. Gerçek şudur ki, acı denen duyguyu aşmadan önce, ona hazır olmanız ve ona 'evet' demeniz gerekir.

BİLİNÇLİ EBEVEYNLİK

Çocukların pek çoğu içlerinde ebeveynlerine karşı gizli bir öfke ve kırgınlık duygusu barındırırlar ve bunun nedeni genellikle onlarla yapay ilişkiler içinde olmalarıdır. Çocuk, anne ve babasının görevlerini ne kadar özenle yerine getirirlerse getirsinler, görev gereği değil, birer insan olarak onun yanında bulunmalarının özlemini çeker. Çocuğunuz için doğru olan her şeyi elinizden gelen en iyi şekilde yaparsınız, ama bazen elinizden geleni yapmanız bile yeterli olmaz. *Gerçek şudur ki, Var'lık denen olguyu ihmal ettiğiniz takdirde ne yapsanız asla yeterli olmaz.* Egonun, Var'lıkla ilgili bir bilgisi yoktur ama bir şeyler yaptığınız takdirde paçayı kurtaracağınıza inanır. Eğer egonuzun pençesi altındaysanız, sürekli daha çok şeyler yapar ve kendinizi bir süre sonra eksiksiz hissetmenize yetecek kadar "iş" yapmış olduğunuza inanırsınız. Ama bu bir yanılgıdır, çünkü bir şeyler yaparken aslında siz o işlerin içinde kaybolmuşsunuzdur. Aslına bakacak olursanız, uygarlığımızın tamamı kaynağını Var'lıktan almayan işler içinde kendisini kaybetmekte ve böylece boşa kürek çekmektedir.

Sürekli koşuşturan bir ailenin hayatına veya çocuğunuzla olan ilişkinize Var'lığı nasıl getirebilirsiniz? Bu sorunun kilit yanıtı çocuğunuza ilgi göstermektir. İki türlü ilgi vardır. Bunlardan birincisine temelinde biçim olan ilgi diyebiliriz. Diğeri ise biçimsel olmayan ilgidir. Biçimsel olan ilgi, her zaman bir şekilde bir şeyler yapmayla veya değerlendirmelerde bulunmayla ilgilidir. "Ev ödevini yaptın mı? Yemeğini ye. Odanı temizle. Dişlerini fırçala. Şunu yap. Bunu yapmaktan vazgeç. Acele et, hemen hazırlan."

Bu iş bitti, peki bundan sonra hangi işi yapmamız gerek? Bu soru pek çok evdeki aile yaşamını çok güzel özetlemektedir. Temelinde biçim olan ilgi tabii ki bazen gereklidir ve onun da bir yeri ve zamanı vardır. Ama çocuğunuzla olan ilişkinizde bir tek bu tür ilgi varsa, o zaman bu ilişkinin en hayati boyutu eksik kalmış ve Var'lık tamamen karanlıkta bırakılmış demektir. Buna karşın biçimsel olmayan ilgi, Var'lık boyutundan ayrılamaz. Peki bu ne anlama gelmektedir? Dilerseniz, bunu biraz açalım.

Herhangi bir işi yapmakta olan çocuğunuzu izlerken, dinlerken, ona dokunurken veya bir şekilde ona yardım ederken, dikkatli, dingin ve tamamıyla şimdide olmalı ve içinde olduğunuz anı olduğu gibi kabul etmekten başka hiçbir şey istememelisiniz. Böylece, Var'lığa da yer açmış olursunuz. Şimdi'de olduğunuz an, bir anne veya baba olmaktan çıkar, dikkatin, dinginliğin ve dinleyen, izleyen, dokunan ve hatta konuşan Mevcudiyet'in ta kendisi, yani "aktif" halin gerisindeki Var'lık olursunuz.

ÇOCUĞUNUZU TANIMAK

Siz bir insansınız. Bunun anlamı nedir? Bunun anlamı, hayatı ustaca yaşamak veya onu kontrol edebilme becerisine sahip olmak değil, insanla Var'lık arasında bir denge kurmak demektir. Oynadığınız anne, baba, eş, genç ve yaşlı gibi tüm rollerin, yerine getirdiğiniz tüm görevlerin, kısacası insan boyutuna ait olan her şeyin bir yeri vardır ve onurlandırılması gerekir, ama gerçekten anlamlı ve tatmin edici bir ilişki veya hayat için hiçbiri tek başına yeterli değildir. Ne kadar çalışırsanız çalışın veya ne kadar başarılı olursanız olun, sadece insan olmak yeterli değildir, çünkü işin bir de Var'lık boyutu vardır. Onu, siz olan Bilinç'in dingin ve uyanık mevcudiyetinde bulabilirsiniz. İnsan biçimdir. Var'lığın ise biçimi yoktur. İnsan ve Var'lık birbirinden ayrı değildir, iç içe geçmiştir.

Bir insan, yani biçim olarak çocuğunuzdan daha üstün olduğunuz doğrudur çünkü ondan daha büyük ve güçlüsünüzdür, ondan daha çok şey bilirsiniz ve daha çok şey yapabilirsiniz. Tüm bildiğiniz bu boyut ise, bilinçaltınızdan da olsa, ondan daha üstün olduğunuzu hissedersiniz ve yine bilinçaltınızdan çocuğunuzun kendisini sizden aşağı hissetmesine neden olursunuz. Sizinle çocuğunuz arasında bir eşitlik yoktur çünkü ilişkinizde sadece biçim vardır ve biçim olarak, tabii ki eşit değilsinizdir. Çocuğunuzu sevebilirsiniz ama sevginiz sadece biçimsel olur, yani şartlanmış, sahiplenici ve gidip gelen bir sevgi... Sadece Var'lık konumundayken, yani biçimin ötesindeyken ve içinizdeki o biçimsel olmayan boyutu bulduğunuz vakit çocuğunuzla eşit olabilirsiniz ve aranızdaki ilişkide gerçek sevgiden bahsedebilirsiniz. Hissettiğiniz Mevcudiyet, yani zamandan özgür olan "ben ben-im" duygusu, kendisini bir başkasının, yani çocuğunuzun içinde görür ve bu da çocuğunuzun sevildiğini, yani önemsendiğini hissetmesini sağlar.

Sevmek, kendinizi bir başkasının içinde görmektir. Öteki kişinin "öteki" olması o zaman, sadece insan yani biçim boyutundaki bir illüzyon olarak kalır. Her çocuğun içinde sevgiye özlem vardır ve bu özlem aslında biçim boyutunda değil Var'lık boyutunda tanınmak için duyulan bir özlemdir. Eğer ebeveynler sadece çocuklarının insan boyutunu dikkate alır ve onların Var'lık boyutunu göz ardı ederlerse, o zaman çocukları ebeveynleriyle yaşadıkları ilişkiyi tatmin edici bulmazlar ve gerçekten hayati bir şeyin eksik olduğunu düşünürler. Bunun sonucunda da, içlerinde bir acı oluşur ve bazen de ebeveynlerine karşı bilinçaltından bir öfke hissederler. Bu acı ve öfke "Neden benim farkıma varmıyorsunuz?" demek ister gibidir.

Bir başka kişi sizi tanıdığı ve kabul ettiği vakit, bu onaylama Var'lık boyutunu ikiniz vasıtasıyla daha çok bu dünyanın içine çeker. İşte dünyayı kurtaracak olan sevgi budur. Burada, bunu çocuğunuzla aranızdaki ilişki bağlamında anlatıyorum ama aynı ilke tüm ilişkiler için geçerlidir.

"Tanrı sevgidir" derler ama bu da tam olarak doğru değildir. Tanrı, sayısız yaşam biçiminin içindeki ve ötesindeki Bir ve Tek Hayat'tır. Halbuki sevgi bir ikilik (dualite) durumunu ima eder: Sevgide bir seven ve bir de sevilen, yani bir özne ile bir nesne olmalıdır. Sevgi, ikilikler içeren bir dünyada tekliğin doğrulanması için bir araçtır, bu da Tanrı'nın biçim dünyasına doğması demektir. Sevgi dünyayı daha az dünyevi ve daha az yoğun yapar, böylece bilincin ışığı dünyaya ulaşabilir ve ilahi boyuta geçiş mümkün olabilir.

ROL YAPMAKTAN VAZGEÇMEK

Herhangi bir durumda üzerinize düşeni kendinizi özdeşleştirdiğiniz bir rol haline getirmeden yapabilmek, her birimizin öğrenmek için burada bulunduğumuz yaşama sanatının temel derslerinden biridir. Eğer bir eylemi rol kimliğinizi korumak, güçlendirmek veya ona uyum sağlamak için değil de, sadece yapılması gerektiği için yaparsanız, yaptığınız her şeyde daha güçlü olursunuz. Her bir rol, kurgusal bir benlik duygusudur.

Dolayısıyla her şeyi kişiselleştiren, yozlaştıran ve bozan da, zihnin bir ürünü olan "küçük ben" veya onun oynadığı rollerdir. Politikacılar, televizyoncular, iş ve din dünyasındaki liderler gibi erk sahibi insanların çoğu, birkaç istisnanın dışında, kendilerini tamamıyla rollerine kaptırmış olan kişilerdir. Bunlar VIP olarak tanımlanırlar ama aslında çok önemli görünmekle birlikte, hiçbir gerçek amaç tanımayan ego- temelli bir oyundaki bilinçsiz oyunculardan başka bir şey değillerdir. Bu oyun, Shakespeare'nin sözcükleriyle "bir aptalın anlattığı, mesajdan yoksun gürültülerle ve patırtılarla dolu bir masal" gibidir.[1] Shakespeare televizyonsuz bir dünyada hayret verici bir şekilde bu sonuca varmıştı. Eğer dünya denen ego- temelli dramatik olaylar dizisinin en küçük bir amacı varsa, bunun gezegenimiz üzerinde daha da çok acı yaratmak gibi dolaylı bir amacı vardır. Büyük ölçüde bir ego ürünü olan acı da, sonuçta çelişkili olarak egoyu yok eden ve egonun kendi içinde yanıp kül olduğu yangındır.

Rol oynayan kişiliklerin dünyasında, televizyonda, basında ve hatta iş dünyasında bile örneklerini gördüğümüz, ego ürünü bir imaj yansıtmayan, Var'lığın özüne derinden bağlı kalarak işlerini gören ve olduklarından başka görünmek gibi bir dertleri olmayan o ender birkaç kişi, dünyada gerçekten bir fark yaratan olağanüstü kişilerdir. Yeni bilinci dünyaya getirenler de onlardır. Onların yaptığı her şey, bütünün amaçlarıyla uyum içinde olduğu için yetki ve güç kazanır. Ama etkileri, yaptıklarının ve görevlerinin de çok ötesindedir. Onların yalın, doğal ve alçakgönüllü mevcudiyeti, iletişime geçtikleri herkesin üzerinde dönüştürücü bir etki yaratır.

Rol yapmamak demek, eylemlerinizde benlik olgusunun

(ego) mevcut olmaması demektir. Kendinizi korumak veya güçlendirmek gibi ikinci bir gündeminiz yoktur. Eylemleriniz daha güçlü olur, kendinizi tamamen içinde bulunduğunuz duruma odaklar ve onunla bir bütün olursunuz. Herhangi bir kişi olmak için özel bir çaba içine girmezsiniz. Kendiniz olduğunuz vakit, zaten en güçlü ve en etkilisinizdir. Kendiniz olmak için bir çaba göstermeniz gerekmez, çünkü o da bir tür rol yapmaktır. Sadece "doğal ve içinizden geldiği gibi" olun. Şu veya bu olmaya çalıştığınız vakit, rol yapmaya başlamışsınız demektir. "Sadece kendiniz olun" aslında iyi bir tavsiyedir ama yanıltıcı da olabilir, çünkü zihniniz gelir ve size "Dur bakalım, ben nasıl kendim olabilirim?" diye sorar ve hemen "Nasıl kendim olabilirim?" türünde bir strateji geliştirerek yeni bir rol yaratabilir. "Nasıl kendim olabilirim?" diye soran, aslında sizin sahte benliğinizdir. Sanki kendiniz olmak için bir şey yapmanız gerekiyormuş gibi bir şeyi ima eder. Bu sorudaki "nasıl" sözcüğü o yüzden çok yersizdir, çünkü siz zaten kendinizsinizdir. Yapmanız gereken tek şey, gerçek kimliğinize fazladan bir yük eklemekten kaçınmaktır. "Ama ben kim olduğumu bilmiyorum. Kendim olmanın ne demek olduğunu da bilmiyorum," diyebilirsiniz. Kim olduğunuzu bilmemek sizi hiç rahatsız etmiyorsa, geride kalan şey zaten sizin kim olduğunuzdur. Bir başka deyişle, insan boyutunun ötesindeki Var'lık boyutu, önceden tanımlanmış olan bir şeyin ötesindeki saf gizilgüç alanıdır.

Kendinizi, kendinize ve başkalarına tanımlamaktan vazgeçin. Merak etmeyin, öyle yaparsanız dünyanın sonu gelmez. Bilakis yaşamakta olduğunuzu fark edersiniz. Başkalarının sizi nasıl tanımladığına da kulak asmayın, çünkü sizi tanımlarken onlar da kendilerini sınırlamış olmaktadırlar. Ve bu onların sorunudur. Siz başkalarıyla etkileşim içine girdiğinizde, bunu bir görev veya rol olarak değil, bilinçli bir Mevcudiyet alanı yaratmak için yapın.

Ego neden birtakım roller oynar? Ego, sınanmamış bir varsayım, temel bir yanlış ve bilinçsiz bir düşünce nedeniyle rol yapar. Bu düşünce şudur: Ben yeterli değilim. Diğer bilinçaltı düşünceler ise şunlardır: Tam anlamıyla kendim olabilmek için ihtiyacım olan şeyleri ancak bir rol yaparak elde edebilirim; daha fazla kendim olabilmek için daha fazlasına sahip olmalıyım... Ama hiçbir zaman olduğunuzdan fazlası olamazsınız çünkü fiziksel ve psikolojik biçiminizin gerisinde, siz o tek Hayat'la, o Var'lıkla birsiniz. Biçimsel anlamda, bazı insanlara göre daha üstün, diğerlerine göre daha aşağıdasınız ve öyle de kalacaksınız. Özde ise, kimseden ne üstün ne de aşağıdasınız. Gerçek öz-saygı ve gerçek alçakgönüllülük bunu fark ettiğiniz an gerçekleşir. Egonuzun gözünde, öz-saygı ve alçakgönüllülük birbiriyle çelişki içindedir. Gerçekte ise, onlar da bir ve aynıdır.

PATOLOJİK EGO

Geniş anlamda bakacak olursak, hangi biçimde olursa olsun egonun kendisi patolojiktir. *Patolojik* sözcüğünün eski Yunancadaki kökenine baktığımızda, bu sözcüğün egoyu tanımlamak için kullanılmasının ne kadar yerinde olduğunu görürüz. Normal olarak bir hastalık durumunu anlatmak için kullanılan bu sözcüğün kökü, acı çekme anlamına gelen *pathos*tur. Bu da, tabii ki Buda'nın 2,600 yıl önce insan durumunun özelliği olarak keşfettiği şeyin ta kendisidir.

Ne var ki, egosunun pençesi altında kıvranan bir kişi acı

çekmeyi, acı çekmek olarak algılamaz ve onun herhangi bir durum karşısında verilebilecek en uygun tepki olduğunu düşünür. Bu kişinin egosu bir körlük içindedir. Kendisinin ve başkalarının üzerinde yarattığı acının farkında değildir. Mutsuzluk, egonun yarattığı ve günümüzde salgın boyutlarına ulaşan zihinsel-duygusal bir hastalıktır. Gezegenimizdeki hava kirliliğinin içimizdeki halidir. Mutsuz olan kişiler öfke, kaygı, nefret, küskünlük, hoşnutsuzluk, kıskançlık, haset ve bunlara benzer olumsuz duyguları, olumsuz olarak algılamaz ve bunları tamamen haklı ve yerinde bulur. Ayrıca, bunları kişinin kendisinin yarattığını da kabul etmez ve başkalarının veya bir dış etkenin sorumlu olduğunu düşünür. "Çektiğim acıdan seni sorumlu tutuyorum." İşte, egonun ima yoluyla söylediği şey budur.

Ego, bir durum ile onunla ilgili olarak yapılan yorum ve ona verilen tepki arasında bir ayırım yapamaz. Tepki gösterdiğiniz soğuğun, rüzgarın, yağmurun veya herhangi başka bir şeyin aslında hiç de kötü olmadığını fark etmeden "Ne kadar kötü bir gün," diyebilirsiniz. Halbuki onlar oldukları gibidir. Kötü olan sizin tepkiniz, onlara karşı verdiğiniz içsel mücadele ve o direnmenin yarattığı duygudur. Shakespeare, "İyi veya kötü olan bir şey yoktur, öyle düşünmek onları öyle yapar," demiştir.[2] Bunun da ötesinde, acı çekmek veya olumsuz duygular içinde olmak ego tarafından bir zevk gibi algılanır, çünkü bir noktaya kadar onlarla beslenir ve güçlenir.

Örneğin, öfke ve küskünlük, başkalarından ayrı olma duygusunu arttırdığı, diğer insanların "öteki"liğini vurguladığı ve görünüşte kale gibi sağlam, tartışma götürmez, zihinsel bir "haklı olma" tutumu yarattığı için egoya muazzam bir güç verir. Ama bu olumsuz duygular içindeyken, bedeninizde gerçekleşen fizyolojik değişimleri ve onların kalbinizin, sindirim ve bağışıklık sistemlerinizi ve sayısız diğer bedensel fonksiyonlarınızı nasıl kötü bir şekilde etkilediğini gözlemleme şansınız olsaydı, bu durumların gerçekten de patolojik olduğunu, yani zevk değil acı verdiğini de görebilirdiniz.

Olumsuz bir duygu içine girdiğinizde, içinizde bu olumsuzluğu isteyen ve onun keyif verdiğini düşünen veya sizin istediğiniz şeye ulaştıracağına inanan bir şey vardır. Aksi takdirde, kim olumsuzluk peşinde koşmak, hem kendilerini hem de başkalarını üzmek ve bedeninde hastalıklar yaratmak ister ki? Dolayısıyla olumsuz bir duygu hissettiğiniz anda, içinizde bundan keyif alan veya bunun iyi amaçlı bir şey olduğunu düşünen bir şeyin var olduğunu fark ederseniz, egonuzu da fark etmiş olursunuz. Böyle bir şey olduğu anda, kimliğiniz egonuzu terk edip, farkındalığa geçmiş olmaktadır. Bunun anlamı da, egonuzun sönmesi ve farkındalığınızın ise büyümesidir.

Olumsuz duygular yaşarken "Şu anda ben kendime bir acı biçimi yaratıyorum," diye bir farkındalık içine girmeniz, şartlanmış ego-temelli durumların ve tepkilerin yarattığı kısıtlamaların ötesine geçmeniz için yeterlidir ve size herhangi bir durum karşısında daha zekice davranabilmeniz için sınırsız imkanların kapısını açar. Mutsuzluğun zekice bir şey olmadığını fark ettiğiniz an, ondan kurtulmak için kendinizi özgür hissedersiniz. Olumsuz olmak zekice bir iş değildir, çünkü o hep egoya aittir. Ego akıllı olabilir, ama zeki değildir. Akıllılığın kendi küçük hedefleri vardır. Zekilik ise tüm şeylerin birbiriyle bağlantılı olduğu ve bir bütün oluşturduğu büyük tabloyu görür. Akıllılık menfaatlerle motive olur ve son derece dar görüşlüdür, uzağı göremez. Politikacıların ve işadamlarının çoğu akıllıdır, aralarında zeki olanlar pek azdır. Akıllılık yolunda elde edilen şeyler kısa ömürlü olur ve eninde sonunda kendi sonlarını getirirler. Akıllılık böler; zekilik ise birleştirir.

ARKA ALANDAKİ MUTSUZLUK

Ego ayrılık yaratır ve ayrılık da acıya yol açar. Bu da, egonun açıkça patolojik olduğunu gösterir. Öfke, nefret ve benzeri gibi çok belirgin olan duyguların dışında, örneğin sabırsızlık, kızgınlık, tedirginlik ve "bıkıp usanmışlık" gibi çok yaygın olarak yaşanmakla birlikte, fazla belirgin olmayan pek çok olumsuzluk türü vardır. Bütün bunlar, genelde pek çok insanın içsel durumunu oluşturan arka alandaki mutsuzluğu yaratır. Bunları keşfedebilmek için son derece dikkatli ve tamamen şimdide olmanız gerekir. Bunu yapabildiğiniz an, sizin için bir uyanış ve kendinizi zihninizden kurtarış anı olacaktır.

Size özellikle de çok yaygın oldukları ve normal görüldükleri için kolaylıkla göz ardı edilebilen olumsuz durumlardan birini örnek olarak vermek istiyorum. Sanırım bu durum size de tanıdık gelecektir. Arka alanda, kırgınlık veya küskünlük olarak tanımlayabileceğimiz bir tür hoşnutsuzluk hissettiğiniz hiç oldu mu? Bu duygu çok belirgin olabilir, ama olmayabilir de. Pek çok insan hayatının büyük bir bölümünü bu durumda geçirir. Kendilerini bu duyguyla öylesine özdeşleştirmişlerdir ki, bunu bir türlü göremezler. Bu duygunun temelinde, bilinçaltındaki belirli inanışlar, yani düşünceler yatar. Siz bunları, uyuduğunuzda rüya gördüğünüz gibi düşünürsünüz. Başka bir deyişle, rüya gören bir kişi rüya gördüğünü nasıl bilmezse, siz de bu düşünceleri düşündüğünüzü bilmezsiniz.

Şimdi de, hoşnutsuzluk duygusunu veya arka alandaki mutsuzluğu besleyen düşüncelerden bazılarını göstermek istiyorum. Bunların içeriğini, sadece çıplak yapıları kalacak şekilde yalın hale getirdim. Bu şekilde onları görebilmeniz daha kolay olacaktır. Hayatınızın arka alanında (ve hatta ön alanında) bir mutsuzluk olduğu vakit, bu düşüncelerden hangisinin sizin durumunuza uyduğuna bakın ve içeriği kişisel durumunuza göre kendiniz ekleyin:

"Huzurlu (mutlu, tatmin olmuş, vb.) olabilmem için hayatımda bir şeylerin olması gerek. Böyle bir şey henüz olmadığı için canım çok sıkkın. Belki de canımın sıkkın olması, beklediğim olayın olmasını sağlar."

"Geçmişte olan bir olayın, aslında hiç olmaması gerekirdi ve ben o nedenle üzülüyorum. O olay olmasaydı, ben şimdi huzur içinde olurdum."

"Şu anda olmaması gereken bir şey oluyor ve bu olay benim şimdi huzurlu olmamı engelliyor."

Bilinçaltı düşünceler sıklıkla bir kişiye yöneltilir ve "olmak" fiili "yapmak" fiiline dönüşür:

"Benim huzur bulmam için senin şunu veya bunu yapman gerekir. Bunu henüz yapmamış olmana çok içerliyorum. O işi, belki artık bu içerlemem sayesinde yaparsın."

"Senin yaptığın (yaptığım) veya söylediğin (söylediğim) veya geçmişte yapamadığın (yapamadığım) bir şey, şimdi benim huzur bulmamı engelliyor."

"Şu anda yaptığın veya yapamadığın bir şey benim huzur bulmamı engelliyor."

MUTLULUĞUN SIRRI

Yukarıdakilerin tümü varsayım, yani gerçekle karıştırılan sınanmamış düşüncelerdir. Bunlar, şu anda huzur içinde olamayacağınıza ve tamamen kendiniz olamayacağınıza sizi inandırmak için egonun yarattığı hikayelerdir. Huzur içinde olmak ve kendiniz olmak aslında aynı şeydir. Ego şöyle der: "Belki gelecekte bir gün, şu veya bu olursa veya ben şuna veya buna sahip olursam veya ben şu veya bu olursam huzur içinde olabilirim." Veya şöyle de diyebilir: "Geçmişte olan bir olay yüzünden ben asla huzur içinde olamam." İnsanların anlattığı hikayeleri bir dinleyin, bunların hepsine aynı başlığı, yani "Ben Neden Huzur İçinde Olamam" başlığını koyabilirsiniz. Ego sizin huzur içinde olmanız için tek fırsatın şimdide olduğunu bilmez. Veya bilir de, sizin bunu keşfetmenizden korkar. Çünkü ne de olsa, huzur egonun sonunu getiren şeydir.

Şu anda nasıl huzur içinde olunur? Bunun yanıtı şudur: Şimdi'yle barış yaparak... Şimdiki an, hayat denen oyunun oynandığı alandır. Başka hiçbir yerde ve zamanda olamaz. Şimdi'yle barış yaptığınız vakit, neler olabileceğine, neler yapabileceğinize veya yapmayı tercih edebileceğinize, daha doğrusu hayatın sizin vasıtanızla neler yapabileceğine bir bakın. Yaşama sanatının, yani tüm başarıların ve mutluluğun sırrını açıklayan iki sözcük vardır: Hayatla bir olmak, yani bütünleşmek. Hayatla bütünleşmek, Şimdi'yle bütünleşmektir. Hayatla bütünleştiğiniz vakit hayatınızı yaşamadığınızı, tam tersine hayatın sizin sayenizde var olduğunu fark edersiniz. Yani hayat bir dansçıdır, siz ise dansın kendisi...

Ego, gerçeğe kırgın olmaya bayılır. Gerçek nedir? Her ne ise odur. Buda ona *tathagata* adını vermişti, yani hayatın "böyle" olmasının şimdinin "böyle" olmasından farklı olmaması... Bu "böyle"liğe karşı çıkmak, egonun en önemli özelliklerinden biridir. Ego'nun çok sevdiği mutsuzluğu ve onu besleyen olumsuzluğu yaratan da budur. Böylece, kendinize ve başkalarına acı çektirir, ama bunu yaptığınızın ve dünya üzerinde bir cehennem yarattığınızın farkında bile olmazsınız. Farkında olmadan acı çektirmek: Bilinçsiz yaşamanın ve egonun pençesi altında olmanın özünde yatan, işte budur. Egonun, kendisini tanıma ve nelere kadir olduğunu görebilme yeteneğinden bu ölçüde yoksun olduğuna inanmak gerçekten de çok güçtür. O, sürekli olarak başkalarında ayıpladığı ve kınadığı şeylerin tamamen aynısını yapar. Bu kendisine hatırlatıldığı vakit, öfkeli bir şekilde inkar yoluna gider. Olgusal gerçekleri çürütmek için akıllı ve kendisini haklı çıkaracak argümanlar öne sürer. Bunu insanlar da yapar, şirketler ve hatta hükümetler de… Denediği her şey başarısız olduğunda, ego bağırıp çağırmaya başlar veya fiziksel şiddete başvurur. Hadi bakalım, gelsin askerler! İşte bu aşamada insan, İsa'nın çarmıhtayken söylediklerinin anlamı çok daha iyi anlıyor. Ne demişti İsa? "Onları bağışlayın, çünkü onlar ne yaptıklarını bilmiyorlar."

İnsanlık durumunu binlerce yıldan beri sarsmakta olan acıyı sona erdirmek için, ilk olarak kendinizden başlamalı ve herhangi bir anki içsel durumunuzun sorumluluğunu üstlenmelisiniz. "Herhangi bir an"dan kasıt, "şimdi"dir. Kendinize sorun. "Şu an bende olumsuz bir duygu var mı?" Daha sonra uyanık olun; duygularınıza ve düşüncelerinize dikkat edin. Daha önce sözünü ettiğim hoşnutsuzluk, tedirginlik ve "bıkıp usanmışlık" gibi düşük düzeydeki mutsuzlukların mevcut olup olmadığına bakın. Gerçekte bu mutsuzluklara neden olmakla birlikte, onları haklı çıkarmaya veya açıklamaya yönelik düşüncelere karşı dikkatli olun. İçinizdeki olumsuz durumu fark etmiş olmanız, sizin başarısız olduğunuz anlamına gelmez; tam tersine, sizin başarılı olduğunuzu gösterir, çünkü insan böyle bir farkındalık içine girene kadar içsel durumlarıyla kendisini özdeşleştirir ve bu özdeşleşme egonun işidir. Ama farkındalık içine girdiğinizde, kendinizi düşüncelerle, duygularla veya tepkilerle özdeşleştirmeniz de sona erer. Bunu, inkar etme durumuyla karıştırmamak gerekir. Düşünceler, duygular ve tepkiler kabul edildiği anda, özdeşleşmekten kurtulmak da otomatik olarak gerçekleşir. Sizin benlik duygunuz, ondan sonra bir değişimden geçer. Siz daha önce düşünceler, duygular ve tepkilerle özdeşleşmiştiniz, şimdi ise bu durumlara tanık olan bir farkındalık, yani bilinçli bir Mevcudiyet'siniz.

"Ben günün birinde egomdan kurtulacağım." Bunu söyleyen nedir biliyor musunuz? Ego'nun ta kendisi. Ego'dan özgür olmak aslında büyük bir olay değildir, hatta çok küçük bir olaydır. Yapmanız gereken tek şey, oluştukları anda düşüncelerinizin ve duygularınızın farkına varmaktır. Bu, aslında "yapmak" fiiliyle değil, "görmek" fiiliyle açıklanabilecek bir olaydır. Bu bağlamda, egodan kurtulmak için "yapmanız" gereken hiçbir şeyin olmadığını söylemek doğru olur. Bu değişimi, yani düşünme modundan farkındalık moduna geçişi yaşadığınız anda, hayatınızda ego'nun akıllılığından daha baskın olan bir zeka devreye girer. Farkındalık içine girdiğinizde, sadece düşünceleriniz değil, duygularınız da kişisel olmaktan çıkar ve kişisel olmayan doğaları kabul edilir. Artık onların içinde bir benlik yoktur. Bunlar sadece insani duygular ve insani düşüncelerdir. Sizin kişisel olan tüm hikayeleriniz, bir yığın düşünce ve duygu ikincil derecede öneme sahip olur ve bilincinizin ön saflarında yer almaz. Ayrıca sizin kimlik duygunuzun temelini oluşturmaz. Siz bundan böyle, tüm düşüncelerden ve duygulardan önce gelen ve daha derin olan farkındalığın, yani Mevcudiyet'in ışığı olursunuz.

EGO'NUN PATOLOJİK BİÇİMLERİ

Daha önce de görmüş olduğumuz gibi, "pathos" sözcüğünü bozukluğa ve acı çekmeye işaret eden geniş anlamında kullanacak olursak, egonun özünde patolojik olduğunu söyleyebiliriz. Pek çok zihinsel hastalık, normal insanlarda gözlemlediğimiz ego-temelli özellikleri içerir. Yalnız, bunlar artık öylesine belirgindirler ki, patolojik doğalarını acı çeken kişinin dışında herkes fark edebilir.

Örneğin, pek çok normal insan daha önemli ve daha özel görünebilmek ve bu imajı başkalarının zihninde güçlendirmek için, kimleri tanıdıklarıyla, neler başardıklarıyla, ne gibi yetenekleri olduğuyla, mallarıyla ve mülkleriyle ve egonun özdeşleştiği her şeyle ilgili olarak zaman zaman çeşitli yalanlar söylerler. Ama egolarının yetersizlik duyguları ve "daha fazla" olma veya "daha fazla"ya sahip olma ihtiyacı nedeniyle yalan söylemeyi alışkanlık ve saplantı haline getirenler de vardır. Bu kişilerin kendileri hakkında size anlattıkları tamamen fanteziden ibaret olup, egonun daha büyük ve daha özel hissetmek için tasarladığı kurgusal hikayelerdir. Büyüklük duyguları ve şişirilmiş öz-imajları bazen başkalarını aldatabilir ama bu, genellikle pek uzun süreli olmaz. Pek çok kişi bunların tamamen kurgusal olduğunu çok geçmeden anlar.

Paranoyak şizofreni veya kısaca paranoya adını verdiğimiz zihinsel rahatsızlığın özünde şişirilmiş bir ego vardır. Genellikle, arka alanındaki ısrarcı korku duygusuna bir anlam verebilmek için zihnin uydurduğu kurgusal bir hikaye söz konusudur. Bu hikayenin temel unsuru "belirli insanlar (bazen bu sayı çok büyük olabilir veya herkesi kapsayabilir) bana karşı komplo kuruyorlar veya beni kontrol altına almak veya beni öldürmek için planlar yapıyorlar," şeklindedir. Hikayenin bazen içsel bir tutarlılığı ve mantığı vardır, o nedenle insanların bazen bu anlatılanlara inandıkları da olur. Bazı kurumların veya ülkelerin bile temelinde paranoyak inanç sistemleri olabilir. Ego diğer insanlardan korkar ve onlara güvenmez. O yüzden onların hatalarına odaklanma, "öteki"liklerini vurgulama ve onları bu hatalarla özdeşleştirme eğilimi içine girer. Bu, bazen öyle aşırı boyutlara ulaşır ki, onları canavar gibi görür. Aslında egonun başka insanlara ihtiyacı vardır, ama çelişkili olarak onlardan hem nefret eder, hem de korkar. Jean-Paul Sartre'ın "Cehennem öteki insanlardır" deyişi, egonun sesidir. Paranoyadan mustarip olan kişi bu cehennemi en yoğun şekliyle yaşar. Ego-temelli kalıpların etkisi altındaki herkes de, bu cehennemi belirli bir ölçüde hisseder. Egonuz ne kadar güçlüyse, diğer insanları algılayış tarzınızın hayatınızdaki sorunların kaynağını oluşturması olasılığı da o kadar fazladır. Bu, büyük bir olasılıkla sizin de hayatı başkaları için zorlaştıracağınız anlamına gelir. Ama tabii ki, sizin bunu fark etmeniz mümkün değildir. Size göre, hep başkaları hayatı size zindan etmektedir.

Paranoya dediğimiz zihinsel hastalık her egoda mevcut olan başka bir semptom daha gösterir, ama bu semptom paranoyak kişilerde çok aşırı bir boyuttadır. Bu hastalıktan mustarip olan kişi eziyet gördüğünü, her hareketinin izlendiğini, arkasından dolaplar çevrildiğini ve tehdit edildiğini düşünür. Bu düşünceler ne kadar güçlüyse, tüm insanların dikkatinin ona odakladığını hayal etme ve kendisini önemli, özel ve evrenin merkezi olarak görme duygusu da o kadar güçlü olur. Kurban olma ve pek çok kişi tarafından haksızlığa uğratılmış olma duygusu, kendisini çok özel hissetmesine neden olur. Bu tür yanılgılar içeren bu hikayede, kendisine genellikle hem kurban, hem de dünyayı kurtaracak veya kötülük güçlerini yenecek potansiyel kahraman rolünü verir.

Kabilelerin, ülkelerin ve dini kurumların kolektif egoları da genellikle güçlü bir paranoya unsuru, yani "Kötülere karşı biz" anlayışı barındırır. Aslında insanların çektiği acıların büyük bir bölümünün nedeni budur. İspanyol Engizisyonu'nda kafirlerin ve "cadılar"ın işkenceye maruz bırakılması ve yakılması, ülkeler arasındaki ilişkilerin Birinci ve İkinci Dünya Savaşlarına yol açması, tarih boyunca Komünizm'in ve "Soğuk Savaş"ın, 1950'lerde de Amerika'da bir McCarthy zihniyetinin hüküm sürmesi ve Orta Doğu'daki bitmez tükenmez şiddet... Bunların hepsi, aşırı boyutlara ulaşmış kolektif paranoyanın ürünleri olarak dünya tarihine damgasını vurmuş olan olaylardır.

Bireyler, gruplar veya ülkeler ne ölçüde bilinçsiz olurlarsa, ego-temelli patolojinin fiziksel şiddet halini alması da o ölçüde olası hale gelir. Şiddete başvurmak, egonun yerini sağlamlaştırmak ve kendisinin haklı, başkalarının haksız olduğunu kanıtlamak için, sıklıkla başvurduğu ilkel bir yöntemdir. Bilinçsizliği büyük boyutlarda olan kişilerde, tartışmalar kolaylıkla fiziksel şiddete dönüşebilmektedir. Tartışma nedir? Tartışma, iki veya daha çok kişinin farklı fikirlerini birbirlerine ifade etmeleridir. Ama bazı durumlardı bu kişilerin her biri, kendi fikirlerini oluşturan düşüncelerle öylesine özdeşleşmiştir ki, bu düşünceler en sonunda, benlik duygusunun hakim olduğu katı zihinsel pozisyonlar haline gelir. Bir başka deyişle, kimlik ve düşünce iç içe geçer. Yani, fikirlerimi (düşüncelerimi) savunduğum vakit, sanki hayatta kalmam buna bağlıymış gibi hissederim ve öyle davranırım. Duygularım da bu bilinçaltı inanışımı yansıtarak çalkantılı bir hal alır. Keyfim kaçar, öfkelenirim, savunmaya geçerim veya saldırganlaşırım. Her ne pahasına olursa olsun kazanmam gerektiğini, aksi takdirde yok olacağımı düşünürüm. Bu bir illüzyondur. Ego aslında zihni tanımaz ve zihinsel pozisyonların sizin kim olduğunuzla hiçbir ilgisi yoktur, çünkü ego, o algılamadığı zihnin ta kendisidir.

Zen felsefesinde şöyle derler: "Gerçeği aramayın. Sadece fikirlerinize fazla değer vermekten vazgeçin." Bu ne demektir? Bu, kendinizi zihninizle özdeşleştirmekten vazgeçin, demektir. Bunu yaptığınız vakit, zihninizin ötesindeki asıl kimliğiniz zaten kendiliğinden ortaya çıkacaktır.

EGOLU VE EGOSUZ İŞLER

Çoğu insanın egolarından bağımsız anlar yaşadıkları olur. Yaptıkları işlerde olağanüstü başarılı olan kişiler, işlerini yaparken egolarından kısmen veya tamamen kurtulmuşlardır. Kendileri bunu bilmiyorlardır ama yaptıkları iş, spiritüel bir boyut kazanmıştır. Bu kişilerin çoğu işlerini yaparken şimdiki an'dadırlar ama özel hayatlarına geçtiklerinde göreceli bir bilinçsizliğe geri dönerler. Bu, onların Mevcudiyet durumlarının şimdilik hayatlarının tek bir alanıyla sınırlanmış olması anlamına gelir. Ben işlerini herhangi bir menfaat gözetmeksizin, şimdiki an'ın gerektirdiği gibi hayran kalınacak şekilde yapan öğretmenler, sanatçılar, hemşireler, doktorlar, bilim adamları, sosyal görevliler, garsonlar, kuaförler, işadamları ve pazarlamacılarla tanıştım. Bunların hepsi de yaptıkları işlerle, Şimdi'yle, hizmet ettikleri kişilerle ve üstlendikleri görevlerle bütünleşmiş insanlardı. Bu tür insanların diğer insanların üzerindeki etkisi, yaptıkları işin çok ötesine geçer ve onlarla ilişki içine giren herkesin egosunda bir küçülmeye neden olur. Onlarla etkileşim halinde olan büyük egolu insanlar bile gevşerler, süngülerini indirir ve rol yapmaktan vazgeçerler. Egosuz iş yapan kişilerin, yaptıkları işlerde olağanüstü başarılı olması o nedenle hiç şaşırtıcı değildir çünkü yaptığı işle bütünleşen kişi, yeni bir dünya yaratıyor demektir.

Yaptıkları işte teknik olarak çok iyi olan, ama egoları yüzünden çalışmaları sürekli sabote edilen insanlarla da karşılaştım. Bu insanlar dikkatlerini sadece kısmi olarak yaptıkları işe odaklarlar ve daha çok kendileriyle ilgilenirler. Onların egosu kişisel tanınma ister ve tatmin olacak ölçüde ilgi çekemediği takdirde tüm enerjisini küskün olmaya harcar. Elde ettiği ilgiyle asla tatmin olmaz. Hep "Başkaları benden daha fazla mı itibar görüyor?" diye düşünür. Veya dikkatini daha çok kazanç veya erk elde etme üzerine odaklar. Yaptığı her iş bu amaca hizmet eder. Ne var ki, bir amaca hizmet etmekten öteye geçemeyen bir işin kaliteli olmasını beklemek mümkün değildir. Bu kişiler, yaptıkları işte sorunlar çıktığında veya engellerle karşılaştıklarında veya beklentileri karşılanmadığında, diğer insanlar veya koşullar onlara yardımcı olmadığında veya işbirliğine girişmediğinde, vakit geçirmeden yeni durumla bütünleşmek ve şimdiki an'ın gerektirdiklerine yanıt vermek yerine, hemen duruma tepki gösterirler ve kendilerini çekerler. Onların içlerinde, kendisini küskün ve kişisel olarak rencide edilmiş gibi hisseden bir "ben" vardır. Bu "ben", faydasız itirazlarda bulunarak veya öfkelenerek muazzam bir enerji harcar. Aslında, egonun yanlış şekilde harcamış olduğu bu enerjiyi, sorunun halledilmesi için kullanmak pekala mümkündür. Üstelik de, bu "anti"-enerji, yeni engeller ve yeni bir muhalefet yaratır. Gördüğünüz gibi, bazı insanların en büyük düşmanı, başkaları değil kendileridir.

Başkalarından yardım ve bilgi esirgeyen veya "ben"den daha başarılı olmasınlar veya "ben"den daha fazla beğeni kazanmasınlar diye başkalarının kuyusunu kazan kişiler, farkında olmadan kendi işlerini sabote ederler. Bu insanların egosu için "işbirliği" sözcüğü, ikincil bir çıkar söz konusu olmadığı müddetçe yabancıdır. Ego, başkalarına ne ölçüde hak tanırsanız, işlerinizin de o ölçüde yolunda gideceğini ve her şeyi daha rahatlıkla elde edeceğinizi bilmez. Başkalarına az yardım ederseniz veya hiç yardım etmezseniz veya onların yollarına engeller koyarsanız, kendinizi bütünden koparmış ve uzaklaştırmış olursunuz. Bunun bir sonucu olarak, evren de (karşılaştığınız insanlar veya içinde bulunduğunuz koşullar bağlamında) size daha az yardım eder veya hiç etmez. Egonun özünde yatan "yeterli değilim" duygusu, başka birisinin başarısına o başarı sanki "ben"den bir şeyler alıp götürüyormuşçasına tepki gösterir. Başka birisinin başarısına gösterdiğiniz tepkinin aslında sizin başarılı olma şansınızı engellediğini göremez. Halbuki başarıyı yakalamak için onu her gördüğünüz yerde kucaklamanız ve sıcak karşılamanız gerekir.

HASTALIKTA EGO

Bir hastalık egoyu güçlendirebilir de, zayıflatabilir de... Şikayet ederseniz veya kendinize acırsanız, egonuz güçlenir. Ego, bir hastalığı kavramsal kimliğiniz haline getirdiğinizde de güçlenir. "Ben şu veya bu hastalıktan çok çeken bir insanım." Ah, evet. Şimdi sizin kim olduğunuzu biliyoruz. Diğer taraftan, normal hayatlarında büyük egosu olan bazı kişiler, hastalandıkları vakit munis, nazik ve her zamankinden daha hoş insanlar haline gelirler. Normal hayatlarında hiç sahip olmadıkları bazı içgörülere sahip olabilirler. İçsel bilgilere ulaşabilir ve bilgece sözler söyleyebilirler, ama iyileştikleri vakit enerjileri ve onunla birlikte egoları geri döner.

Hasta olduğunuz vakit, enerji düzeyiniz oldukça düşüktür ve hastalığa neden olan organizmanın zekası, geri kalan enerjiyi bedenin iyileşmesi için kullanır. Zihin, yani ego-temelli düşünceler ve duygular için geriye enerji kalmaz. Ego oldukça büyük bir miktar enerji yakar. Ama bazı durumlarda ego bu geri kalan enerjiyi saklar ve bunu kendi amaçları doğrultusunda kullanır. Tahmin edebileceğiniz gibi, hastalıkları sırasında egoları güçlenen kişilerin iyileşmesi daha uzun zaman alır. Hatta bazıları hiç iyileşmeyebilir ve hastalıkları kronikleşir ve sahte kimliklerinin kalıcı bir parçası haline gelir.

KOLEKTİF (ORTAK) EGO

Kendimizle yaşamak ne kadar zor bir iştir! Egonun kişisel benlik tatminsizliklerinden kendisini kurtarmak için kullandığı yollardan biri, kendisini bir grupla, ülkeyle, siyasi partiyle, şirketle, tarikatla, kulüple, çeteyle veya bir futbol takımıyla özdeşleştirerek benlik duygusunu güçlendirmek ve büyütmektir.

Kişi bazen hayatını herhangi bir ödül, takdir veya tatmin beklemeden büyük bir kolektif amaca hizmet etmeye adar. O vakit, onun kişisel egosu tamamen devreden çıkar. Kişisel benlik duygusunun korkunç yükünden kurtulup özgür olmak öyle büyük bir rahatlamadır ki... Kolektif egolu kişiler, ne kadar yoğun bir çalışma içinde olsalar ve ne kadar büyük fedakarlıklar yapmış olsalar bile, kendilerini mutlu ve tatmin olmuş hissederler. Onlar egolarının ötesine geçmişlerdir. Ama asıl sorun şudur: Onlar gerçekten özgürleşmiş midir, yoksa egoları sadece kişisel olmaktan çıkıp kolektif hale mi geçmiştir? Kolektif ego da aslında bir çatışma çıkarma, düşman edinme, daha fazlasını isteme, başkalarına karşı kendisini haklı çıkarma ihtiyacı içindedir. Bu açıdan kişisel egoyla hemen hemen aynı özellikleri gösterir. Kolektif ego, eninde sonunda diğer kolektif egolarla çatışma içine girecektir, çünkü o farkında olmadan bir çatışma arayışı içindedir ve sınırlarını belirlemek ve böylece kimliğini tanımlamak için bir muhalefete ihtiyacı vardır. Kolektif egolu kişiler, ego temelli bir eylemin ardından kaçınılmaz olarak gelen acıyı yaşayacaklardır ama bu kişilerin arasından o anda uyanıp, kolektif egolarının güçlü bir delilik unsuru içerdiğini fark edebilenler de çıkabilmektedir.

Aniden uyanıp da, kendinizi özdeşleştirdiğiniz ve hizmet verdiğiniz kolektif egonun aslında deli olduğunu fark etmeniz ilk başlarda size çok acı verebilir. Bu aşamayı yaşayan bazı kişiler, insani değerleri küçümsemeye başlarlar veya karamsarlaşırlar ve tüm değerleri, tüm kıymetleri inkar etme yoluna giderler. Bu da, ilk inanç sistemlerinin bir illüzyon olduğunun ortaya çıkması ve çökmesi üzerine, onların derhal ikinci bir inanç sistemine sarıldıklarını gösterir. Bu kişiler, egolarının ölümüyle yüzleşememiş ve onun yerine kaçmayı yeğleyerek, yeni bir egonun doğumuna izin vermişlerdir.

Kolektif ego genellikle, o egoyu oluşturan kişilerden daha bilinçsizdir. Örneğin, (geçici olarak kolektif egoları olan) kalabalıklar, kalabalığın parçası olmayan bir kişinin yapamayacağı zulmü ve vahşeti yapabilmektedir. Ülkelerin de, bireysel boyutta ancak psikopatlık olarak algılanabilecek davranışlarda bulunmasına da sıklıkla rastlanmaktadır.

Ama yeni bilinç yükselmeye başladığında, bazı insanlar aydınlanmış bilinci yansıtan gruplar kurmak için kendilerini görevli hissedeceklerdir. Bu gruplar kolektif egolar olmayacaktır. Onlar artık kim olduklarını anlatmak için bir biçim arayışı içinde değillerdir. Bu grupları oluşturan kişiler, egolarından henüz tamamen özgür değillerdir ama kendilerindeki veya diğer insanlardaki egonun varlığını anında fark etmeye yetecek ölçüde farkındalık içine girmişlerdir. Yine de, sürekli olarak tetikte olmaları gerekir, çünkü ego duruma yeniden hakim olmayı ve mümkün olan her yolu deneyerek kendisini teyit ettirmeyi *mutlaka* deneyecektir. Dolayısıyla aydınlanmış işletmelerin, yardım kurumlarının, okulların veya birlikte yaşamakta olan insan topluluklarının oluşturduğu grupların temel amaçlarından biri, insan egosunu farkındalık ışığının altına çekerek yok etmek olacaktır. Aydınlanmış kolektif egolar böylece yeni bilincin oluşmasında çok önemli bir görevi yerine getirmiş olacaklardır. Bizleri bilinçsizliğe ve acı çekmeye doğru çeken ego-temelli kolektif egoların aksine, aydınlanmış kolektif ego gezegenimizdeki değişimi hızlandıracak bir bilinç burgacı yaratacaktır.

ÖLÜMSÜZLÜĞÜN SU GÖTÜRMEZ KANITI

Ego, insan psişesinde kimliğin kendisini "ben" ve "kendim" olarak ikiye ayırdığı anda oluşur. Dolayısıyla, sözcüğü "bölünmüş kişilikli" anlamında kullanacak olursak, her ego şizofreniktir. Öyle bir durumda, kendinize ait zihinsel bir imajla, yani bağ kurmuş olduğunuz kavramsal bir benlikle yaşarsınız. "Benim hayatım"dan söz ettiğinizde, hayatın kendisi de kavramsallaşır ve sizin kimliğinizden ayrılır. "Benim hayatım" sözcüklerini dile getirdiğiniz veya bu sözcükleri aklınızdan geçirdiğiniz ve (sadece dilsel bir bağlamda söylemekle kalmayıp) onlara inandığınız anda, bir hayal âlemine girmişsiniz demektir. Eğer "benim hayatım" diye bir şey varsa, o zaman benim ve hayatımın birbirinden ayrı olması gerekir ki, bu da benim sahip olduğum o değerli, hayal ürünü şeyi kaybetme olasılığının olduğu anlamına gelir. Böylece ölüm gerçek olan bir şeymiş gibi, bir tehdit haline gelir. Sözcükler ve kavramlar hayatı kendi içlerinde bir gerçeklik taşımayan parçalara böler. "Benim hayatım" kavramının, ayrı olma yanılgısının kökenini, yani egonun kaynağını oluşturduğunu bile söyleyebiliriz. Eğer "ben" ve "hayatım" iki ayrı şey ise, eğer ben hayatımdan ayrı bir şey isem, o zaman ben her şeyden ve tüm insanlardan da ayrıyım demektir. Ama ben hayattan nasıl ayrı olabilirim? Hangi "ben" hayattan ve Var'lıktan ayrı olabilir? Bu tümüyle imkansız bir şeydir. Dolayısıyla, "benim hayatım" diye bir şey olamaz ve benim de bir hayatım *yoktur,* çünkü ben hayatın zaten *kendisiyim.* Hayat ve ben bir bütünüz. Başka türlüsü olamaz. O zaman, ben hayatımı nasıl kaybederim? Bende olmayan bir şeyi kaybetmem nasıl mümkün olabilir? "Ben" olan bir şeyi nasıl kaybedebilirim? Bu mümkün değildir.

BEŞİNCİ BÖLÜM

ACI-YUMAĞI

Çoğu insanın düşüncelerinin büyük bir bölümü istemdışı, otomatik ve tekrarlayan bir şekilde çalışır. Aslında bu, zihnin içindeki amacı olmayan bir tür radyo paraziti gibidir. Doğrusunu isterseniz, siz düşünüyor filan da değilsinizdir. Sadece, başınıza bir düşünme olayı gelmektedir. "Düşünüyorum" ifadesi, bir istem ve sizin belirli bir konuda söz sahibi olduğunuzu ve o konuyla ilgili olarak bir seçimde bulunabileceğinizi ima eder. Pek çok kişi için durum böyle değildir. "Düşünüyorum" demek, "sindirim işini yapıyorum" veya "damarlarımdaki kanın dolaşımını sağlıyorum" ifadeleri kadar yanlıştır. Sindirim de kan dolaşımı da kendi kendine oluşur. Düşünmek de aynen öyledir.

Kafanızın içindeki sesin, kendisine özgü bir hayatı vardır. Pek çok kişi bu sesin merhametine kalmış durumdadır; düşünceleri, yani zihinleri onlara hakim olmuştur. Zihniniz geçmişle şartlanmış olduğu için de, geçmişi sürekli olarak tekrarlamak zorunda kalırsınız. Doğu felsefesi buna Karma derler. Tabii ki kendinizi o sesle özdeşleştirdiğiniz vakit, bunun farkına varmazsınız. Eğer farkında olsaydınız, düşüncelerinizin esiri olmazdınız, çünkü gerçekten düşüncelerinizin esiri haline gelmeniz, ancak ve ancak size hükmeden o düşünceyi kimliğinizle karıştırdığınız, yani siz o düşünce haline geldiğiniz vakit gerçekleşebilir.

İnsanlık binlerce yıl boyunca giderek daha çok zihninin esiri haline gelmiş ve ona hükmeden düşüncelerinin kendi "benliği" olmadığını görememiştir. Zihni ile bütünüyle özdeşleşince de, ortaya sahte bir benlik duygusu, yani ego çıkmıştır. Egonun yoğunluğu sizin bilinçsizlik düzeyinize, yani ne ölçüde zihninizle ve düşüncelerinizle özdeşleşmiş olmanıza bağlıdır. Düşünce, bilinçli olmanın ve gerçek kimliğinizin tüm veçheleri göz önüne alındığında, küçük bir özellik olmaktan öte bir değer taşımaz.

Zihinle özdeşleşme derecesi kişiden kişiye değişir. Bazı insanlar, kısa da olsa, dönem dönem zihnen özgür olmanın keyfini yaşarlar ve o dönemlerde yaşadıkları huzur, neşe ve dirim, hayatı onlar için yaşanır kılar. Bu anlar aynı zamanda, yaratıcılığın, sevginin ve şefkatin ortaya çıktığı anlardır. Diğer bazı insanlarda ise durum farklıdır. Onlar sürekli olarak ego-temelli bir durumun içinde hapsolmuşlardır. Sadece kendilerine değil, başkalarına ve içinde yaşadıkları dünyaya karşı da yabancılaşmışlardır. Onlara baktığınız vakit, yüzlerindeki gerilimi, çatık kaşlarını ve bomboş veya dalgın bakan gözlerini görürsünüz. Dikkatleri düşüncelerine odaklanmıştır, o yüzden sizi gerçek anlamda göremezler ve dinleyemezler. Onlar hiçbir durum içinde değillerdir, dikkatleri tamamen zihinlerinde düşünce biçimleri olarak mevcut olan geçmişte veya gelecekte yoğunlaşmıştır. Sizinle bir iletişim içine girmeleri gerekirse, bunu bir tür rol sayesinde yaparlar, yani bunu yapan gerçekten kendileri değildir. İnsanların pek çoğu kimliklerine bu denli yabancılaşmış durumdadır. Bazılarında bu durum öyle bir boyuta ulaşmıştır ki, davranış ve etkileşim tarzları, kendileri de aynı şekilde kimliklerine yabancılaşmış olanların haricindeki diğer insanlar tarafından "düzmece" olarak nitelendirilecek düzeydedir.

Yabancılaşmak demek, kendinizi hiçbir koşulda, hiçbir yerde veya hiçbir kişiyle, hatta kendinizle bile rahat hissetmemeniz demektir. Hep kendinizi "evininizdeymiş" gibi rahat hissetmeyi özlersiniz ama bunu asla başaramazsınız. Franz Kafka, Albert Camus, T.S. Eliot ve James Joyce gibi yirminci yüzyılın en büyük yazarlarından bazıları, yabancılaşmayı insan varlığının evrensel ikilemi olarak tanımlamışlardır. Bu duyguyu kendileri de en derinden hissetmiş olmalılar ki, eserlerinde bunu muhteşem bir şekilde ifade edebilmişlerdir. Bu yazarlar yabancılaşma konusunda bir çözüm üretmemişlerdir. Onların katkısı bize bu çıkmazın bir yansımasını sunmak ve onu daha açık bir şekilde görebilmemizi sağlamak olmuştur. Hiç şüphe yok ki, kişinin karşılaştığı çıkmazı görebilmesi, onun bu çıkmazı aşabilmesi için atması gereken ilk adımdır.

DUYGUNUN DOĞUŞU

Egonun, düşünce hareketine ek olarak ama ondan bütünüyle ayrı olmayan bir başka boyutu daha vardır: Duygu. Ama bu, tüm düşüncelerin ve duyguların egonun işi olduğu anlamına gelmez. Bunlar sadece kendinizi onlarla özdeşleştirir ve size hükmetmelerine izin verirseniz, diğer bir deyişle onların "ben" olmasına göz yumarsanız egoya dönüşürler.

Tüm yaşam formlarının sahip olduğu organizmalar gibi, sizin fiziksel bedeninizin de kendisine özgü bir zekası vardır. Ve bu zeka, zihninizin söylediklerine, yani düşüncelerinize karşı çıkar. Demek ki, duygu bedeninizin zihninize karşı gösterdiği bir tepkidir. Bedeninizin zekası ise, doğal olarak evrensel zekanın ayrılmaz bir parçası ve onun sayısız tezahürlerinden biridir. Bu zeka fiziksel organizmanızın atomlarıyla ve molekülleriyle geçici bir bağıntı kurar. Bedenin tüm organlarının çalışmasının arkasındaki organize edici güç de yine bu zekadır. Dolayısıyla, oksijenin ve yiyeceğin enerjiye dönüşmesini, kalbin atışını, kanın deveranını, bedeni istilacılardan koruyan bağışıklık sisteminin işlemesini ve duyusal verilerin beyne gönderilen ve orada deşifre edilerek dışsal gerçeğin tutarlı bir içsel resim haline gelmesini sağlayan sinir sinyalleri haline dönüşmesini de bu zeka organize eder. Bütün bunlar ve bunlarla eş zamanlı olarak gerçekleşen diğer binlerce fonksiyon, bu zeka tarafından mükemmel bir şekilde koordine edilir. Bedeninizi işleten siz değilsiniz. Bunu yapan o zekadır. Organizmanın çevresine verdiği tepkiler de onun gözetimi altındadır.

Bu, tüm yaşam biçimleri için geçerlidir. Bir bitkiye fiziksel bir biçim veren ve onun sabahları güneşin ışınlarını içine çekmek için yapraklarını açan ve akşam olunca kapayan bir çiçek biçiminde tezahür etmesi de bu zekanın işidir. Gaia, yani dünya gezegeni dediğimiz karmaşık canlı olarak tezahür etmiş olan de yine bu zekadır.

Bu zeka, organizmanın herhangi bir tehdide veya meydan okumaya karşı içgüdüsel tepkiler vermesine neden olur. Hayvanlarda da insanlardakilere benzer öfke, korku ve sevinç gibi tepkilerin oluşmasına yol açar. Bu içgüdüsel tepkilerin en ilkel duygu biçimleri olduğunu söyleyebiliriz. Belirli durumlarda, insanlarda da aynen hayvanların hissettiği türde içgüdüsel duygular yaşarlar. Örneğin, bir tehlike karşısında, organizmanın hayatının tehdit altında kaldığı durumlarda, kaçmaya veya savaşmaya hazırlanmak için kalbin atışı ve solunum hızlanır;

adaleler kasılır. Bütün bunlar ilkel korkunun yarattığı tepkilerdir. Kişi köşeye sıkıştığı vakit de, bedeninde daha önce mevcut olmayan ani bir enerji patlaması olur. Bu da, ilkel öfkenin bir sonucudur. Ama duygularla benzerlik içinde olan bu içgüdüsel tepkiler, kelimenin gerçek anlamında duygu değillerdir. İçgüdüsel bir tepkiyle bir duygu arasındaki en temel fark şudur: İçgüdüsel tepki, bedenin dışsal bir duruma verdiği doğrudan yanıttır. Duygu ise, bedenin bir düşünceye verdiği tepkidir.

Dolaylı olarak, bir duygu gerçek bir duruma veya olaya verilen tepki de olabilir ama bu tepki, zihnin o durumu veya olayı filtreden geçirerek yaptığı "iyi" veya "kötü", "beğendim" veya "beğenmedim" veya "benim" ve "kendimin" türündeki kimlik kavramlarıyla şekillendirdiği bir yoruma karşı oluşan bir tepki olacaktır. Örneğin, birisinin arabasının çalındığını duyduğunuz vakit, herhangi bir duygu hissetme olasılığınız düşüktür, ama çalınan sizin *kendi* arabanız ise, muhtemelen üzülürsünüz. "Benim" gibi küçük bir zihinsel kavramın bile, bu denli güçlü duygular yaratması gerçekten de hayret vericidir.

Beden çok zeki olmasına rağmen, gerçek durumlarla bir düşünce arasındaki farkı algılayamaz ve her bir düşünceye, gerçekmiş gibi tepki verir. Onun sadece bir düşünce olduğunu bilmez. Beden için kaygı ve korku verici bir düşünce, "ben tehlikedeyim" sinyalini verir. O yüzden gece sıcak ve rahat yatağınızda yatıyor olsanız bile bedeniniz bu düşünceye uygun bir tepki verecek, kalbiniz ve solunumunuz hızlanacak, adaleleriniz kasılacaktır. Böyle bir durumda, bir enerji birikmesi oluşur, ama tehlike sadece zihinsel bir kurgu olduğu için, bu enerji boşalacak bir yer bulamaz. Onun bir kısmı gerisin geriye zihne döner ve daha da kaygı veren düşünceler yaratır.

Geri kalan enerji ise toksik hale gelir ve bedenin uyum içinde işlemesini engeller.

DUYGULAR VE EGO

Ego, sırf sizin gözlemlemediğiniz zihniniz, yani kafanızın içindeki siz olduğunu iddia eden sesten ibaret değildir, aynı zamanda bedeninizin bu sesin söylediklerine verdiği tepkilerden, yani gözlemlenmeyen duygulardan da oluşur.

Ego-temelli bu sesin kendisini sıklıkla kaptırdığı düşünce türünü ve içeriği ne olursa olsun, düşünce süreçlerinin yapısının doğasında var olan işlevsel-bozukluğu daha önce görmüş bulunuyoruz. Bu bozuk düşünce tarzı, aslında bedenin tepkisini olumsuz duygular şeklinde göstermesinden başka bir şey değildir.

Beynimizdeki ses bedenin inandığı ve tepki verdiği bir hikaye anlatır. Bu tepkiler, duygulardır. Duygular da, sırası geldiğinde bu duyguları işin en başında yaratmış olan düşüncelere yeniden enerji yükler. Sınanmamış düşünceler ile duygular arasındaki kısır döngüyü oluşturan ve duygusal düşünceler ve hikayeler üretmeye yol açan da aslında bu durumdur.

Egonun duygusal bileşeni kişiden kişiye değişir. Bazı egolarda, bu bileşen daha büyük bir yer tutar. Bedende duygusal tepkileri tetikleyen düşünceler bazen öyle büyük bir hızla gelir ki, beyin daha bunları seslendirmeye vakit bulamadan, beden bir duyguyla tepki vermiş ve duygu bir tepkiye dönüşmüştür bile. Sözcük-öncesi bir aşamada kalan bu düşüncelere söze dökülmemiş, bilinçaltı varsayımlar da diyebiliriz. Bunların kökeninde kişinin, genellikle erken çocukluk dönemiyle ilgili geçmişteki şartlanmaları yatar. Bilinçaltında "insanlar güvenilmezdir" türünde bir varsayım olan bir kişi, muhtemelen ilk ilişkilerinde, yani hayatının ilk aşamalarında ebeveynleri ve varsa kardeşleriyle olan ilişkilerinde destek görmediği için onları güvenilir bulmuyordur. İşte size çok rastlanılan bilinçaltı varsayımlarına birkaç örnek daha: "Kimse beni saymıyor ve takdir etmiyor. O yüzden hayatta kalmak için mücadele etmem gerek. Hiçbir zaman yeterli param olmayacak. Hayat insanları hep yarı yolda bırakır. Bolluk içinde yaşamayı hak etmiyorum. Sevgiyi de hak etmiyorum." Bu tür bilinçaltı varsayımlar bedende bazı duygular yaratır, onlar da zihinsel aktiviteler ve/veya ani tepkiler üretirler. Böylece, kişisel olarak realiteden ne anladığınız bir şekil kazanır.

Egonun sesi sürekli olarak bedenin doğal sağlığını ve esenliğini bozar. Hemen hemen her insan bedeni oldukça büyük bir stres ve gerginlik altındadır. Bunun nedeni, bedenin dışsal değil, zihinsel bir faktör tarafından tehdit edilmesidir. Bedenin kendisine bağlı olan bir egosu vardır ve egoyu oluşturan tüm bozuk düşünce kalıplarına bir şekilde tepki vermekten başka bir çaresi yoktur. Dolayısıyla, olumsuz bir duygu akımı, dur durak bilmeyen bu dürtüsel düşünce akımına eşlik eder.

Olumsuz duygu nedir? Bedeni zehirleyen ve onun dengesini ve uyum içinde çalışmasını bozan duyguya olumsuz duygu denir. Korku, öfke, kaygı, kindarlık, keder, nefret veya yoğun antipati, kıskançlık, haset gibi duyguların tümü bedenin içindeki enerji akımını bozduğu gibi, kalbi, bağışıklık sistemini, sindirimi, hormon üretimini, vb. etkiler. Egonun nasıl çalıştığı hakkında henüz yeterli bilgisi olmayan geleneksel tıp bile, olumsuz duygusal durumlarla fiziksel hastalıklar arasındaki bağlantıyı görmeye başlamış bulunmaktadır. Bedene zarar veren bir duygu, aynı zamanda sizinle temas kuran insanları ve hatta hiç karşılaşmadığınız kişileri bile, zincirleme tepkiler vasıtasıyla dolaylı ve dolaysız olarak etkiler. Tüm olumsuz duygulara verilen genel bir ad vardır: Mutsuzluk.

Peki bu durumda, olumlu duyguların fiziksel beden üzerinde bu saydıklarımızın tersi etkilerde bulunduğunu söyleyebilir miyiz? Onların bağışıklık sistemini güçlendirdiğini, bedeni iyileştirdiğini ve sağlamlaştırdığını söylemek mümkün müdür? Evet, gerçekten de bunlar mümkündür, ama bizim de egonun ürettiği olumlu duygularla, Var'lıkla doğal bağlantı içinde olmanın yarattığı duygular arasındaki farkı öğrenmemiz gerekir.

Egonun ürettiği olumlu duygular özlerinde, çabucak dönüşebilecekleri zıt duygular da içerir. Hemen birkaç örnek verelim: Egonun sevgi olarak adlandırdığı duygu, aslında bir saniye içinde nefrete dönüşebilecek olan bir sahiplenme ve saplantılı bağımlıktır. Egonun geleceğe verdiği aşırı önemin bir uzantısı olarak, bir olayla ilgili olarak gelişen beklenti, bu olay olup bittikten sonra veya egonun beklentilerini karşılamaması halinde, kolaylıkla zıt bir duyguya, yani hayal kırıklığına ve yüzüstü bırakılmış olma duygusuna dönüşebilir. Bir gün övüldüğünüz ve takdir edildiğiniz için kendinizi canlı ve mutlu hissedersiniz, ama ertesi gün eleştirildiğiniz veya ihmal edildiğiniz için reddedildiğinizi düşünerek mutsuz olursunuz. Çılgın bir partide yaşanan keyif, ertesi gün yerini akşamdan kalma duygusuna ve umutsuzluğa bırakabilir. Kötü olmadan iyinin, moral bozukluğu olmadan da moralli olmanın ne anlama geldiğini anlamak mümkün değildir.

Egonun ürettiği duygular, zihnin hepsi de doğal olarak güvenilmez ve her an değişebilir olan dışsal faktörlerle özdeşleşmesinden kaynaklanır. Daha derinlerdeki duygular ise gerçekte duygu değil, belirli Var'lık durumlarıdır. Duygular, zıtlıklar âleminin içinde yer alırlar. Var'lık durumları çapraşık olabilir, ama onların karşıtları yoktur. Onlar gerçek doğanızın özellikleri olan sevgi, neşe ve huzur gibi, sizin kendi içinizden çıkar.

İNSAN ZİHİNLİ ÖRDEK

Şimdinin Gücü adlı kitabımda, oldukça kısa sürdüğü bilinen kavgalarından birine tutuştuktan sonra birbirlerinden ayrılan iki ördeğin, genellikle ayrı yönlere doğru yüzdüklerini gözlemlediğimi belirtmiştim. Bu iki ördek, daha sonra kanatlarını birkaç kez kuvvetli bir şekilde çırparlar ve böylece kavga sırasında biriken fazla enerjiyi boşaltırlar. Kanatlarını çırptıktan sonra da, hiçbir şey olmamış gibi huzur içinde suyun üzerinde süzülmeye devam ederler.

Bu ördeklerin zihni insanlarınki gibi olsaydı, düşünerek ve hikayeler üreterek birbirleriyle kavga etmeye devam ederlerdi. Muhtemelen şöyle bir hikayeleri olurdu: "Onun az önce bana neler yaptığına inanamıyorum. Aramızda on santimetre kalana kadar yakınıma geldi. Bu gölün sahibi oymuş gibi davranıyor. Benim özel alanıma hiç saygısı yok. Ona bir daha asla güvenemem. Beni sinirlendirmek için bir dahaki sefer mutlaka başka bir şey deneyecektir. Şu anda bir şeyler planladığından da eminim. Durup bunu seyredecek değilim. Ona hiç unutamayacağı bir ders vermeliyim." Ve bu düşünceleri zihninde evirip çevirerek yeni masallar üretir ve bu konuda günlerce, haftalarca ve aylarca konuşur ve düşünür. Bedene gelince, oradaki savaş hâlâ devam etmektedir ve bu düşüncelere karşı ürettiği enerjinin yarattığı duygular, daha çok düşünmeyi tetiklemektedir. Bu durum, egonun duygusal düşünme süreci haline gelir. İnsan zihnine sahip olması halinde, bir ördeğin hayatının ne kadar karmaşık ve sorunlu bir hal alabileceğini görebiliyor musunuz? Ne yazık ki, insanların çoğu sürekli olarak bu şekilde yaşamaktadır.

Hiçbir olay veya durum tamamen sona ermez. Zihin ve zihnin ürettiği "ben ve benim hikayem" onların devam etmesine neden olur.

Bizler, ne yazık ki yolunu kaybetmiş bir canlı türüyüz. Durup dinlersek, doğal olan her şeyin, her bir çiçeğin veya ağacın ve her bir hayvanın bize vereceği önemli bir ders olduğunu görebiliriz. Ördeğimizin de bize verdiği bir ders vardır. O da şudur: Kanatlarınızı çırpın, yani "hikayeyi boş verin, bırakın onu gitsin" ve gerçek gücün olduğu tek yere gelin, yani Şimdi'ye...

GEÇMİŞİN HAMALLIĞINI YAPMAK

İnsan zihninin geçmişi salıverme konusundaki yeteneksizliği, daha doğrusu isteksizliği, Tanvan ve Ekido adlı iki Zen keşişinin hikayesinde çok güzel bir şekilde anlatılmaktadır. Bu iki keşiş, yağmurlardan sonra son derece çamurlu bir hal alan bir köy yolunda yürürlerken, yolun karşısına geçmek isteyen genç bir kadın görürler. Ama çamur öylesine derindir ki, buna yeltendiği takdirde kadının ipek kimonosunun mahvolması kaçınılmazdır. Tanzan hemen kadını kucaklar ve onu yolun karşısına geçirir.

İki keşiş hiç konuşmadan yürümeye devam ederler. Beş saat sonra, kalacakları yere yaklaşırlarken, Ekido daha fazla kendisini tutamayarak "O kadını neden yolun karşı tarafına taşıdın?" diye sorar. "Biz keşişlerin o tür şeyler yapması doğru mu?"

"Kadını karşıya geçireli saatler oldu," der Tanzan. "Ama sen onu hâlâ taşımaya devam mı ediyorsun?"

Şimdi, sürekli olarak Ekido gibi yaşayan, içinde bulunduğu durumları içsel olarak salıvermeyi istemeyen veya bunu yapmayı beceremeyen, o yüzden de içinde giderek hacmi artan bir "yük" taşıyan bir kişinin hayatının nasıl olabileceğini bir düşünün, o vakit gezegenimizde yaşayan insanların çoğunun hayatının nasıl olduğunu da anlamış olursunuz. Bu insanlar zihinlerinin içinde geçmişle ilgili öyle bir yük taşımaktadırlar ki...

Geçmiş, sizin içinizde anılar şeklinde yaşar, ama sorun olan şey anıların kendileri değildir. Nitekim anılar, yani geçmişle ilgili düşünceler, sadece sizi tamamen kontrol altına aldıkları zaman bir yük haline gelirler, sorun yaratırlar ve sizin benlik duygunuzun birer parçası haline gelirler. Geçmişin şartlandırdığı kişiliğiniz, böylece sizin zindanınız haline gelir. Anılarınız bir benlik duygusu içermeye başlar ve sizin algıladığınız "ben"in bir hikayesi haline gelir. Bu "küçük ben", sizin zamandan özgür ve biçimsellikten uzak olan Mevcudiyetinizi gölgeleyen bir illüzyondur.

Aslında, hikayeniz sadece zihinsel anılardan değil, sürekli olarak canlı tutulan eskiye ait duygusal anılardan da oluşmaktadır. Pek çok insan, aynen düşüncelerle beslediği küskünlüğünün yükünü beş saat boyunca taşıyan keşiş gibi, geçmişten kalan, büyük miktarda gereksiz zihinsel ve duygusal yükü hayatları boyunca sırtlarında taşırlar. Bu insanlar kendilerini yakınmalarla, pişmanlıklarla, saldırganlıkla ve suçluluk duygusuyla kısıtlarlar. Onların duygusal düşünce sistemleri benlikleri haline gelir ve böylece kimliklerini güçlendiren bu eski duygulara sıkı sıkıya sarılırlar.

Hemen hemen herkes, her insanın içinde var olan eski

duyguları sürdürme eğilimi nedeniyle, enerjisinin içinde eski duyguların yarattığı bir acı birikimini taşır. Ben buna "acı-yumağı" diyorum.

Ama daha önce de gördüğümüz gibi, bizim bu acı-yumağına daha fazla acı sarmayı durdurmamız mümkündür. Metaforik anlamda kanatlarımızı çırparak, ister dün, ister otuz yıl önce meydana gelmiş bir olayın tetiklediği eski duyguları biriktirme ve sürdürme alışkanlığımızdan vazgeçebilir ve zihinsel olarak geçmişte takılıp kalmayı reddedebiliriz. Olayları ve durumları zihnimizde canlı tutmamayı ve zihnimizin kurguladığı bir filmde oynamak yerine, dikkatimizi sürekli olarak el değmemiş ve zaman üstü olan bir Mevcudiyet'e çevirmeyi ve düşüncelerimizi ve duygularımızı değil, Şimdi'de olmayı asıl kimliğimiz haline getirmeyi öğrenebiliriz.

Geçmişteki hiçbir olayın, sizin Şimdi'de olmanızı engellemesi mümkün değildir: Ve geçmiş sizin Şimdi'de olmanızı engelleyemiyorsa, ne gibi bir gücü olabilir ki?

BİREYSEL VE KOLEKTİF

Oldukları anda ve oldukları gibi kabul edilmeyen ve tam olarak yüzleşilmeyen olumsuz duyguların tamamıyla eriyip çözülmesi mümkün değildir. Bunlar arkalarında her zaman bir acı kalıntısı bırakırlar.

Özellikle çocuklar güçlü olumsuz duygularla baş etmekte zorlanırlar ve bunları hissetmeme gayreti ve eğilimi içine girerler. Onları bu duygularla doğrudan yüzleşmeye doğru sevgiyle ve şefkatle yönlendirecek bir yetişkinin olmadığı durumlarda, çocukların başvurabileceği tek seçenek gerçekten de budur. Ne yazık ki, erken yaşlarda oluşan bu savunma mekanizması genellikle çocuk büyüdükten sonra da onu terk etmez. Yani o duygular, farkında olmasa bile onun içinde yaşamaya devam eder ve örneğin kaygı, öfke ve şiddet içeren taşkınlıklar, kötü ruh halleri ve hatta fiziksel rahatsızlıklar gibi dolaylı şekillerde tezahür eder. Bazı durumlarda, onun tüm yakın ilişkilerini engeller veya onları sabote ederler. Pek çok psikoterapistin, tamamen mutlu bir çocukluk yaşadıklarını ileri süren ama daha sonra bunun tam tersini yaşamış oldukları ortaya çıkan hastaları olmuştur. Tabii ki, bunlar uç vakalar olabilir, ama hiç kimse çocukluğunu duygusal acı çekmeden yaşayamaz. Aydınlanmış ebeveynlere sahip olanlar da dahil olmak üzere, herkes çocukluğunu büyük ölçüde bilinçsiz bir dünyada geçirir.

Tam olarak yüzleşilmeyen ve kabul edilip salıverilmeyen güçlü bir olumsuz duygunun geride bıraktığı acı kalıntıları bir araya gelerek, bedeninizin her bir hücresinde yaşayan bir enerjiyle dolarlar. Bu enerji sadece çocukluğunuzda yaşadığınız acıları değil, yetişme çağında ve yetişkinlik döneminde yaşanan ek olumsuz duyguları da içerir. Bunların büyük bir çoğunluğu önceden de gördüğümüz gibi egonun sesine kulak veren duygulardır. Hayatınızın temelinde sahte bir kimlik duygusu yattığı müddetçe, kaçınılmaz yoldaşınız işte bu duygusal acılar olacaktır.

Her insanın içinde yaşayan ve eskiden kalmakla birlikte capcanlı olan bu duygulardan oluşan enerji alanına ben acıyumağı diyorum.

Ama acı-yumağı, özünde bireysel değildir ve insanların bitmek tükenmek bilmeyen kabile savaşları, kölelik, yağma, tecavüz, işkence ve diğer şiddet olayları nedeniyle, tüm insanlık tarihi boyunca çektikleri acıları da kapsar. Bu acı insanlığın kolektif psişesinde yaşamaya devam etmekte ve her geçen gün üstüne yeni acılar eklenmektedir. Buna akşamları haberleri dinlediğinizde veya insan ilişkilerindeki dramatik durumları izlediğinizde de tanık olabilirsiniz. Kolektif acı-yumağı, henüz keşfedilmemiş olmakla birlikte, muhtemelen her insanın DNA'sında şifrelenmiş durumdadır.

Dünyaya gelen her yeni bebek, doğduğu anda bu duygusal acı-yumağına sahiptir. Bu yumak, bazılarında diğerlerine göre daha ağır ve daha yoğundur. Bazı bebeklerin içinde büyük bir mutluluk vardır. Diğer bazılarının içinde ise büyük miktarda mutsuzluk... Kendilerine yeterince sevgi ve ilgi gösterilmeyen bebeklerin çok ağladıkları doğrudur, ama bazı bebekler hiçbir neden yokken de ağlarlar. Bu bebekler, etraflarındaki herkesi de kendileri gibi mutsuz etmek ister gibidirler ve bunda da genellikle başarılı olurlar. Onlar bu dünyaya insanlığın acılarını ağır bir şekilde paylaşarak gelmişlerdir. Çok sık ağlayan diğer bazı bebekler ise anne ve babalarının yaydığı olumsuz duyguları hissederler. Bu onlara acı verir ve içlerindeki acı-yumağının ebeveynlerinin acı-yumaklarındaki enerjiyi çekmesine neden olur. Durum her ne olursa olsun, bir bebeğin fiziksel bedeni büyüdükçe, içindeki acı-yumağı da onunla birlikte büyümeye devam eder.

Acı-yumağı hafif olan bir bebeğin, yetişkin olduğunda ağır bir acı-yumağı olan başka birisine göre spiritüel açıdan ille de "daha ileri seviyede" olacağını söylemek mümkün değildir. Aslına bakarsanız, genellikle bunun tam tersi olur. Acı-yumakları ağır olan insanların spiritüel bir uyanış yaşama olasılığı, göreceli olarak daha hafif acı-yumakları olanlara göre genellikle daha yüksektir. Gerçi bunların bazıları karmaşık acı-yumaklarının içinde hapis kalırlar, ama pek çoğu mutsuzluklarıyla birlikte yaşayamayacak bir noktaya gelirler ve böylece bir uyanış yaşama motivasyonları güçlenir.

İsa'nın ıstıraptan kasılan yüzü ve aldığı sayısız darbelerle kan içinde kalan acı çeken bedeni, neden insanların kolektif bilincinde yer alan en önemli imgelerden biridir? Özellikle de orta çağlarda yaşayan milyonlarca insan, içlerinde bir şeyin kıpırdandığını hissetmeseler veya farkında bile olmadan onu kendi içsel gerçekliklerinin, yani içlerindeki acı-yumaklarının bir dışa yansıması olarak görmeselerdi, belki de bu imgeye bu denli bağlanmazlardı. Onlar o dönemlerde bunu kendi içlerinde doğrudan kavrayacak bilinç düzeyinde değillerdi, ama bir şeylerin farkına varmaya başlamışlardı. İsa, hem acıyı, hem de bilincin sınırlarını aşma olasılığını kendisinde birleştiren belki de ilk insan idi.

ACI-YUMAĞI KENDİSİNİ NASIL YENİLER

Acı-yumağı, pek çok insanın içinde yaşayan yarı otonom bir enerji türü ve duygudan oluşan bir varlıktır. Kendisine özgü, hayvan kurnazlığına benzeyen ilkel bir zekası vardır ve bu zeka öncelikli olarak hayatta kalmaya odaklanmıştır. Diğer tüm yaşam formları gibi, o da periyodik olarak kendisini beslemek, yani daha fazla enerji edinmek zorundadır. Kendisini tazelemek için ihtiyaç duyduğu yiyecek, kendi enerjisiyle uyum içinde olan benzer frekanslı bir enerji olmalıdır. Duygusal anlamda acı veren herhangi bir deneyim, acı-yumağı tarafından yiyecek olarak kullanılabilir. O yüzden bu varlık olumsuz düşünme ve ilişkilerdeki dramatik durumlardan beslenir. Kısacası, acı-yumağının mutsuzluğa olan bir bağımlılık olduğunu söylemek mümkündür.

İçinizde periyodik olarak duygusal olumsuzluk arayışı olan bir şeyin olduğunu ilk kez fark etmek, şoke edici olabilir.

Bunu kendinizde fark etmek, başkalarında fark etmekten daha zordur. Bir kez mutsuzluk sizi pençesi altına almaya görsün, onun bitmesini hiç arzu etmez ve onun olumsuz duygusal tepkilerinden beslenmek için, başkalarını da aynen kendiniz gibi mutsuz etmek istersiniz.

Çoğu insanda, acı-yumağının uykuda ve aktif olduğu dönemler vardır. Uykuda olduğu vakit, onun enerji alanına bağlı olarak, içinizde kesif ve karanlık bir bulut veya pusuya yatmış bir volkan taşıdığınızı kolayca unutursunuz. Ne kadar süreyle uykuda olacağı insandan insana değişir: En sık karşılaşılanı birkaç haftadır ama birkaç gün veya ay sürdüğü de olur. Çok ender olarak, acı-yumağı bir olay tarafından tetiklenene kadar yıllarca kış uykusunda kalabilir.

ACI-YUMAĞI DÜŞÜNCELERİNİZDEN NASIL BESLENİR

Acı-yumağı uyku halinden acıktığı, yani kendisini tazelemeye ihtiyaç hissettiği vakit çıkar. Harekete geçmesi için herhangi bir küçük olay tarafından tetiklenmesi de yeterlidir. Karnı aç olan acı-yumağı en önemsiz olayı, birisinin yaptığı veya söylediği bir şeyi, hatta bir düşünceyi bile beslenmek için kullanabilir. Eğer yalnız yaşıyorsanız ve etrafta sizinle birlikte olan hiç kimse yoksa, acı-yumağınız beslenmek için sizin kendi düşüncelerinizi seçer. Düşünceleriniz aniden olumsuzlaşır. Siz bu olumsuz düşüncelerin akınına uğramadan önce, zihninizi bir duygu dalgasının, kaygı veya ateşli bir öfke halinde tezahür eden karanlık ve karamsar bir ruh halinin istila ettiğini muhtemelen fark etmezsiniz bile. Tüm düşünceler birer enerji olduğu için, acı-yumağınız onların enerjisiyle beslenmeye başlamıştır bile. Ama acı-yumağı her düşüncenin üzerine atlamaz. Olumlu bir düşüncenin, olumsuz olana göre çok farklı bir tonu olduğunu anlamak için olağanüstü bir duyarlılığa sahip olmanız gerekmez. Enerji, aynı enerjidir ama farklı bir frekansta titreşmektedir. Acı-yumağının mutluluk veren, olumlu bir düşünceyi sindirmesi mümkün değildir. O sadece olumsuz düşüncelerden beslenebilir çünkü sadece o tür düşünceler onun enerji alanıyla uyum halindedir.

Tüm şeyler, hiç durmadan titreşen enerji alanlarıdır. Üzerine oturduğunuz sandalye veya elinizde tuttuğunuz bir kitap size katı ve hareketsiz gibi görünür çünkü sizin duyularınız onların titreşim frekanslarını, yani onları bir sandalye, kitap, ağaç veya bir beden olmasını sağlayan moleküllerinin, atomlarının, elektronlarının ve atomaltı parçacıklarının kesintisiz hareketlerini o şekilde algılarsınız. Bizim fiziksel madde olarak algıladığımız her şey, aslında belirli frekanslarda titreşen (hareket eden) enerjiden oluşmaktadır. Düşünceler de aynı enerjiden oluşur ama onlardaki enerjinin titreşim frekansı maddeninkinden daha hızlıdır. O yüzden ona dokunamaz veya onu göremeyiz. Düşüncelerin kendilerine özgü frekans aralıkları vardır. Olumsuz düşüncelerin frekansı düşük, pozitif düşüncelerin ise yüksektir. Acı-yumağının titreşim frekansı olumsuz düşüncelerinkiyle uyum halindedir, yani bunlar bir araya geldiklerinde bir rezonans yaratırlar. O yüzden, sadece bu tür düşünceler acı-yumağını besleyebilir.

Düşüncenin duyguyu tetiklemesinin kalıplaşmış bir olgu olduğunu görmüştük, ama acı-yumağı söz konusu olduğunda, bu durum en azından başlangıçta tersine işler. Acı-yumağından gelen duygular süratle düşüncelerinize hakim olur. Zihniniz acı-yumağınızın kontrolü altına girdiği anda da düşünceleriniz olumsuzlaşmaya başlar. Kafanızın içindeki ses kendiniz veya hayatınız, başkaları, geçmiş, gelecek veya hayal ürünü olaylar hakkında keder, kaygı veya öfke dolu hikayeler anlatmaya başlar. Bu ses suçlar, itham eder, şikayet eder ve hayal ürünü şeyler söyler. Ve siz de tamamen bu sesin söyledikleriyle kendinizi özdeşleştirmiş ve onun tüm çarpık düşüncelerine inanmışsınızdır. Bu noktada, bir mutsuzluk bağımlısı olma yolunda ilerlemekte olduğunuzu söyleyebiliriz.

Sorun sizin olumsuz düşünceler trenini durduramamanız değil, durdurmak istememenizden kaynaklanmaktadır. Bunu nedeni de, acı-yumağınızın o anda sizin içinizde yaşıyor ve sizmiş gibi davranıyor olmasıdır. Acı-yumağı için acı çekmek bir zevktir. O her bir olumsuz düşünceyi büyük bir iştahla yutar. İçsel konuşmalarınızı da eline geçirir ve böylece düşüncelerinizle bu acı-yumağı arasında bir kısır döngü oluşur. Her düşünce acı-yumağını besler, böylece acı-yumağı da daha fazla düşünce üretmeye başlar. Belirli bir aşamada, örneğin birkaç saat veya birkaç gün sonra, acı-yumağı tazelenmiş olarak yeniden uykuya dalar ve geride yıpranmış bir organizma ve hastalıklara karşı direnci azalmış bir beden bırakır. Şu anda, acı-yumağının psişik bir asalak olduğunu mu düşündünüz? Çok haklısınız, çünkü o gerçekten tam da öyledir.

ACI-YUMAĞI DRAMATİK OLAYLARDAN NASIL BESLENİR

Yakınlarınızda başka insanlar, tercihen hayat arkadaşınız veya aileden biri varsa, acı-yumağınız beslenebileceği dramatik bir olay yaratmak için, onları da kışkırtmaya, tabiri caizse damarlarına basmaya çalışacaktır. Acı-yumakları yakın ilişkileri ve aile fertlerini severler çünkü besinlerinin çoğunu onlardan alırlar. Sizi bir tepki göstermeye doğru itmeye azmetmiş başka bir kişinin acı-yumağına karşı koyabilmek çok güçtür. O içgüdüsel olarak sizin en hassas ve en savunmasız noktalarınızı bilir. Eğer birinci kez başarılı olamazsa, tekrar tekrar deneyecektir. O tam anlamıyla, daha fazla duygu arayışında olan ham bir duygudur. Bir kişinin içindeki acı-yumağı, bir diğerini uyandırmak ve onunla enerji alışverişinde bulunmak ister.

Pek çok ilişkide, belirli aralıklarla şiddet içeren ve yıkıcı olan acı-yumağı epizotları yaşanır. Örneğin, ebeveynlerinin acı-yumaklarının neden olduğu duygusal şiddete tanıklık etmek, küçük bir çocuğa dayanılmaz bir acı verir. Ne yazık ki, dünyanın her yerindeki milyonlarca çocuğun kaderi, her gün bu kabusu yaşamaktır. İnsanlığın acı-yumağı, kuşaktan kuşağa en çok bu yolla aktarılır. Ne var ki, çoğunlukla her epizottan sonra, eşler barışırlar ve egonun izin verdiği sınırlı bir süre için göreceli bir barış dönemi yaşanır.

Aşırı alkol tüketimi de genellikle erkeklerin acı-yumağının harekete geçmesine neden olur, ama bu durum bazı kadınlar için de geçerlidir. Sarhoş olduğu vakit acı-yumağının kontrolü altına giren bir kişi, tamamen farklı bir kişiliğe bürünür. Acı-yumağı fiziksel şiddetten beslemeyi alışkanlık haline getirmiş olan bilinçsiz bir kişinin şiddet uygulayacağı kişiler genellikle eşi veya çocukları olur. Sarhoş kişi kendisine geldiğinde, gerçek anlamda üzüntü duyar ve bir daha asla böyle bir şey yapmayacağına dair söz verir ve buna kendisi de kesinlikle inanır. Ama şiddeti uygulayan kişi aslında, konuşan ve vaatlerde bulunan bu kişi değildir. O yüzden, o kişi içindeki acı-yumağını fark etmediği ve kendisini ondan kurtarmadığı müddetçe, bu olayların tekrar edeceğinden emin olabilirsiniz. Ama bazı durumlarda, profesyonel yardım almak onun bunu başarmasına yardımcı olabilir.

Acı-yumaklarının pek çoğu acıyı hem çekmek, hem de çektirmek isterler, ama bazıları ağırlıklı olarak acı çektirmeyi, diğer bazıları ise kurban olmayı sever. Ama bu kişiler her iki durumda da, duygusal veya fiziksel olduğuna bakmaksızın şiddetle beslenirler. Birbirlerine "aşık olduklarını" zanneden bazı çiftler, aslında acı-yumaklarının birbirini tamamlaması nedeniyle birbirlerinin çekim alanına girmişlerdir. Acı çektirenin ve kurbanın rolleri bazen daha ilk karşılaşmada belli olur. Cennetten çıkma olduğu düşünülen bazı evlilikler, aslında cehennem yapımıdır.

Evinizde hiç kedi beslediyseniz, onun uyur gibi göründüğünde bile, etrafında olun biteni fark ettiğini bilirsiniz, çünkü en ufak bir ses çıktığında kulakları o sese doğru kımıldar ve gözleri hafifçe açılır. Uykuda olan acı-yumakları da aynen öyledir. Belli bir düzeye kadar hâlâ uyanıktırlar ve harekete geçmek için hazır ol vaziyetinde uygun bir olayın cereyan etmesini beklerler.

Yakın ilişkiler yaşayan acı-yumakları, birlikte yaşamaya başlamadan ve tercihen onları hayatlarının sonuna kadar birlikte yaşama taahhüdü altına sokan bir sözleşmeyi imzalamadan önce sipere yatarak bekleyecek kadar akıllıdır. İnsanlar sadece karılarıyla veya kocalarıyla değil, onların acı-yumaklarıyla da evlenirler. O yüzden, balayı bitip de birlikte yaşamaya başladıktan kısa bir süre sonra, eşinizin kişiliğinde inanılmaz bir değişiklik olduğunu görerek büyük bir şok yaşayabilirsiniz. Muhtemelen son derece önemsiz bir konu için, tiz ve hırçın bir sesle haykırarak sizi suçlar veya tamamen kendi kabuğuna çekilir. "Bir sorun mu var?" diye sorarsınız, "Hayır, yok," diye yanıt verir. Ama neşrettiği düşmanca enerji size, "Pek çok sorun var," demektedir. Gözlerinin içine baktığınız vakit, o her zaman gördüğünüz ışığı artık göremezsiniz. Sanki onların üzerine kalın bir perde çekilmiştir. Daha önceleri ego-su pırıl pırıl parlayan, tanıdığınız ve sevdiğiniz o varlık, şimdi tamamen gitmiş, yerine sanki bir başkası gelmiştir. Size bakan tamamen yabancı bir kişidir ve gözlerinde nefret, düşmanlık, acı veya öfke vardır. Sizinle konuştuğu vakit, konuşan kişi sizin eşiniz veya hayat arkadaşınız değil, onun içindeki acı-yumağıdır. Onun söylediği her şey, acı-yumağının gerçeği nasıl algıladığını gösterir. Ve bu gerçek, korku, düşmanlık, öfke ve daha fazla acı verme ve daha fazla acı çekme arzusu nedeniyle tamamen çarpıtılmış ve bozulmuş durumdadır.

Bu noktada acaba bu, hayat arkadaşımın benim daha önce görememiş olduğum gerçek yüzü mü diye merak eder ve bu insanı eşim olarak seçtiğim için korkunç bir yanlış mı yaptım diye kendinize sorarsınız. Tabii ki, bu gördüğünüz onun gerçek yüzü değil, onun geçici bir süre için onu kontrolü altına almış olan acı-yumağıdır. İçinde bir acı-yumağı olmayan bir hayat arkadaşı bulmak güç bir iştir, o nedenle en doğrusu hiç olmazsa acı-yumağı çok yoğun olmayan birini seçmektir.

YOĞUN ACI-YUMAKLARI

Bazı insanların asla tamamen uykuda olmayan yoğun acı-yumakları vardır. Bu insanlar gülümserler, güzel güzel sohbet ederler, ama onların içinde bir sonraki olaya tepki vermek, bir sonraki insanı suçlamak veya onun üstüne gitmek ve üzülecek bir şey bulmak için bekleyen, fokur fokur kaynayan bir mutsuzluk yumağı olduğunu anlamak için insanın medyum olması gerekmez. Onların acı-yumakları asla yeterince doymaz ve hep açtır. Egonun düşman edinme ihtiyacını sürekli olarak daha da güçlendirirler.

Bu kişiler, tepkisellikleri nedeniyle diğer insanları kendi dramatik olaylarının içine çekip, onları da tepki vermeye zorlarken, göreceli olarak önemsiz olan konuları inanılmaz şekilde abartırlar. Bazıları, kurumlarla veya bireylerle uzun ve anlamsız bir mücadele içine girerler veya onlara karşı davalar açarlar. Diğer bazıları, eski eşlerine veya hayat arkadaşlarına karşı hissettikleri takıntılı bir nefret duygusuyla kendilerini yiyip bitirirler. İçlerinde taşıdıkları acının farkına varmayıp, verdikleri tepkilerle acılarını olaylara ve içinde bulundukları durumlara yöneltirler. Acı-yumakları güçlü olan kişiler, farkındalıktan tamamen yoksun oldukları için, bir olayla o olaya verdikleri tepki arasındaki farkı göremezler. Onlar için mutsuzluk ve hatta duydukları acı, kendilerinin değil, olayların veya durumların içindedir. Kendi içsel durumlarının bilincinde olmadıkları için de, ne kadar mutsuz olduklarını ve ne kadar acı çektiklerini bile idrak edemezler.

Bu denli yoğun acı-yumakları olan kişiler bazen bir dava uğruna savaş veren eylemciler olurlar. Bu davalar gerçekten de değerli amaçlara yönelik olabilir ve bu kişiler ilk başlarda istediklerini elde etmekte başarılı olabilirler; ama acı-yumaklarından onların söylediği veya yaptığı şeylerin içine akan olumsuz enerji ve onların düşman edinmek ve çatışmaya girmek için hissettikleri ihtiyaç, kişilerin onların davalarına sempatiyle bakmasını engeller. Genellikle, kendi organizasyonları içinde de düşmanlar edinirler, çünkü nereye giderlerse gitsinler kendilerini kötü hissetmek için bir bahane bulurlar. Böylece, içlerindeki acı-yumakları aradığını bulmayı sürdürür.

EĞLENCE, BASIN VE ACI-YUMAĞI

Eğer siz çağdaş uygarlığımızla tanışık olmasaydınız ve buraya başka bir çağdan veya gezegenden gelmiş olsaydınız, sizi en çok şaşırtan şeylerden biri herhalde, milyonlarca insanın birbirlerini öldüren veya birbirlerine acı çektiren insanları seyretmekten hoşlanması, bunun için para ödemesi ve bunun adına da "eğlence" demesi olurdu.

Şiddet içeren filmlerin bu kadar çok seyirci çekmesinin sebebi nedir? Dünyamızda, büyük bir bölümü insanları mutsuzluk bağımlısı olmaya iten koca bir endüstri bulunmakta. Anlaşılan, insanların bu filmleri seyretmesinin nedeni, kendilerini mutsuz hissetmek istemeleridir. İnsanoğlunun kendisini kötü hissetmeyi sevmesine ve bunun iyi bir şey olduğunu düşünmesine neden olan şey nedir? Tabii ki, onların acı-yumağı... Eğlence sektörünün büyük bir bölümü bu ihtiyaca yanıt vermektedir. Yani, tepkiselliğe, olumsuz düşünceye ve kişisel dramlara ek olarak, insanların içindeki acı-yumağını dolaylı olarak besleyen ve tazeleyen bir başka şey de sinema ve televizyon ekranlarıdır. Birtakım acı-yumakları bu filmlerin senaryosunu yazar ve sahneye koyar, diğer acı-yumakları de para ödeyip bunları seyrederler.

Televizyon ve sinema ekranlarında şiddet içeren filmler veya olaylar göstermek ve onları seyretmek her zaman "yanlış" mıdır? Bu filmlerin veya olayların tümü de acı-yumağına mı hizmet eder? İnsanlığın şu anki evrimsel düzeyinde, şiddet her tarafa yayılmış durumda. Ve eski ego-temelli bilincin kaçınılmaz sona gelmeden önce güçlendiği gibi, o da giderek güçlenmekte. Aslında bu filmler şiddeti daha geniş bir bağlamda inceleyebilseydi her şey daha farklı olabilirdi. Örneğin, şiddetin kaynağına ve neden olduğu sonuçlara daha çok yer verilse, kurbana ve mücrime neler yaptığı gözler önüne serilerek bunun arkasında yatan ve kuşaktan kuşağa geçen (insanların içinde acı-yumağı olarak yaşayan öfke ve nefret gibi) kolektif bilinçsizlik izleyicilere gösterilebilseydi, bu filmler o zaman belki de insanoğlunun uyanışında hayati bir rol oynayabilir ve insanlığın kendi deliliğini görebileceği bir ayna görevi üstlenebilirlerdi. Çünkü deliliği (kendi deliliğiniz de olsa), delilik olarak algılayan şey sizin aklıseliminizdir ve deliliği sona erdiren de odur.

Aslında acı-yumağını beslemeyen bu tür filmler de yok değil. Nitekim savaş karşıtı olan en iyi filmler, savaş denen realiteyi gözler önüne seren ve onu yüceltmeyen filmlerdir. Acı-yumağı sadece şiddetin normal ve hatta arzu edilir bir insan davranışı olarak gösterildiği veya yüceltildiği filmlerden beslenebilir. Bir de, acıya bağımlı olan acı-yumağının vazgeçemeyeceği bir uyuşturucu görevi görerek izleyicide olumsuz duygular uyandırmayı amaçlayan filmlerden...

Sansasyonel olaylara yer veren gazeteler haber değil, acı-yumağının karnını doyuracak olumsuz duygular satarlar. Bunlar kocaman harflerle "Rezalet" veya "Pislikler" gibi başlıklar atarlar. Özellikle İngiliz tabloid basınının bu konuda çok iyi olduğunu söyleyebiliriz. Onlar bu tür olumsuz duyguların normal haberlerden daha çok satış yaptırdığını iyi bilirler.

Televizyon da dahil olmak üzere, tüm haber basını genellikle olumsuz duygulardan beslenme eğilimi içindedir. Günümüzde işler ne kadar kötüleşirse, habercilerin yaşadığı heyecan da o ölçüde artıyor. Üstelik de, bu olumsuz heyecan genellikle basının kendisi tarafından yaratılıyor. Acı-yumaklarının buna ne kadar bayıldığını söylemeye gerek yok sanırım...

KOLEKTİF DİŞİ ACI-YUMAĞI

Acı-yumağının kolektif boyutunun farklı katmanları vardır. Kabilelerin, ülkelerin ve ırkların hepsi kolektif bir acı-yumağına sahiptir. Bazılarınınki diğerlerinden daha yoğundur ve o kabilenin, ülkenin veya ırkın mensuplarının her birinin bunun içinde küçük veya büyük, bir payı vardır.

Öte yandan, hemen hemen her kadının kolektif acı-yumağında dişil bir pay bulunur. Bu acı-yumağı özellikle de aylık kanamaları başlamadan hemen önce harekete geçer. O dönemlerde kadınlar, yoğun olumsuz duygularla boğuşurlar.

Dişiliğin özellikle de son iki bin yıldan beri bastırılmakta olması, egonun kolektif insan psişesinde mutlak bir üstünlük kazanmasına neden olmuştur. Tabii ki kadınların da egosu vardır ama ego dediğimiz şey, erkeklerde kadınlara göre daha kolaylıkla kök salar ve büyür. Bunun nedeni, kadınların erkeklere göre daha az zihin odaklı olmalarıdır. Onlar içsel bedenleriyle ve organizmadaki sezgisel yeteneklerin kaynağı olan zekayla daha çok iletişim halindedirler. Kadınlar erkeklere göre daha esnektir, diğer yaşam formlarına karşı daha açık ve daha duyarlıdırlar. Ayrıca, doğal dünyayla daha fazla uyum halindedirler.

Gezegenimizdeki eril ve dişil enerjiler arasındaki denge bozulmamış olsaydı, egonun büyümesi de büyük ölçüde önlenmiş olurdu. Doğaya savaş ilan etmez ve gerçek varlığımızla bu denli yabancılaşmazdık.

Kayıt tutulmadığı için hiç kimse gerçek sayıyı tam olarak bilmiyor ama Roma Katolik Kilisesi'nin aykırı dinsel düşünceleri bastırmak için kurmuş olduğu "Kutsal Engizisyon" örgütünün üç asırlık bir süre boyunca üç ile beş milyon arasındaki kadına işkence ettiği veya öldürdüğü kesin olarak bilinmektedir. Bu olay, tarihin en karanlık sayfalarında Nazi soykırımıyla birlikte, yan yana yer almaktadır. O dönemlerde bir kadının hayvanlara sevgi göstermesi, tarlalarda veya koruluklarda yalnız başına dolaşması veya şifalı otlardan toplaması, onun bir cadı olarak suçlanması için yeterliydi. Kutsal dişinin şeytan olduğu ilan edilmiş ve dişil boyut insan yaşantısından bütünüyle sökülüp atılmıştı. Musevilik, İslamiyet ve hatta Budizm gibi diğer bazı kültür ve dinler bile dişil boyutu bastırma yoluna gittiler ama bunu en azından daha az şiddet içeren bir şekilde yaptılar. Kadının konumu, sadece çocuk doğurmaya ve erkeklerin malı olmaya kadar indirgendi. Dengesi tamamen bozulmuş olan dünyamızın yönetimi, artık kendi içlerinde bile mevcut olan dişil unsuru inkar eden erkeklerin eline geçti. Sonrası malum... Sonrasında bir delilik tarihi yaşandığını hepimiz biliyoruz.

Bir tek "akut kolektif paranoya" olarak tanımlanabileceğimiz bu korkunun sorumlusu kimdi? "Tabii ki, erkekler," diyebiliriz, peki ama o zaman Sümerler, Mısırlılar ve Keltler gibi Hıristiyanlık öncesi pek çok uygarlıkta kadınlar neden saygı görüyorlardı? Dişil unsurdan o zamanlar neden korkulmuyor ve bu unsur, tam tersine yüceltiliyordu? Erkeklerin aniden kendilerini kadınların tehdidi altında hissetmeye başlamalarının nedeni neydi? Bunun nedeni, onların gitgide evrimleşen egosuydu, çünkü ego sadece eril biçim vasıtasıyla gezegenimizi tamamen kontrolü altına alabileceğini ve bunu yapmak için de dişil biçimi güçsüzleştirmesi gerektiğini biliyordu.

Zaman içinde ego, kadınların da pek çoğunu kontrolü altına aldı, ama onların üzerinde erkeklerde olduğu kadar üstün bir hakimiyet kuramadı.

Şimdi ise, pek çok kadının da bastırılan bu dişil unsuru içselleştirdikleri bir dönemden geçiyoruz. Yani, bastırılan kutsal dişi kavramı, pek çok kadında duygusal acı olarak tezahür ediyor. Nitekim bu acı, doğum yapmayı bir kenara bıraksak da, tecavüzlere, köleliğe, işkenceye ve korkunç ölümlere maruz bırakılan kadınların binlerce yıl boyunca birikmiş olan acılarıyla birleşerek onların acı-yumaklarının bir parçası haline gelmiş bulunmaktadır.

Ama artık durum hızla değişmektedir. Bilinçli insan sayısı arttıkça, egonun insan zihni üzerindeki hakimiyeti de zayıflıyor ve kadınlarda zaten hiçbir zaman tam olarak etkili olamayan ego, onların üzerindeki hakimiyetini de erkeklere oranla daha hızlı bir şekilde kaybediyor.

ULUSLARIN VE IRKLARIN ACI-YUMAKLARI

Kolektif şiddet olaylarına maruz kalmış ve o nedenle acılar yaşamış olan ülkelerin kolektif acı-yumakları diğerlerine göre daha ağırdır. Daha eski bir tarihe sahip olan ülkelerin acı-yumaklarının daha güçlü olmasının nedeni de budur. Kanada ve Avustralya gibi daha genç ülkelerin ve etraflarındaki deliliklerden kendilerini uzak tutmayı başarmış olan İsviçre gibi ülkelerin acı-yumakları daha hafif olma eğilimindedir. Tabii ki bu ülkelerde yaşayan insanların her birinin baş etmeleri gereken kendi acı-yumakları vardır. Eğer yeterince duyarlı bir insansanız, uçaktan iner inmez belirli ülkelerdeki enerji alanlarının ağırlığını hemen hissedersiniz. Bazı ülkelerde de, günlük hayatın akışının hemen gerisinde gizlenmiş olan potansiyel şiddetin enerji alanı hemen dikkatinizi çeker. Örneğin, Orta Doğu'daki bazı ülkelerde kolektif acı-yumağı öyle şiddetlidir ki, nüfusun önemli bir bölümü sürekli olarak kısır bir suç işleme ve cezalandırılma döngüsünün içinde yaşamaktadır. Bu insanların acı-yumaklarının kendilerini durmadan bu şekilde tazelediğini söylemeye bilmem gerek var mı?

Acı-yumağının ağır olmakla birlikte akut olmadığı ülkelerde yaşayan insanlar ise, kolektif duygusal acıya karşı duyarsız olma çabası içine girerler. Almanlar ve Japonlar kolektif acılarını çalışarak unutmayı seçmişlerdir, ama diğer bazı ülkelerde yaşayanlar yaygın olarak alkol tüketme yoluna gitmeyi yeğlemişlerdir. (Bu arada, alkolün aşırı miktarlarda tüketildiğinde ters bir etki yaparak, acı-yumağını tetikleme eğilimi gösterdiğini de unutmamak gerekir.) Çin'in ağır acı-yumağı, yaygın olarak uygulanan ve her nasılsa kontrol edemediği her şeyi engellediği bilinen Komünist yönetim tarafından yasaklanmamış olan *t'ai chi* sayesinde belirli bir ölçüde hafiflemiştir. Milyonlarca kişi belirli hareketler içeren bu meditasyon yöntemini sokaklarda ve parklarda her gün uygulamaktadır. Bunun kolektif enerji alanına yaptığı katkı çok büyüktür ve insanların düşüncelerini azalttığı ve onlarda bir Mevcudiyet yarattığı için, acı-yumağının hafiflemesi yönünde önemli bir görev görmektedir.

Nitekim fiziksel bedenin katkısını gerektiren *t'ai chi, qigong* ve *yoga* gibi spiritüel uygulamalar giderek artan bir şekilde Batı dünyasında kabul görmektedir. Bu uygulamalar bedenle ruh arasında bir bütünleşme yaratırlar ve acı-yumağın zayıflamasına yardımcı olurlar. Bunların küresel uyanışta da önemli bir rol oynayacaklarını söyleyebiliriz.

Kolektif ırksal acı-yumağı, asırlar boyu zulüm görmüş olan Musevilerde kendisini özellikle belli eder. Kolektif acı-yumağının Avrupalı yerleşimciler tarafından kökleri kurutulmaya çalışılan ve kültürleri yok edilen Amerikan Kızılderili yerlilerde de aynı şekilde güçlü olmasına da o yüzden şaşmamak gerekir. Amerikalı zencilerin de acı-yumakları çok güçlüdür. Onların ataları korkunç bir şekilde köklerinden koparılmış, eziyet edilerek boyun eğmeye zorlanmış ve köle olarak satılmıştır. Amerika'nın ekonomik refahının temelinde dört veya beş milyon zenci kölenin işgücü yatmaktadır. Nitekim Kızılderililere ve zencilere reva görülen eziyet, sadece bu iki ırkla da sınırlı kalmamış ve Amerikan halkının kolektif acı-yumaklarının da bir parçası haline gelmiştir. Herhangi bir şiddet, zulüm veya gaddarlık içeren eylemlerde, sadece kurban konumunda olan kişilerin değil, bu suçları işleyenlerin de aynı derecede zarar gördüğü bir gerçektir, çünkü başkalarına yaptığınız her şey, aslında kendinize yaptığınız bir şeydir.

Acı-yumağınızın hangi oranda ülkenize veya ırkınıza ait ve hangi oranda kişisel olduğu aslında hiç önemli değildir. Her iki durumda da, onu sadece ve sadece içsel durumunuzun sorumluluğunu üstlenerek aşabilirsiniz. Başkalarını suçlamakta çok haklı görünebilirsiniz ama bunu yaptığınız müddetçe, düşüncelerinizle kendi acı-yumağınızı beslemeyi ve egonuzun esiri olmayı sürdürmüş olursunuz. Bu gezegende kötü niyetli tek bir suçlu vardır, o da bilinçsizliktir. Bunu kavramak, gerçek anlamda bağışlayıcı olmak demektir. Bağışlayıcı olduğunuz müddetçe, kurban kişiliğiniz eriyip yok olacak ve gerçek gücünüz, yani Şimdi'de olma gücünüz ortaya çıkacaktır. Ve siz de böylece karanlığı suçlamak yerine, ışığı getirmiş olacaksınız.

ALTINCI BÖLÜM

ÖZGÜRLÜĞE DOĞRU ADIM ATMAK

Acı-yumağından kurtulmak için atılması gereken ilk adım, bir acı-yumağınızın *olduğunu* kabul etmektir. Ondan sonra, daha da önemlisi, içinizdeki acı-yumağının harekete geçtiği vakit yarattığı o olumsuz duygu akımını fark edebilmek için elinizden geldiğince uyanık ve tetikte olabilmelisiniz. Bu farkındalık içine girebildiğiniz an, acı-yumağı artık sizmiş gibi davranamaz ve sizden beslenerek yaşayamaz veya kendisini tazeleyemez.

Kendinizi acı-yumağınızla özdeşleştirmenizi sona erdiren şey sizin bilinçli Mevcudiyetinizdir. Kendinizi onunla özdeşleştirmediğiniz müddetçe, acı-yumağınız sizin düşüncelerinizi kontrol edemez ve böylece sizin düşüncelerinizden beslenerek güç kazanamaz. Acı-yumağı çoğu kez hemen yok olup gitmez ama onunla düşünceleriniz arasındaki bağı bir kez kopardınız mı, enerji kaybetmeye başlar. Duygularınız düşüncelerinizi gölgeleyemez ve algılarınız geçmişin çarpıtmalarından kurtulmuş olur. Acı-yumağınızda hapsolmuş olan enerji, titreşim frekansını değiştirir ve tamamen Mevcudiyet'e dönüşür. Böylece, acı-yumağı bilinç için yakıt sağlayan bir güç haline gelir. Gezegenimizdeki en bilge, en aydınlanmış erkek ve kadınların çoğunun bir zamanlar yoğun acı-yumaklarının olmasının nedeni işte budur.

Dünyaya hangi yüzünüzü gösterirseniz gösterin, ne yaparsanız yapın ve ne söylerseniz söyleyin, zihinsel-duygusal durumunuzu gizlemeniz asla mümkün olamaz. Her insanoğlu kendi içsel durumuyla uyumlu bir enerji alanı yayar. Pek çok kişi bunu kendisinde hissedebilir ama başkalarının enerji alanları ancak bilinçaltından hissedilir. Bir başka deyişle, kendileri bunu hissettiklerini bilmezler ama yine de o kişiler hakkındaki duyguları ve onlara karşı davranışları büyük ölçüde bu enerji alanından etkilenir. Bazı insanlar ilk kez karşılaştıkları birinin enerji alanını, aralarında tek bir sözcük bile konuşmamış olsalar dahi, kolaylıkla fark ederler. Ama bir süre sonra sözcükler ilişkinin kontrolünü ele alır ve sözcüklerle birlikte insanların oynadığı roller devreye girer. Dikkat daha sonra zihin âlemine doğru kayar ve diğer insanın enerji alanını hissetme yeteneği büyük ölçüde azalır. Buna rağmen, bu alan bilinçaltında hâlâ hissedilir durumdadır.

Acı-yumağının bilinçsizce daha fazla acı arayışında olduğunu, yani kötü bir olay olmasını istediğini kavradığınız anda, pek çok trafik kazasının acı-yumakları o anda harekete geçmiş olan sürücülerden kaynaklandığını da anlarsınız. Acı-yumakları hareket halinde olan iki sürücü aynı anda kavşağa geldikleri vakit, bir kaza olma olasılığı normal koşullara göre birkaç misli daha yüksektir. Bunların ikisi de bilinçaltlarında bir kazanın olmasını isterler. Acı-yumaklarının trafik kazalarındaki rolü, en açık olarak "yol verdin-vermedin" adını verdiğimiz fenomende belli olur. Böyle bir durumda, sürücüler örneğin önlerindeki sürücünün ağır araba kullanması gibi son derece önemsiz bir olay nedeniyle bile fiziksel şiddete başvurabilirler.

Pek çok şiddet eylemi geçici bir süre için manyaklaşan "normal" insanlar tarafından gerçekleştirilir. Dünyanın her yerinde, savunma avukatlarının "Bu kesinlikte müvekkilimin karakteriyle uyumlu bir şey değil," suçlunun da "Bana neler oldu, bir bilsem," gibi şeyler söylediğini duyarsınız. Ama bildiğim kadarıyla, hiçbir savunma avukatı kalkıp da hakime "Ortada sorumluluğu hafifletici bir neden var. Acı-yumağı harekete geçtiği için, müvekkilim ne yaptığını bilmiyordu. Aslında, suçu işleyen de o değil, onun acı-yumağıdır," dememiştir (ama o günün de yakında geleceğini sanıyorum.)

Bu, acı-yumaklarının kontrolü altındaki insanların yaptıkları işlerden sorumlu olmadığı anlamına mı geliyor? Bu soruya yanıtım şöyle olacak: Nasıl olabilirler ki? Bilinçsiz olduğunuz ve ne yaptığınızı bilmediğiniz vakit nasıl sorumlu olabilirsiniz? Ama olaya büyük resimden baktığımızda şunu görüyoruz. İnsanlar, bilinçli varlıklar haline gelmek için evrimleşmek zorundadır. Bunu başaramayanlar, bilinçsiz olmalarının ceremesini çekeceklerdir çünkü onlar evrenin evrimsel dürtüsüyle aynı çizgide değillerdir.

Bu açıklama bile esasında sadece göreceli olarak gerçeği yansıtmaktadır. Daha geniş bir perspektiften baktığımızda, evrenin evrimleşmesiyle uyum içinde olmamak mümkün değildir ve insanın bilinçsizliği ve onun neden olduğu acılar bile o evrimin birer parçasıdır. Bitmek bilmeyen acı döngüsüne tahammül edemez bir hale geldiğinizde, uyanmaya başlarsınız. Böylece acı-yumağınız da kaçınılmaz olarak bu büyük resimdeki yerini alır.

MEVCUDİYET

Bir gün, otuz yaşlarında bir kadın beni görmeye gelmişti. Beni selamladığında, kibar ve biraz da yarım yamalak gülümsemesinin ardındaki acıyı hissedebilmiştim. Bana hikayesini anlatmaya başladıktan hemen sonra gülümsemesi bir acı ifadesine dönüştü. Sonra da kontrol edilemez şekilde hıçkırmaya başladı. Kendisini yalnız ve doyumsuz hissettiğini söyledi. İçinde büyük bir öfke ve keder vardı. Çocukken babasının fiziksel şiddetine maruz kalmıştı. Acısının hayatının şu anki koşullarından değil, yüklü bir acı-yumağından kaynaklandığını hemen anlamıştım. Acı-yumağı onun hayata bakış açısında bir filtre görevi görmekteydi. Duygusal acısıyla düşünceleri arasındaki bağlantıyı henüz göremiyordu, çünkü kendisini her ikisiyle de tamamen özdeşleştirmiş durumdaydı. Acı-yumağını düşünceleriyle beslediğinin henüz farkında değildi. Başka bir deyişle, son derece mutsuz olan bir benliğin yüküyle yaşamaktaydı. Buna rağmen, bir noktada acısının kendi içinden kaynaklandığını anlamış ve kendisini bir uyanışa hazır hissetmiş olmalıydı ki, beni görmeye gelmişti.

Ona dikkatini bedeninin içinde hissettiklerine odaklamasını ve duygularını ona mutsuzluk veren düşüncelerinin ve hikayesinin filtresinden geçirmeden doğrudan hissetmesini söyledim. Kendisini mutsuzluktan çıkaracağımı sandığı için bana geldiğini ama benim tam tersine onu yeniden mutsuzluğun içine sokmaya çalıştığımı söyledi ama isteksizce de olsa dediklerimi yaptı. Yaşlar yanaklarından aşağı süzülüyor ve tüm bedeni tir tir titriyordu. "Şu anda, kendinizi işte böyle hissediyorsunuz," dedim. "Şu anda böyle hissetmeniz konusunda yapabileceğiniz hiçbir şey yok. Şimdi, acınıza acı katan bu anın olduğundan farklı olmasını istemek yerine, onu bütünüyle kabul etmeniz mümkün mü?"

Bir an sessiz kaldı. Sonra sabrı tükenmiş ve aniden ayağa kalkacakmış gibi öfkeyle "Hayır," dedi, "bunu kabul etmek istemiyorum." Ona "Bunu söyleyen kim?" diye sordum. "Bunu siz mi söylüyorsunuz, yoksa içinizdeki mutsuzluk mu? Mutsuz olmakla ilgilenen mutsuzluğunuzun, bir başka mutsuzluk katmanı oluşturduğunu görebiliyor musunuz?" Bir an için yine sessiz kaldı. "Sizden bir şey *yapmanızı* istiyor değilim," diye devam ettim. Sizden istediğim tek şey, o duyguların orada kalmasına izin verdiğinizi kabul etmenin mümkün olup olmadığını kendinize sormanız. Başka bir deyişle, bu şekilde sormam belki size tuhaf gelecek ama bu mutsuzluğun sizi rahatsız etmemesi halinde, mutsuzluğa ne olur biliyor musunuz? Bu sorunun yanıtını bulmak istemez misiniz?"

Bir an şaşkınlıkla bana baktı ve birkaç dakika için olduğu yerde sessizce oturmaya devam etti. O anda onun enerji alanında müthiş bir değişiklik olduğunu hissettim. Bana, "Bu çok tuhaf," dedi. "Mutsuzluğum devam ediyor ama şimdi onun etrafında sanki bir boşluk var. Bu alan sayesinde, mutsuzluğum eskisi kadar önemli değilmiş gibi geliyor bana." Birisinden böyle bir ifadeyi ilk kez duyuyordum. Yani, "mutsuzluğumun etrafında bir boşluk var" dendiğini… Bu boş alan, tabii ki kişinin şimdiki an'da yaşadıklarını içsel olarak kabullenmesinden kaynaklanmaktadır.

Ona başka bir şey söylemedim ve bu yaşadığıyla baş başa kalmasına izin verdim. Daha sonra kendisini eski ve acı veren o duyguyla özdeşleştirmekten vazgeçtiği ve tüm dikkatini bir direniş göstermeyi düşünmeden ona odakladığı anda, bu duygunun onun düşüncelerini kontrolü altına alamayacağını ve zihninin "Zavallı Mutsuz Ben" türünde bir hikaye üretemeyeceğini de anlamayı başardı. Hayatı, kişisel geçmişinin ötesine geçen yeni bir boyut kazanmıştı; bu boyut Mevcudiyet boyutuydu. Mutsuz bir hikayesi olmadığı müddetçe mutsuz olması mümkün olmadığına göre, mutsuzluğu da sona ermiş oluyordu. Bu, aynı zamanda acı-yumağının da sonunun başlangıcıydı. Duygu tek başına mutsuzluk getirmez ama duygunun yanında mutsuz bir hikaye de varsa, o zaman mutsuzluğun gelmesi kesindir.

Seansımız sona erdiğinde, başka bir insanın şimdiki an'da mevcut olmasına tanık olmanın doyumunu yaşıyordum, çünkü bana göre insan biçiminde var olmamızın tek nedeni, bu dünyaya bilinçlilik boyutunu getirmektir. Öte yandan, acı-yumağını onunla mücadeleye girişerek değil de, bilincin ışığını ona götürerek yenmenin mümkün olduğuna tanıklık edebildiğim için de ayrıca çok mutluydum.

Ziyaretçim gittikten birkaç dakika sonra, bana bir şey bırakmak için bir dostum ofisime geldi. İçeri girer girmez söylediği şey şuydu: "Burada neler olup bitti? Havada ağır ve bulanık bir enerji var... Adeta midemi bulandırıyor. Bence hemen pencereleri açsan veya bir tütsü yaksan iyi olur." Ona az önce acı-yumağı çok yüklü olan birisinin müthiş bir enerji boşaltmasına tanık olduğumu anlattım ve onun hissettiğinin de muhtemelen seansımızda boşaltılan o enerjinin bir parçası olduğunu söyledim. Ama arkadaşım ofiste daha fazla kalmak ve beni dinlemek istemedi. Bütün istediği oradan süratle ayrılmaktı.

Ben de pencereleri açtım ve yemek yemek için yakındaki küçük bir Hint restoranına gittim. Ofisimde olup bitenler, benim zaten bildiğim bir şeyin açıkça ve bir kez daha teyit edilmesinden başka bir şey değildi. Yani, bireysel gibi görünmekle birlikte, belirli bir düzeyde tüm acı-yumakları birbiriyle bağlantılıdır. Yine de, bu teyidin geliş biçimi beni oldukça şaşırtmıştı.

ACI-YUMAĞININ GERİ GELMESİ

Bir masaya oturdum ve siparişimi verdim. Restoranda sadece birkaç kişi daha yemek yiyordu. Yakınlardaki bir masada, yemeğini bitirmek üzere olan orta yaşlı bir adam vardı. Tekerlekli sandalyede oturmakta olan bu kişi bir ara bakışlarını bir an için ama ısrarla bana dikti. Aradan birkaç dakika geçti. Adam birden huzursuz oldu ve tedirginleşti. Bedeninin orası burası seğirmeye başlamıştı. Garson tabağını almaya geldiğinde, onunla kavga etmeye başladı. "Yemek hiç iyi değildi," diye bağırdı. "Hatta korkunçtu." Garson, "O zaman niye yediniz?" diye sordu. İşte bu yanıt, adamı iyice çileden çıkardı. Haykırmaya ve küfretmeye başladı. Ağza alınmayacak sözcükler ediyordu; içerisi yoğun ve korkunç bir nefret duygusuyla dolmuştu. İnsan, tutunacak bir şey arayan o enerjinin bedeninin tüm hücrelerine hücum ettiğini hissedebiliyordu. Adam bir süre sonra diğer müşterilere de bağırmaya başladı, ama tuhaf bir nedenden dolayı, yoğun bir Mevcudiyet içinde kalmayı tercih eden benimle hiç muhatap olmuyordu. Her insanın içinde olan o evrensel acı-yumağının bana geri gelip şöyle dediğini duyar gibi oluyordum: "Beni mağlup ettiğini sanmıştın değil mi? Bak, ben hâlâ buradayım." Ofisteki seansta boşalan enerji alanından geri kalanların beni restorana kadar takip ettiği ve oradaki en savunmasız ve titreşim frekansı kendisininkine en yakın olan, yani acı-yumağı en yoğun olan kişiyi bulup ona yapışmış olabileceği aklıma geldi.

Restoran müdürü kapıyı açarak, "Haydi gidin buradan, haydi..." dedi. Adam akülü tekerlekli sandalyesiyle, herkesin şaşkın bakışları arasında bir anda dışarı çıkarak yok oldu ama bir dakika sonra geri döndü. Belli ki acı-yumağı henüz doyuma ulaşmamıştı, daha fazlasını istiyordu. Tekerlekli sandalyesiyle ittirerek kapıyı açtı ve bağıra çağıra küfretmeye başladı. Bir garson kız onun içeriye girmesini engellemeye çalıştı, ama adam sandalyeyi hızla ön vitese taktı ve onu duvara çiviledi. Diğer müşteriler ayağa kalkıp adamı geri çekmeye uğraştılar. Her tarafta çığlık sesleri ve bağırış çağırışlar vardı. Tam bir kıyamet kopuyordu sanki... Kısa bir süre sonra polisler geldi, adam sakinleşti. Ona restoranı terk etmesi ve bir daha geri dönmemesi söylendi. Şükür ki garson kız, bacaklarındaki ufak tefek bereler dışında, fazla yaralanmamıştı. Her şey bittikten sonra müdür benim yanıma geldi ve içgüdüsel olarak olayla bir bağlantım olduğunu hissetmiş gibi, şakayla karışık "Bütün bunlara siz mi neden oldunuz?" diye sordu.

ÇOCUKLARDAKİ ACI-YUMAĞI

Çocuklardaki acı-yumağı huysuzluk veya içine kapanma şeklinde tezahür eder. Çocuk asık suratlı olur, etkileşim içine girmeyi reddeder, bir köşeye çekilerek bebeğine sarılır veya parmağını emer. Ağlama krizlerine girdiği veya öfke nöbetleri geçirdiği de olur. Bağırır, çağırır, kendisini yerden yere atar veya bir şeyleri kırar döker. İsteklerin karşılanmaması acı-yumağını tetikleyen bir olaydır ve gelişmekte olan bir egodaki arzulama gücü çok yoğun olabilir. Ebeveynler minik meleklerinin birkaç saniye içinde küçük bir canavara dönüşmesini gözlerine inanamayarak, neler olup bittiğini anlayamadan ve çaresizlik içinde izlerler. "Bu denli mutsuzluk nereden geliyor?" diye de merak ederler. Aslında bu mutsuzluk, kökeni insan egosunun kaynağına kadar inen kolektif acı-yumağından çocuğun payına düşen mutsuzluktan başka bir şey değildir.

Ama çocuk acıyı ebeveynlerinin acı-yumaklarından da almış olabilir. Yani ebeveynlerin kendi içlerindekilerin bir yansımasını çocuklarında görmeleri çok mümkündür. Çok duyarlı olan çocuklar ebeveynlerinin acı-yumaklarından özellikle etkilenirler. Onların delice neden olduğu dramatik olaylara tanık olmak, dayanılması güç duygusal bir acıya neden olur. O yüzden, bu çocukların acı-yumakları ağır olan yetişkinler haline gelmesine de şaşırmamak gerekir. Çocuklar acı-yumaklarını gizlemek için birbirlerine "çocukların önünde münakaşa etmemeliyiz," diyen ebeveynlerinin sözlerine kanmazlar. Bu da, ebeveynlerin nazik olmaya çalışmasına rağmen, evin içinin olumsuz enerjiyle dolması anlamına gelir. Bastırılmış acı-yumakları son derece zehirleyicidir, hatta açıkça hücum halinde olanlardan bile daha tehlikelidir ve bu psişik zehir çocuklar tarafından özümsendiği için onların acı-yumaklarının daha da güçlenmesine neden olur.

Bazı çocuklar egonun ve acı-yumağının varlığını aşırı bilinçsiz ebeveynlerle birlikte yaşadıkları için farkında olmadan öğrenirler. Her iki ebeveyni de güçlü egolara ve ağır acı-yumaklarına sahip olan bir kadın bana, ebeveynlerini çok sevmekle birlikte, birbirlerine bağırıp çağırırlarken onlara bakıp şöyle düşürdüğünü anlatmıştı: "Bunlar delirmiş. O halde, benim burada ne işim var?" Demek ki, böyle yaşam süren insanların deli olduğu konusunda içinde bir farkındalık gelişmiş durumdaydı. Bu farkındalık onun ebeveynlerinden özümsediği acının belirli bir ölçüde azalmasına katkıda bulunmuştu.

Ebeveynler genellikle çocuklarının acı-yumaklarıyla nasıl baş edeceklerini bilemezler. Tabii ki, en öncelikli sorun, kendi acı-yumaklarıyla baş edip edemedikleridir. İlk olarak kendi içlerindeki acı-yumağının farkına varmaları ve acı-yumakları harekete geçtiği vakit, Şimdi'de kalabilmeleri gerekir. Yani duygularını anında fark edip, onlara düşünce düzeyine gelme ve "mutsuz insanlar" yaratma fırsatını tanımamayı öğrenmelidirler.

Çocuk bir acı-yumağı krizine girdiği vakit, duygusal bir tepki vermemek ve Şimdi'de kalarak olaya tanıklık etmek dışında yapabileceğiniz fazla bir şey yoktur. Çocuğunuzun acı-yumağı sizin duygusal tepkilerinizden beslenir. Acı-yumakları son derece dramatik olabilirler. Kendinizi sakın onlara kaptırmayın ve onları fazla ciddiye almayın. Eğer acı-yumağı bir isteğin yerine getirilmemesi nedeniyle harekete geçmişse, o isteği yerine getirerek ona boyun eğmeyi denemeyin. Aksi takdirde çocukta şöyle bir düşünce gelişir: "Ne kadar mutsuz olursam, istediğimi elde etme şansım da o kadar artar." Bu, onun hayatının geri kalan yıllarındaki işlev bozukluğunun temel tarifesidir. Acı-yumağı sizin eylemsizliğiniz karşısında hayal kırıklığına uğrar ve iyice durulmadan önce biraz daha faal hale gelip canınızı sıkabilir. Neyse ki, çocuklardaki acı-yumağı epizotları yetişkinlere oranla genellikle daha kısa sürelidir.

Acı-yumağı yatıştıktan az sonra veya belki de ertesi gün çocuğunuzla konuşabilir ve ona neler olduğunu sorabilirsiniz. Ama neler olduğunu kesinlikle siz *anlatmayın.* Onun yerine sorular sorun. Örneğin, "Dün sana neler oldu ki, öyle bağırıp çağırmaktan kendini alamadın? Bunu hatırlıyor musun? O anda neler hissediyordun? Hissettiğin şey iyi bir duygu muydu? Sana olan şeyin bir adı var mı? Yok mu? Eğer tanımlaman gerekseydi, ona hangi adı verirdin? Görebilmen mümkün olsaydı, sence o neye benzerdi? Bana onun bir resmini yapabilir misin? Buradan gittikten sonra, ona ne oldu? Uyumaya mı başladı? Sence o tekrar geri gelebilir mi?" diye sorun.

Bunlar sorabileceğiniz sorulara sadece birkaç örnek oluşturmaktadır. Bütün bu soruların amacı çocuğun tanıklık etme, yani Şimdi'de olma yeteneğini uyandırmaya yöneliktir ve onun kendisini acı-yumağıyla özdeşleştirmesini engellemesine yardımcı olur. Çocuğunuza kendi acı-yumağınızla ilgili olarak da konuşabilirsiniz ama bunu yaparken onun kullandığı terimleri kullanmaya özen gösterin. Çocuğunuz yine bir acı-yumağı krizine tutulursa, ona "Yine geri geldi, değil mi?" diye sorun. Onunla konuştuğunuzda çocuğunuz ne gibi sözcükler kullanmışsa, siz de onları kullanın. Çocuğunuzun dikkatini kendisini nasıl *hissettiğini* fark etmesine yöneltin. Yaklaşımınıza eleştiri veya kınama değil, ilgi ve merak hakim olmalıdır.

Ancak, bütün bunların acı-yumağını izlediği yoldan hemen vazgeçirmesini bekleyemeyiz. Öyle ki, bazen çocuğunuz sizi hiç dinlemiyormuş gibi bile görünebilir. Yine de, acı-yumağı aktif olduğu vakit bile onun bilincinin bir yerinde az da olsa bir farkındalık mutlaka kalır. Acı-yumağı krizleri birkaç kez yaşandıktan sonra, çocuğunuzun farkındalığı güçlenecek ve acı-yumağı zayıflayacaktır, çünkü o da Şimdi'de olmayı öğrenmeye başlamıştır. Öyle ki, acı-yumağınızın sizi kontrol altına aldığını söyleyerek sizi uyaran kişi günün birinde sizin kendi çocuğunuz olabilir.

MUTSUZLUK

Mutsuzlukların tümünün acı-yumağından kaynaklandığını söyleyemeyiz. Bazı mutsuzluklar yenidir ve şimdiki an'la uyum halinde olmaktan vazgeçtiğiniz anda, yani Şimdi'yi bir şekilde inkar ettiğinizde oluşur. Şimdiki an'ın daima burada ve kaçınılmaz olduğunu fark ettiğiniz vakit, ona kesin bir içsel "evet" der ve sadece kendinize daha fazla mutsuzluk yaratmaktan vazgeçmekle kalmaz, içsel direnişinizin yok olmasıyla birlikte Hayat'ın kendisinden güç alan bir konuma gelirsiniz.

Acı-yumağının mutsuzluğuyla, bu mutsuzluğun görünürdeki nedeni arasında bir orantısızlık vardır. Başka bir deyişle, acı-yumağının mutsuzluğu abartılı bir tepkidir. Bunun böyle olduğunu acı-yumağının hakimiyeti altındaki kişi genellikle bilmez. Ağır bir acı-yumağı olan kişi kederlenmek, öfkelenmek, incinmek, üzülmek veya korkmak için kolaylıkla bir neden bulur. Başkalarının bir gülümsemeyle göz ardı edebileceği veya fark bile etmeyeceği şeyler, bu kişi için önemli bir mutsuzluk kaynağı olur. Tabii ki aslında bunlar asıl nedenler değil, sadece tetikleyici şeylerdir. Bunlar eskiden beri birikmiş olan duyguları yeniden hayata geçirirler. Bu duygular da daha sonra kişinin zihnine yerleşir ve ego-temelli yapıların daha fazla enerji kazanmasına neden olur.

Acı-yumağı ve ego yakın akrabadırlar. Birbirlerine ihtiyaçları vardır. Tetikleyici bir olay veya koşul yoğun şekilde duygusal olan egonun bakış açısıyla yorumlanır ve tepki de ona göre verilir. Yani, bunların önemi tamamen çarpıtılır. Şimdiki an'a içinizdeki duygusal geçmişin gözüyle bakmaya başlarsınız. Diğer bir deyişle, yaşadığınız ve gördüğünüz şeylerin olaydan veya durumdan değil, sizin kendi içinizden kaynaklandığını sanırsınız. Olaya ve duruma verdiğiniz tepkiyle onları abartırsınız. Bu tepki ve bu abartma tam da acı-yumağının kendisini beslemek için istediği ve ihtiyacı olan şeydir.

Ağır bir acı-yumağının tutsağı durumunda olan bir kişinin, kendi çarpıttığı yorumun, yani yoğun şekilde duygusal olan "hikayesi"nin dışına çıkması mümkün değildir. Bir hikayede ne kadar çok olumsuz duygu varsa, o hikaye o kadar ağır ve anlaşılmaz bir hale gelir. Hikaye, hikaye olmaktan çıkar ve gerçek olarak algılanmaya başlanır. Düşüncelerinizin ve onlara eşlik eden duyguların hareketi içinde tamamen hapis kaldığınız vakit, dışarıya adım atmak sizin için imkansız hale gelir çünkü siz bir "dışarısı" olduğunu bile bilmiyorsunuzdur. Kendi filminizin veya rüyanızın içinde esir olmuş ve kendi cehenneminizde sıkışıp kalmışsınızdır. Sizin için gerçek budur ve başka tür bir gerçeklik olası değildir. Size göre, verdiğiniz tepki verilebilecek tek tepkidir.

ACI-YUMAĞIYLA ÖZDEŞLEŞMEKTEN KURTULMAK

Acı-yumağı güçlü ve aktif olan kişiler, başkalarının son derece rahatsız eden özel bir tür enerji yayarlar. Karşılaştıkları kişilerin bazıları hemen oradan uzaklaşmak ve onlarla olan etkileşimlerini asgari düzeyde tutmak isterler. O kişilerin enerji alanından tiksinirler. Diğer bazıları ise, onlara karşı bir saldırganlık duygusu içine girerler ve kabalaşırlar, hatta bazı durumlarda, sözel ve hatta fiziksel şiddet bile gösterirler. Bu, onların içinde de diğer kişinin acı-yumağıyla aynı frekanstaki bir titreşimin mevcut olduğu anlamına gelir. Yani, o kadar şiddetle karşı koydukları o şey, kendi içlerinde de vardır. O şey, onların kendi acı-yumaklarıdır.

Güçlü ve sık sık harekete geçen acı-yumaklarına sahip olan kişilerin kendilerini sıklıkla çatışmalı durumlarda bulmalarına o yüzden hiç şaşmamak gerekir. Bazen bu durumları kendilerinin tetiklediği de olur. Ama diğer bazı zamanlarda, hiçbir şey yapmalarına gerek kalmaz. Neşrettikleri olumsuzluk düşmanca bir hava yaratmak ve çatışmayı körüklemek için yeterlidir. Böylesine aktif bir acı-yumağı olan bir kişiyle karşılaşıldığında tepki vermemek için, yüksek düzeyde bir Mevcudiyet durumu gerekebilir. Eğer bunu başarabilirseniz, diğer kişinin de kendisini acı-yumağıyla özdeşleştirmesini engellemiş ve onun ani bir uyanış içine girmesine yardımcı olmuş olursunuz. Bu uyanış kısa süreli olabilir ama en azından farkındalık sürecini başlatmış olursunuz.

Ben bu tür bir uyanışa ilk kez yıllar önce tanıklık ettim. Bir gece saat on bire doğru kapım çalındı. Dahili telefondan komşum Ethel'in "Konuşmamız gerek. Çok önemli. Lütfen izin verin, içeriye gireyim," diyen kaygılı sesi geliyordu. Ethel orta yaşlı, zeki ve çok eğitimli bir kadındı. Ama güçlü bir egosu ve güçlü bir acı-yumağı vardı. Genç bir kızken Nazi Almanya'sından kaçmış ve ailesinden pek çok kişiyi temerküz kamplarında kaybetmişti.

Ethel çok tedirgindi, elleri titreyerek divana oturdu. Yanındaki dosyanın içindeki mektupları ve belgeleri çıkardı ve bunları divanın üzerine ve yere yaydı. O anda, sanki bir şalter tüm bedenimin içini anormal bir güçle doldurmuş gibi tuhaf bir hisse kapıldım. Açık ve uyanık olmaktan ve tüm hücrelerimle Şimdi'de kalmaktan ve olaya tanıklık etmekten başka yapabileceğim bir şey yoktu. Hiçbir şey düşünmeden ve herhangi bir şekilde yargılamadan ona baktım ve herhangi zihinsel bir yorumda bulunmadan onu dinledim. Sözcükler Ethel'in ağzından seller gibi dökülüyordu. "Bugün bana taciz edici bir mektup daha geldi. Bana karşı adeta bir kan davası güdüyorlar. Bana yardım etmelisiniz. Onlarla birlikte mücadele etmeliyiz. Onların sahterkar avukatlarının kimseden korkusu yok. Evimi kaybedebilirim. Beni evime el koymakla tehdit ediyorlar."

İşin aslında, bina yöneticilerinin bazı tamirat işlerini yapmamakta direnmesi üzerine, Ethel'in aidat parasını ödememesi yatıyordu. Ethel parayı ödemeyince, onlar da onu dava etmekle tehdit etmişlerdi.

Ethel bir on dakika kadar konuştu. Ben de oturduğum yerden öylece bakarak onu dinledim. Birden konuşmayı kesti ve bir rüyadan uyanmış gibi şaşkınlıkla etrafındaki kağıtlara baktı. Sonra sakinleşerek her zamanki kibar haline geri döndü. Sonra bakışlarını bana çevirerek şöyle dedi: "Aslında bu hiç önemli bir şey değil, öyle değil mi?" Ben de ona, "Hayır, değil," dedim. Ethel birkaç dakika daha sessizce oturdu ve sonra kağıtlarını toplayıp evine gitti. Ertesi gün sokakta beni durdurdu ve biraz da şüpheyle yüzüme bakarak "Bana dün ne yaptınız?" diye sordu. "Dün gece yıllardan beri ilk kez deliksiz uyudum. Hatta bebekler gibi uyudum bile diyebilirim."

Ethel benim ona "bir şeyler" yaptığıma inanıyordu, oysaki ben ona hiçbir şey yapmamıştım. Aslında ona ne yaptığımı sormak yerine, ne yapmadığımı sorması daha yerinde olurdu. Ona tepki vermemiş, hikayesinin gerçekliğini onaylamamış, onun zihnini daha fazla düşünceyle beslememiş ve acı-yumağını daha fazla duyguyla doldurmamıştım. O anda yaşadığı şeyleri yaşamasına izin vermiştim, çünkü izin vermenin gücü müdahale etmemekte ve hiçbir şey yapmamakta saklıdır. Şimdi'de yaşamak, zaman zaman sözcükler ve eylemler gerektirse de, söylenebilecek veya yapılabilecek her şeyden her zaman çok daha fazla etkilidir.

Ethel'e olanlar henüz kalıcı bir değişim sağlamaktan uzaktı ama onun nelerin mümkün olabileceğine ve içinde nelerin mevcut olduğuna bir bakış atmasını sağlamıştı. Zen felsefesinde, bu bir anlık bakışa *satori* denilir. Satori, bir Mevcudiyet anıdır ve bir an için zihninizdeki sesten, düşünme sürecinden ve bunların bedende duygu olarak kendilerini göstermesinden uzaklaşmaktır. Daha önce bir düşünce dağınıklığının ve duygu karmaşasının bulunduğu yerde, içsel bir ferahlık alanının açılmasıdır.

Düşünen zihin Mevcudiyet'in ne anlama geldiğini anlamaz ve o yüzden de onu sıklıkla yanlış yorumlar. Sizin ilgisiz ve mesafeli davrandığınızı, merhametten yoksun olduğunuzu ve bağ kuramadığınızı söyler. Aslında, sizin kurduğunuz bir bağ vardır ve bu bağ düşünce ve duygu düzeyinden çok daha derinlerde olan bir bağdır. Nitekim o düzeydeyken gerçek bir kavuşma, bağ kurmanın da ötesinde olan gerçek bir birleşme söz konusudur. Mevcudiyet'in dinginliğindeyken, kendi içinizdeki ve diğer kişinin içindeki biçimi olmayan o özün bir bütün haline geldiğini hissedersiniz. Gerçek sevgi, gerçek ilgi ve gerçek merhamet, o kişiyle "bir" olduğunuzu bilmektir.

TETİKLEYİCİLER

Bazı acı-yumakları, yalnızca geçmişte yaşanmış derin bir duygusal acıyla bağlantılı olan belirli bir şeye veya duruma tepki gösterir. Örneğin, sürekli olarak para konularının tartışıldığı ve o yüzden çatışmaların yaşandığı bir aileden gelen bir çocuğun kafası hep ebeveynlerinin parayla ilgili korkusuyla meşguldür, yani onun maddi konular söz konusu olduğunda tetiklenen bir acı-yumağı vardır. Böyle bir çocuk yetişkin olduğunda, çok cüzi miktardaki paralar söz konusu olduğunda bile allak bullak olur ve öfkelenir. Bu durumun gerisinde, aslında hayatta kalma dürtüsü ve yoğun bir korku vardır. Diğer insanlarla karşılaştırıldığında nispeten daha bilinçli olduklarını bildiğim pek çok kişinin, bankerleriyle veya emlakçılarıyla telefonda konuşurken bağırıp çağırdıklarına, onları suçladıklarına veya itham ettiklerine tanık olmuşumdur. Bana kalırsa, bütün banknotların ve hesap özetlerinin üzerine, aynen sigara paketlerinin üzerindekiler gibi "Para, acı-yumağını tetikleyebilir ve tam bir bilinçsizliğe neden olabilir," türünde bir uyarı koyulmalıdır.

Çocukken bir veya her iki ebeveyni tarafından ihmal veya terk edilmiş olan kişilerin acı-yumağı, büyük bir olasılıkla terk edilmeyi çağrıştıran en küçük bir olayla bile tetiklenecektir. Örneğin onları havaalanından alması gereken bir dostun biraz gecikmesi veya eşlerinin eve biraz geç gelmesi, bu kişilerde ciddi bir acı-yumağı krizine yol açabilir. Onların eşlerinin veya hayat arkadaşlarının ölmesi veya onları terk etmesi durumunda yaşadıkları duygusal acı, bu tür olaylarda hissedilmesi doğal olan acının çok ötesindedir ve derin bir elem, uzun süreli ve elden ayaktan düşüren türde bir depresyon veya takıntılı öfke şeklinde tezahür edebilir.

Çocukluğunda babasının fiziksel tacizine maruz kalan bir kadının acı-yumağı, herhangi bir erkekle yakın ilişkiye girdiği vakit hemen harekete geçer. Acı-yumağını oluşturan bu duygunun, onu acı-yumağı babasınınkine benzeyen bir erkeğe doğru itmesi de mümkündür. Bu kadının acı-yumağı kendisine aynı acıdan bir miktar daha verecek olan birisine karşı mıknatıs gibi çekilir. Bu acı, bazen kişinin kendisini aşık olmuş gibi hissetmesi gibi yanlış yorumlar yapmasına da neden olabilir.

İstenmeyen bir çocuk olarak dünyaya gelen, kendisine sevgi verilmeyen ve annesinin ilgisine ve dikkatine mazhar olamayan bir erkek düşünün. Çocukken bu kişinin içinde, bir yandan annesinin sevgisine ve ilgisine karşı duyduğu yoğun özlemle yanıp tutuşan, diğer yandan da bu denli özlemini çektiği bir şeyi kendisinden esirgeyen annesine karşı yoğun bir nefret duygusu içinde bocalayan ve çelişkiler içinde kıvranan bir acı-yumağı oluşmuştur. Yetişkin olduğunda, karşılaştığı hemen hemen her kadın onun acı-yumağının ihtiyacını, yani duygusal acısını tetikler. Bu erkek, o yüzden karşısına çıkan her kadını "fethetme ve baştan çıkarma" bağımlısı olur. Böylece acı-yumağının açlığını, bir kadından gelmesini beklediği sevgi ve ilgiyle tatmin etme yoluna gider. Bu konuda uzmanlaşabilir ama ilişkiler yakınlaşmaya yüz tuttuğu vakit veya yaptığı kur kabul görmediği takdirde, acı-yumağının annesine karşı duyduğu öfke harekete geçer ve ilişkiyi sabote eder.

Acı-yumağınızı, kendisini tam belli ettiği anda fark ederseniz, başkalarının söylediği veya yaptığı şeylerin içinde onu en çok nelerin veya hangi koşulların harekete geçirdiğini de hemen öğrenebilirsiniz. Bu tetikleyici koşullar oluştuğu vakit, onları oldukları gibi görmelisiniz. Yüksek bir farkındalık durumuna ancak öyle geçebilirsiniz. Birkaç saniye sonra da, kendisini duygusal bir tepkiyle belli eden acı-yumağının harekete geçtiğini fark edeceksiniz, ama uyanık bir Mevcudiyet durumunda kaldığınız takdirde onunla kendinizi özdeşleştirmez ve onun kontrolü altına girmezsiniz. Böylece, onun da sizin zihninizin içindeki ses haline gelmesi mümkün olamaz. O anda eşiniz veya hayat arkadaşınızla birlikteyseniz, ona "Senin az önce söylediğin (veya yaptığın) bir şey benim acı-yumağımı harekete geçirdi," diyebilirsiniz. Hatta onunla şöyle bir anlaşma yapabilirsiniz: Biriniz diğerinin acı-yumağını tetikleyecek bir şey yaptığı veya söylediği takdirde, birbirinize bunu söyleyin. Böylece, acı-yumağı ilişkilerinizdeki dramatik gelişmelerden etkilenmez ve sizi bilinçsizliğe sürüklemek yerine, tamamen an'da kalmanıza yardımcı olur.

Acı-yumağı harekete geçer geçmez Şimdi'de olmayı başarırsanız, onun olumsuz duygusal enerjisinin bir kısmı yanıp gider ve o da an'ın bir parçası haline gelir. Acı-yumağının geri kalanı da süratle kendisini geri çeker ve harekete geçmek, yani sizin daha az bilinçli olduğunuz vakti yakalamak için karşısına daha iyi bir fırsatın çıkmasını beklemeye koyulur. Örneğin birkaç kadeh attıktan veya şiddet içeren bir film seyrettikten sonra şimdiki an'da olma durumunu kaybederseniz, acı-yumağınız beklediği o daha iyi fırsatı yakalamış olur. Öyle bir durumda, tedirginlik veya kaygı duymak gibi en küçük bir olumsuz duygu, acı-yumağının geri dönmesi için kapıları açabilir. Acı-yumağının sizin bilinçsiz olmanıza ihtiyacı vardır, çünkü onun tahammül edemediği tek şey Mevcudiyet'in ışığıdır.

BİR UYANDIRICI OLARAK ACI-YUMAĞI

İlk bakışta, acı-yumağı insanlığın yeni bilincinin yükselişindeki en büyük engelmiş gibi görünebilir. Zihninizi istila etmiştir, düşüncelerinizi kontrol etmekte, çarpıtmakta ve ilişkilerinizi bozmaktadır. Tüm enerji alanınızı kaplayan kapkara bir bulut gibidir. Sizi ruhsal anlamda bilinçsiz davranışlara sevk etme, yani kendinizi zihninizle ve duygularınızla özdeşleştirmenize yol açma eğilimindedir. Tepkisel davranarak içinizdeki ve dünyadaki mutsuzluğu arttırmaya yönelik şeyler söylemenize ve yapmanıza neden olmaktadır.

Ne var ki, mutsuzluğunuz ne kadar artarsa, hayatınızda da o ölçüde aksamalar ve kopmalar oluşur. Beden daha fazla stresi kaldıramayacak bir duruma gelir ve o yüzden de bir hastalık veya bir tür işlev bozukluğu geliştirir. Acı-yumağınız kötü bir şey olmasını arzuladığı için bir kaza geçirebilir, kendinizi büyük bir çatışmanın veya dramatik olayların içinde bulabilir veya fiziksel şiddet uygulayan bir kişi haline gelebilirsiniz. Veya birden her şey size fazla gelmeye başlar ve kendinizi mutsuz benliğinizle birlikte yaşayamayacakmış gibi hissedersiniz. Tabii ki, o sahte benliğin bir parçası da sizin acı-yumağınızdır.

Acı-yumağınız sizi kontrol etmeye başladığı ve siz de onu olduğu şekliyle kabul etmediğiniz vakit, o sizin egonuzun bir parçası olur. Kendinizi neyle özdeşleştirirseniz, o sizin egonuza dönüşür. Acı-yumağı egonun kendisini özdeşleştirdiği en güçlü şeylerden biridir, çünkü acı-yumağının kendisini tazelemek için egoya ihtiyacı vardır. Yine de, bu kötü ittifak bir noktada bozulur. Acı-yumağı, ego-temelli zihinsel yapılar için fazla ağır bir hale gelir ve elektrik akımıyla güç kazanan bir aletin aşırı yüksek voltaj nedeniyle arızalanması gibi, bu yapılar da onlara sürekli olarak enerji yükleyen acı-yumağının saldırıları nedeniyle, sonunda yıpranmaya ve aşınmaya başlarlar.

Yoğun bir acı-yumağına sahip olan kişiler, çoğu kez hayatın dayanılmaz olduğunu ve daha fazla acıya veya dramatik olaya tahammül edemeyeceklerini düşündükleri bir noktaya gelirler. Bunu bir kadın son derece açık ve yalın bir şekilde şöyle ifade etmişti: "Mutsuz olmaktan bıktım usandım." Bazı insanlar, bir zamanlar benim de başıma geldiği gibi, artık kendileriyle yaşamayacaklarını düşünürler. İçsel huzur onlar için en öncelikle konu haline gelir. Akut duygusal acıları, onları zihinlerinin içeriğiyle ve "mutsuz ben"in oluşmasına neden olan zihinsel-duygusal yapılarla özdeşleşmekten vazgeçmeye zorlar. Böylece onlar da mutsuz hikayelerinin ve hissettikleri duygunun gerçek kimlikleriyle ilgili olmadığını anlarlar. Bilinen değil, bilen olduklarının farkına varırlar ve acı-yumakları onları bilinçsizliğe çeken değil, uyandıran, yani Mevcudiyet durumuna zorlayan belirleyici bir faktör olur.

Yine de günümüzde gezegenimizde tanık olmakta olduğumuz eşi emsali görülmemiş bilinçlilik dalgası nedeniyle, pek çok insanın acı-yumaklarından kurtulmak için artık o denli akut bir acı çekme sürecinden geçmesi gerekmemektedir. Bu insanlar kendilerinde herhangi bir işlevsel-bozukluk hissettikleri anda, bir *seçim* yapabilmekte, yani düşünceleriyle ve duygularıyla özdeşleşmekten vazgeçebilmekte ve Mevcudiyet durumuna girmeyi başarabilmektedirler. Onların yaptığı şey, direnmeyi bırakmak, dingin ve dikkatli olmak ve hem içsel, hem de dışsal olarak olanla "bir" olmaktır.

İnsan evriminin bir sonraki adımı "kaçınılamaz" değildir, ama gezegenimizin tarihinde ilk kez olarak bu adım, bilinçli bir seçimle atılabilecektir. Seçimi yapan kimdir? Sizsiniz. Peki siz kimsiniz? Kendi bilincine varan bilinç…

ACI-YUMAĞINDAN KURTULMAK

İnsanlar çok sıklıkla "Acı-yumağından kurtulmak ne kadar sürer?" diye sorarlar. Tabii ki, bu sorunun yanıtı kişinin acı-yumağının olduğu kadar, onun Mevcudiyet durumunun yoğunluğuna ve derecesine de bağlıdır. Ama şunu da bilmek gerekir ki, kendinizde ve başkalarında yol açtığınız ıstırap, acı-yumağınızdan değil, sizin kendinizi onunla özdeşleştirmenizden kaynaklanmaktadır. Geçmişi size tekrar tekrar yaşatan ve sizi bir bilinçsizlik durumu içinde bırakan şey acı-yumağınız değil, kendinizi onunla özdeşleştirmiş olmanızdır. O yüzden asıl sorulması gereken soru şudur: "Acı-yumağıyla özdeşleşmekten kurtulmak ne kadar sürer?"

Ve bu sorunun yanıtı da şöyledir: Hiç sürmez. Acı-yumağıyla özdeşleşmekten kendinizi kurtarmak için yapmanız gereken tek şey, acı-yumağı harekete geçtiği vakit içinizde hissettiğiniz şeyin acı-yumağı olduğunu bilmektir. Ve onunla özdeşleşmekten vazgeçtiğiniz anda da, dönüşüm başlar. Bu bilgi, eski duyguların zihninizde canlanmasını ve onların sadece içsel diyaloglarınızı değil, eylemlerinizi ve başkalarıyla olan etkileşimlerinizi de kontrol altına almalarını önler. Bu da, acı-yumağınızın sizi artık kullanamayacağı ve sizden beslenemeyeceği anlamına gelir. O eski duygular içinizde bir süre daha yaşamaya devam edecek ve dönem dönem size rahatsızlık verecektir. Hatta sizi bazen onunla tekrar özdeşleşmek için kandırmaya ve bilincinizi gölgelemeye çalışacaktır, ama bunu ancak kısa bir süre için yapabilir. O eski duyguları durumlara yansıtmamak demek, onlarla doğrudan kendi içinizde yüzleşiyorsunuz demektir. Bu çok hoşunuza gitmeyebilir ama sizi öldürmez de... Mevcudiyetiniz, onu kontrol altına almak için yeter de artar bile. Unutmayın ki, duygularınız gerçek siz değildir.

İçinizdeki acı-yumağının harekete geçtiğini hissettiğiniz vakit, kendinizde bir sorun olduğunu düşünmek gibi bir hata yapmayın. Egonun bayıldığı şeylerden biri de, kişinin kendisini bir soruna dönüştürmesidir. Farkındalığın arkasından kabul etme durumu gelmelidir. Kabul etmenin dışındaki her şey onu yeniden örtüp gizleyecektir. Kabul etmek demek, o anda hissettiklerinizi hissetmek için kendinize izin vermeniz demektir. Şimdi'nin olmazsa olmazı budur, yani bir şeyin şu anda nasılsa öyle olduğunu ve bunu değiştirmek için yapabileceğimiz bir şeyin olmadığını kabul etmektir. Bir şeyin o anda nasıl ve neden öyle olduğunu tartışmak mümkün değildir. Tamam, belki de tartışabilirsiniz ama bu size acıdan başka bir şey vermez. Halbuki kabul etmekle, gerçekte ne iseniz o olursunuz, yani uçsuz bucaksız, engin... Egonun algıladığı gibi herhangi bir şeyin parçası değil, bütünün kendisi olursunuz ve Tanrı'nın doğasıyla bir olan gerçek doğanız ortaya çıkar.

YEDİNCİ BÖLÜM

GERÇEKTE KİM OLDUĞUNUZU BULMAK

Gnothi Seauton – Kendini Bil. Bu sözler, kutsal Kâhin'in mekanı olan Delphi'deki Apollo Tapınağı'nın girişinde yazılıdır. Eski Yunan'da, insanlar kendilerini nasıl bir yazgının beklediğini veya belirli bir durumda nasıl davranmaları gerektiğini öğrenmek için bu Kâhin'i ziyaret ederlerdi. Binanın içine girerken bu yazıyı okuyanların pek çoğu, büyük bir olasılıkla onun Kâhin'in söylediğinden bile daha derin bir gerçeği yansıttığını fark etmiyorlardı. "Kendini Bil" öğüdünde gizli olan gerçeği göremedikleri müddetçe de, onlara ne kadar büyük bir ilham veya gerçekle ilgili ne kadar bilgi verirse versin, bu sözcüklerin sonuçta hiçbir faydasının olmayacağını ve onları daha fazla mutsuzluktan ve kendi ürettikleri acılardan kurtaramayacağını da anlamaları mümkün değildi. Aslında bu sözcüklerin barındırdığı anlam şuydu: Herhangi başka bir soru sormadan önce, hayatınızla ilgili en temel soruyu sorun: Ben kimim?

Hayatları boyunca bilinçsiz ve egolarının tutsağı olarak yaşayan pek çok insan kim olduklarını size bir çırpıda söyleyeceklerdir: Adım şu, mesleğim bu, kişisel hikayem şöyle, bedenimin şekli böyle diyecekler ve kendilerini özdeşleştirdikleri pek çok şeyi size anlatacaklardır. Diğer bazıları ise, kendilerini ölümsüz ruhlar olarak gördükleri için, onlara göre biraz daha evrimleşmiş gibidirler. Ama kendilerini gerçekten tanıyorlar mı, yoksa zihinlerinin içeriğine onlara spiritüelmiş gibi görünen belirli kavramlar mı eklemişlerdir? Kendini bilme, bir dizi fikir veya inanışı benimsemenin çok daha derinlerine uzanan bir olaydır. Spiritüel fikirler ve inanışlar olsa olsa kişiye bazı faydalı işaretler verebilir, ama sizin gerçek kimliğinizi oluşturduğunu sandığınız ve insan zihninin şartlanmasına neden olan kemikleşmiş temel kavramları yerlerinden sökme gücüne sahip değillerdir. Kendinizi bilmenin, zihninizin içinde dönüp duran fikirlerle hiçbir ilgisi yoktur. Kendinizi bilmenin kökü zihninizin içinde kaybolmakta değil, Var'lıkta yatmaktadır.

KİM OLDUĞUNUZU DÜŞÜNÜYORSUNUZ?

Kimlik duygunuz, ihtiyaçlarınızı ve sizin için hayatta nelerin önemli olduğunu belirlemenizi sağlar. Sizin için hayatta önemli olan şeyler, sizi üzme ve rahatsız etme gücüne sahip olan şeylerdir. Bunu kendinizi ne ölçüde tanıdığınızı anlamak için bir ölçüt olarak kullanabilirsiniz. Sizin için önemli olan şeylerin, ille de söylediğiniz veya inandığınız şeyler olması gerekmez; asıl önemli olan şeyler, eylemlerinizin ve verdiğiniz tepkilerin sizi önemi ve ciddiyeti konusunda uyardığı şeylerdir. Dolayısıyla kendinize şu soruyu sorabilirsiniz: "Beni üzen ve rahatsız eden şeyler nelerdir? Eğer sizi küçük şeyler bile rahatsız ediyorsa, o zaman siz de tam öylesiniz demektir, yani küçük... Bilinçaltındaki inanışınız böyle olacaktır. Peki, küçük şeylerden kastımız nedir? Sonuçta, her şey küçük şeydir, çünkü her şey geçicidir.

Şöyle diyebilirsiniz: "Ben ölümsüz bir ruh olduğumu biliyorum," veya "Bu deli dünyadan bıktım usandım, istediğim tek şey huzur." Tam o sırada telefon çalar. Kötü bir haber alırsınız: Borsa çökmüştür; yapmayı umduğunuz bir iş anlaşması suya düşmüştür; arabanız çalınmıştır; kaynananız gelmiştir; yolculuk iptal edilmiştir; yaptığınız bir sözleşme bozulmuştur; ortağınız sizi terk etmiştir; birileri sizden yüklüce bir para sızdırmak istemektedir; birileri sizi suçlamaktadır... Aniden sizi korkunç bir öfke veya kaygı duygusu sarıp sarmalar. Sesiniz kısılır: "Artık dayanamayacağım," dersiniz. Başkalarını suçlarsınız, onları itham edersiniz, onlara karşı hücuma geçersiniz ve kendinizi savunmaya veya haklı göstermeye girişirsiniz... Ve bütün bunlar otomatik pilota takılmış gibi kendiliğinden oluşur. Açıkça belli olur ki, huzurdan başka bir şey istemediğinizi az önce ifade etmenize rağmen, sizin için ondan çok daha önemli olan şeyler de varmış. Ayrıca, siz ölümsüz bir ruh filan da değilmişsiniz. İş anlaşması, para, sözleşme, kayba uğrama veya kayba uğrama tehlikesi meğerse daha önemliymiş. Kim için? Az önce olduğunuzu ifade ettiğiniz o ölümsüz ruh için mi? Hayır, "ben" için. Geçici şeylerle tatmin olma güvencesini arayan ve onu bulamadığı için öfkelenen ve kaygılanan o "küçük ben" için. Eh, sanırım en azından şimdilik kim olduğunuzla ilgili olarak aslında ne düşündüğünüzü öğrenmiş bulunuyorsunuz.

Eğer istediğiniz gerçekten de huzur ise, o zaman başka şeyi değil huzuru seçersiniz. Eğer huzur sizin için her şeyden daha önemliyse ve "küçük ben" değil de "ölümsüz ruh" olduğunuzu gerçekten biliyorsanız, tepkiselliği bırakır, size meydan okuyan kişilerle ve durumlarla karşılaştığınızda mutlak bir uyanıklık içinde olursunuz. İçinde bulunduğunuz durumu hemen kabul eder ve kendinizi ondan ayırmak yerine, onunla bütünleşmeyi seçersiniz. Bu uyanıklığınız sayesinde aradığınız yanıtı da bulursunuz: Yanıtı veren, olduğunuzu sandığınız kimlik değil (küçük ben), asıl kimliğinizdir (bilinciniz). Bu kimlik, son derece güçlü ve etkili olduğu için, hiçbir kişiyi veya durumu düşmanı olarak görmez.

Kimliğinizle ilgili olarak kendinizi uzun süre aldatamazsınız, çünkü etrafınızdaki dünya sizin için nelerin önemli olduğunu gördüğünüzden emin olana kadar, ne gerekiyorsa onu yapacaktır. Özellikle de size meydan okuyan ve zorluk çıkaran insanlara ve durumlara verdiğiniz tepkiler, kendinizi ne ölçüde, hangi derinlikte tanıdığınızın güzel bir göstergesi olacaktır.

Kendinizi ne kadar dar ve ego-temelli bir bakış açısıyla görüyorsanız, diğer insanların bilinçsizliği ve yetersizlikleri o kadar gözünüze çarpar, odak noktanız haline gelir ve onlara o denli tepki gösterirsiniz. Onların "hataları" veya hata olarak tanımladığınız şeyler, size onların kimlikleriymiş gibi gelir. Yani, onların sadece egolarını görür ve böylece kendi egonuzu güçlendirirsiniz. Başkalarının egolarının "ötesine" bakmak yerine, onların tam "içine" doğru bakarsınız. Daha doğrusu, o egolara bakan kimdir biliyor musunuz? Sizin içinizdeki egonun ta kendisi...

Aşırı bilinçsiz insanlar kendi egolarını, başka insanlardaki yansımaları gözlemleyerek deneyimlerler. Başkalarında tepki gösterdiğiniz şeyin sizde de (ve bazen sadece sizde) mevcut olduğunu fark ettiğiniz vakit, kendi egonuzun da farkına varırsınız. O aşamada, başkalarının size yaptığını düşündüğünüz şeyleri, sizin de başkalarına yapmakta olduğunuzun ayırdına varırsınız. Böylece, kendinizi bir kurban olarak görmekten vazgeçersiniz.

Siz egonuz değilsiniz, o yüzden içinizdeki egoyu fark etmiş olmanız, kim olduğunuzu değil, kim *olmadığınızı* bildiğiniz anlamına gelir. Ama kim olmadığınızı bilirseniz, kim olduğunuzu bilmenizi önleyen en önemli engel ortadan kalkmış olur.

Hiç kimse size kim olduğunuzu söyleyemez. Eğer söylerse, bu bir diğer kavram olur ve sizi değiştirmez. *Kim olduğunuz* herhangi bir kanaat gerektirmez. Nitekim her kanaat, bir engeldir. Siz her kimseniz, o'sunuz. Bunu sizin bile fark etmeniz gerekmez. Ama bir farkındalık içine girmezseniz, gerçek kimliğiniz bu dünyada kendini belli edemez ve açığa çıkamadan kalır. Aslında, onun o kaldığı yer sizin gerçek yuvanızdır ama bu durum bankadaki hesabında 100 milyon doları olduğunu bilmeyen ve zenginliği açıklanmamış bir potansiyel olarak kalan sözde fakir birinin durumuna benzer.

BOLLUK

Kim olduğunuzla ilgili olarak düşündükleriniz, aynı zamanda başkalarının size karşı sergilediğini düşündüğünüz davranışlarla da yakından bağlantılıdır. Pek çok kişi, başkalarının onlara karşı yeterince iyi davranmadığından şikayet eder ve "Bana hiç saygı ve ilgi göstermiyorlar, benim farkımda bile değiller, beni takdir etmiyorlar," derler. "Beni çantadaki keklik gibi görüyorlar," diye sızlanırlar. Ama insanlar onlara iyi davrandığı vakit de, bu davranışların gerisinde gizli bir güdü ararlar. "Başkaları beni güdülemek, benden yararlanmak istiyor. Kimse beni sevmiyor," derler.

Bu kişilerin kendileriyle ilgili düşünceleri şöyledir: "Ben, ihtiyaçları karşılanmayan zavallı bir "küçük ben"im. Kimlikleriyle ilgili, temelde yanlış olan bu kanı, onların tüm ilişkilerinde bozulmalara neden olur. Bu kişiler, kimseye verecekleri bir şeyleri olmadığına ve dünyanın veya diğer insanların ihtiyacı olan şeyleri onlardan esirgediğine inanırlar. Onların tüm gerçekliği, hayal ürünü olan sahte bir kimlik duygusu üzerine kurulmuştur. Bu sahte kimlik tüm olayları sabote eder, tüm ilişkileri sakatlar. Eğer para, itibar veya sevgi açısından bir eksikliğiniz olduğu düşüncesi sahip olduğunuzu düşündüğünüz kimliğin bir parçası olmuşsa, bu eksikliği her zaman hissedeceksiniz demektir. Hayatınızda zaten var olan iyi olan şeyleri fark etmezseniz, tüm gördüğünüz şey eksiklikler olur. Halbuki onları fark etmek, hayatınıza bolluk ve bereket getirir. Gerçek şudur: "Dünyanın sizden esirgediğini sandığınız ne varsa, aslında onlar sizin dünyadan esirgediklerinizdir. Siz onları dünyadan esirgiyorsunuz, çünkü içinizden, küçük olduğunuzu ve verecek hiçbir şeyiniz olmadığını düşünüyorsunuz.

Şunu birkaç hafta boyunca deneyin ve gerçek hakkındaki görüşlerinizin nasıl değiştiğini görün: İnsanların övgü, takdir, yardım, sıcak ilgi gibi, sizden esirgediklerini düşündüğünüz her ne var ise, siz onlara verin. Bunların sizde olmadığını mı söylüyorsunuz? Varmış gibi davranın, o zaman onlar da kendiliklerinden geleceklerdir. Hem de siz vermeye başladıktan hemen sonra... Vermediğiniz bir şeyin size gelmesini bekleyemezsiniz. Dışa akış, içe akışı belirler. Başkalarının sizden esirgediğini sandığınız her şey aslında sizde mevcuttur ama siz bunların dışarıya akmasına izin vermezseniz, onlara sahip olduğunuzun farkına bile varmazsınız. Buna bolluk da dahildir. Bolluğun kaynağı sizin dışınızda değildir. O, kim olduğunuzun bir parçasıdır. Yine de, kendi dışınızdaki bolluğa bakıp, onu takdir ederek işe başlayın. Etrafınızdaki yaşamın ne kadar dolu olduğunu görün. Teninize değen güneşin sıcaklığını hissedin, bir çiçekçi dükkanının önünde sergilenen muhteşem çiçekleri seyredin, dişlerinizi geçirdiğiniz sulu bir meyvenin tadını alın ve gökyüzünden dökülen suyla sırılsıklam olun. Hayatın doluluğunu her attığınız adımda gözleyebilirsiniz. Etrafınızdaki o bolluğu fark etmeniz, içinizde uyumakta olan bolluğu da uyandıracaktır. Ondan sonra o bolluğu dışa doğru akıtın. Bir yabancıya gülümsediğinizde bile, küçük de olsa bir enerji akışı olur ve siz veren kişi olursunuz. Kendinize sıklıkla şu soruyu sorun: "Burada ben ne verebilirim; falanca kişiye nasıl bir hizmet sunabilirim, filanca duruma nasıl yardımcı olabilirim?" Kendinizi bolluk içinde hissetmek için herhangi bir şeye sahip olmanız bile gerekmez, ama kendinizi bolluk içinde hissettiğiniz vakit, pek çok şey ve sürekli olarak size doğru akmaya başlayacaktır. Bolluk sadece ona sahip olanlara gelir. Bu size haksızlık gibi gelebilir ama aslında değildir. Bu, evrensel bir kanundur. Bolluk da, kıtlık da sizin realiteniz olarak ifade bulan içsel durumlardır. İsa bu durumu şöyle açıklamıştır: "Çünkü kendisinde bulunana daha çok verilecek ama bir şeyi olmayandan elindeki bile alınacaktır."

KENDİNİZİ BİLMEK VE KENDİNİZ HAKKINDA BİLMEK

Bulacaklarınızdan korktuğunuz için kendinizi tanımak istemiyor olabilirsiniz. Pek çok kişinin içinde kötü olduklarına dair gizli bir korku vardır. Ama kendiniz hakkında bulduklarınızın hiçbiri aslında "siz" değildir. Kendiniz *hakkında* bilebileceğiniz hiçbir şey de "siz" değildir.

Kimi insanlar korktukları için kim olduklarını bilmek istemezler, diğerlerinin ise kendileri hakkında sürekli olarak daha fazla bir şeyler öğrenmek için doymak bilmez bir merakları vardır. Kendinize karşı öylesine bir hayranlık duyarsınız ki, yıllarınızı psikanalizlerle geçirir, çocukluğunuzun her bir boyutunu inceler, oralardaki gizli korku ve istekleri keşfeder ve kişiliğinizi ve karakterinizi oluşturan karmaşık yapının tüm katmanlarını açığa çıkarırsınız. On yıl sonra, terapistiniz sizden ve hikayenizden bıkmaya başlar ve psikanalizinizin artık sona erdiğini söyler. Beş bin sayfalık bir dosyayla birlikte sizi evinize yollar ve "Sizinle ilgili her şey burada. İşte, siz busunuz," der. O kalın dosyayı evinize taşırken, sonunda kendinizi bilmenin verdiği ilk tatmin duygusu, yerini süratle bir eksiklik hissine ve kim olduğunuzla ilgili daha başka şeylerin de olması gerektiğine dair sinsi bir şüpheye bırakır. Ve gerçekten de, daha fazlası vardır. Belki nicelik olarak değil ama bilgi derinliğinin niteliği açısından...

Kendinizi bilmeyle, kendiniz *hakkında* bilmeyi karıştırmadığınız müddetçe, psikanalize gitmenin veya geçmişinizle ilgili bir şeyler öğrenmenin kötü bir yanı yoktur. Beş bin sayfalık o dosya sizin *hakkınızdadır* ve geçmişin şartlandırdığı zihninizin içeriğini kapsar. Psikanalizlerde veya içsel gözlemleriniz sayesinde öğrendiğiniz her şey sizin *hakkınızdadır.* Ama siz değildir. O bir içeriktir, öz değil. İçeriğin dışına çıkmak, ancak egonun ötesine geçerek mümkün olabilir. Kendinizi bilmek, kendiniz olmak ve kendiniz olmak da içerikle özdeşleşmekten vazgeçmektir.

İnsanların pek çoğu kendilerini hayatlarının içeriğiyle tanımlarlar. Algıladığınız, deneyimlediğiniz, yaptığınız, düşündüğünüz veya hissettiğiniz her şey, hayatınızın içeriğidir. Pek çok kişi dikkatini içerik üzerinde odaklamış ve kendisini onunla özdeşleştirmiştir. "Benim hayatım" dediğiniz veya "benim hayatım" diye düşündüğünüz vakit, *siz* olan hayattan değil, *sahip olduğunuz* veya sahip olduğunuzu sandığınız hayattan bahsediyorsunuzdur. Burada sizin işaret ettiğiniz şey *içerik*, yani yaşınız, sağlığınız, ilişkileriniz, maddi durumunuz, iş ve yaşam koşullarınız ve bir de zihinsel-duygusal durumunuzdur. Yaşadığınız tüm olaylar, geçmişiniz, geleceğiniz ve şu anki hayatınızın tüm içsel ve dışsal koşulları da, içerik âlemine aittir.

"O zaman içerikten başka ne var?" diye sorabilirsiniz. İçerikten başka, bir de içeriğin olmasını mümkün kılan şey, yani bilincin içsel boyutu vardır.

KAOS VE YÜKSEK DÜZEN

Kendinizi sadece içerik açısından biliyorsanız, sizin için neyin iyi, neyin kötü olduğunu da bildiğinizi sanırsınız. Olayları "benim için iyi" olanlar ve "benim için kötü" olanlar diye ayırırsınız. Var olan her şeyin birbirine bağlı olduğunu, her bir olayın bütünün içinde kendine özgü bir yere ve işleve sahip olduğunu ve hayatın bütünlüğünü göz önüne aldığımızda, bunun eksik ve parçalara bölünmüş bir algı olduğunu görürüz. Bütünlük ise, nesnelerin yüzeysel görüntüsünden, kendi parçalarının toplamından ve hayatınızın veya dünyanın içerdiği şeylerin tümünden çok daha fazlasıdır.

Hayatlarımızda yaşadığımız ve dünyada vuku bulan ve zaman zaman bize tesadüfi ve hatta bazen kaotik gibi görünen olaylar zincirinin ötesinde, gizli bir düzen ve amaç vardır. Bu konu, Zen felsefesindeki şu deyişle harika bir şekilde dile getirilir: "Kar yağdığında, her bir kar tanesi düşmesi gereken yere düşer." Bu yüksek düzeni düşünme yoluyla anlamamız asla mümkün olamaz, çünkü düşündüğümüz her şey aslında bir içeriktir; halbuki yüksek düzen dediğimiz şeyin kaynağı, biçimi olmayan bilinç âlemi, yani evrensel zekadır. Ama ona anlık bir bakış atabilir ve bunun da ötesinde, onunla uyum içine girebilir, yani o yüksek amacın gerçekleşmesinde yer alan bilinçli katılımcılar olabiliriz.

İnsanların henüz el sürmediği bir ormana girdiğimizde, düşünen zihnimiz yalnızca etrafımızdaki düzensizliği ve karmaşayı (kaosu) görür. Her yerde, çürüyen ve kokuşan maddelerden yeni hayatlar fışkırdığı için, hayatı (iyi) ve ölümü (kötü) bile birbirinden ayırt edemez. Ama içsel dinginliğimizi korur ve düşüncelerimizin gürültüsünü bastırabilirsek, o zaman orada gizli bir uyum, bir kutsallık ve her şeyin kendi mükemmel yerine sahip olduğu ve hiçbir şeyin olduğundan farklı olamayacağı bir yüksek düzenin var olduğunu fark edebiliriz.

İnsan zihni, örneğin insan eli değmiş bir parkta daha rahat eder, çünkü burası düşünerek planlanmış bir yerdir ve organik olarak oluşmamıştır. Burada, zihnin kavrayabileceği bir düzen vardır. Ormanda ise, zihne kaotik gelen ve onun kavrayamadığı bir düzen bulunmaktadır. Bu düzen "iyi" ve "kötü" türündeki zihinsel kategorilerin ötesindedir. Onu düşünceleriniz vasıtasıyla anlamanız mümkün değildir, ama düşüncelerinizi bir kenara attığınızda, dingin ve uyanık olduğunuzda ve onu anlamaya veya açıklamaya çalışmadığınızda, onu hissedersiniz. Ancak o zaman ormanın kutsallığını fark edebilirsiniz. Bu gizli uyumu, o kutsallığı hissettiğiniz anda, kendinizin de ondan ayrı ve farklı olmadığınızı kavrarsınız. Bunu kavradığınız anda, bu düzenin bilinçli bir katılımcısı olursunuz. Böylece, hayatın bütünlüğü ile bir olmanız için doğa size yardım etmiş olur.

İYİ VE KÖTÜ

Çoğu insan hayatlarının belirli bir aşamasında, dünyada sadece doğum, büyüme, başarı, sağlık, keyif ve kazanç değil, kayıp, başarısızlık, hastalık, yaşlılık, çürüme, acı ve ölümün de olduğunun farkına varırlar. Geleneksel olarak bunlara "iyi" ve "kötü", yani düzen ve kargaşa gibi etiketler yapıştırılmıştır. Bir kişi için hayatının "anlamı" genellikle onun "iyi" olarak tanımladıklarıyla bağlantılıdır, ama bu "iyi" sürekli olarak çöküntünün, parçalanmanın ve düzensizliğin tehdidi altındadır; açıklamalar yetersiz kaldığında ve hayat artık bir anlam ifade etmediğinde de anlamsızlığın ve "kötü"nün tehdidi altına girer. Hangi sigorta poliçesine sahip olursa olsun, eninde sonunda herkesin hayatına bir tür düzensizlik girecektir. Bu düzensizlik, bir kayıp veya kaza, hastalık, elden ayaktan düşme, yaşlılık veya ölüm şeklinde tezahür edebilir. Ama bir kişinin hayatında patlak veren bir düzen bozukluğu, daha yüksek bir düzenin başlaması anlamına da gelebilir.

Bu dünyanın bilgeliği nedir? Düşüncelerimizin sürekli bir hareketlilik içinde olması ve dünyaya münhasıran düşünme yoluyla anlam vermek, değil mi?

Düşünme, bir durumu veya olayı diğerlerinden soyutlar ve sanki farklı bir varlığı varmış gibi onu "iyi" veya "kötü" olarak tanımlar. Düşünmeye fazla itibar ettiğimiz takdirde, realite parçalara bölünmeye başlar. Bu parçalanma aslında bir illüzyondur ama onun içinde sıkışıp kaldığınızda, size son derece gerçekmiş gibi görünür. Evren her şeye rağmen, içindeki her şeyin birbiriyle bağlantılı olduğu ve hiçbir şeyin diğerlerinden ayrı var olmadığı bir bütün olmaya devam eder.

Evrendeki her şeyin ve tüm olayların birbiriyle çok derinden bağlantılı olması, zihnin koyduğu bu "iyi" ve "kötü" yaftalarının sonuçta yanıltıcı olduğunu gösterir. Bunlar her zaman sınırlı bir bakış açısına işaret ederler, o yüzden de sadece göreceli ve geçici olarak doğrudurlar. Bu durum, piyangodan çok değerli bir araba kazanan bilge adamın hikayesinde çok güzel anlatılmıştır. Hikaye şöyle gelişir: Bu bilge adamın ailesi ve dostları onun namına çok mutlu olmuşlardır. Bu olayı kutlamak isterler: "Ne harika!" derler. "Ne kadar şanslısın!" O da gülümser ve "Belki," diye yanıt verir. Arabayı birkaç hafta keyifle kullanır. Ama bir gün sarhoş bir sürücü bir kavşakta adamın yeni arabasına çarpar. Pek çok yerinden yaralanan adam kendisini hastanede bulur. Ailesi ve dostları onu görmeye gelirler ve "Bu gerçekten de büyük bir talihsizlik," derler. Adam yine gülümser ve "Belki," der. Nitekim bir gece hastanedeyken bir toprak kayması olur ve adamın evi denize uçar. Arkadaşları ertesi gün yine gelirler ve ona "Hastanede olman ne büyük bir şansmış meğer!" derler. Adam onlara yine "Belki," diye yanıt verir.

Bu bilge adam, meydana gelen bir olayı yargılamayı reddettiği için her seferinde "belki" yanıtını vermiştir. Olayları yargılamak yerine, onları kabul etmiş ve yüksek düzenle bir işbirliği, bir uyum içine girmiştir. Tesadüf gibi görünen olayların, bütünün dokusu içinde nasıl bir yeri veya amacı olduğunu zihnin kavramasının genellikle imkansız olduğunu bilmektedir. Aslında, hiçbir durum tesadüfi olmadığı gibi, hiçbir şey veya olay kendi başına, kendisi için ve diğerlerinden ayrı olarak var olamaz. Sizin bedeninizi oluşturan atomlar bir zamanlar yıldızların içinde şekillenmişti. En basit bir olayın bile sonsuz nedeni vardır ve bunlar aklın alamayacağı yollarla bütünle bağlantılıdır. Bir olayın nedenini bulmak için çok gerilere, yaratılışın başlangıcına kadar gitmek gerekir. Kozmos kaotik değildir. Nitekim *kozmos* sözcüğü düzen anlamına gelir. Ama bu düzen, insan zihninin kavrayabileceği türden bir düzen değildir. Zihnimiz ona sadece bir an için göz atabilir.

OLAN BİTENİ UMURSAMAMAK

Büyük Hintli düşünür ve spiritüel eğitmen J. Krishnamurti, elli yılı aşkın bir süre boyunca neredeyse hiç durmadan bütün dünyayı dolaşarak, insanlara sözcüklerle ifade edilmesi mümkün olmayanı, yani sözcük ve içerik ötesinde olanı anlatmaya çalışmıştır. Hayatının sonlarına doğru yaptığı konuşmalardan birinde, "Benim sırrımı bilmek ister misiniz?" diye sorarak dinleyicilerini şaşırtır. Herkes birden kulak kesilir. Dinleyicilerin pek çoğu onu yirmi, otuz yıldan beri dinlemektedir, ama kimse onun öğretilerinin özünü kavrayamamıştır. Demek ki, öğretmenleri onca yıldan sonra nihayet öğretilerini kavramak için gerekli olan anahtarı onlara uzatıyor diye düşünürler. Ama üstat sadece "Ben olan biteni umursamıyorum," der. "İşte benim sırrım bu."

Başka bir açıklama da yapmaz. Sanırım, o anda onu dinleyenlerin pek çoğunun kafası eskisinden de fazla karışmış olmalıdır, çünkü bu basit ifadenin gerisinde olağanüstü bir derinlik vardır.

Olan biteni umursamıyorum derken, neyi kastetmiş olurum? Böyle bir durum, benim içsel olarak olan bitenle bir işbirliği, bir uyum içinde olduğumu gösterir. "Olan biten"den kastım, tabii ki Şimdi'nin başka türlü olması mümkün olmayan durumuyla ilgilidir. "Olan biten" derken içeriği, bu tek ve eşsiz olan anın aldığı şekli kastetmiş olurum. "Olan biten"le işbirliği içinde olmak ise, onlarla içsel bir teslimiyet ilişkisi içinde olmak demektir. Onlara "iyi" veya "kötü" gibi zihinsel yaftalar yapıştırmamak ve onların oldukları gibi olmalarına izin vermek demektir. Peki bu durum, hayatınızda herhangi bir değişiklik yapmak için bir girişimde bulunamayacağınız anlamına mı gelir? Hayır, tam tersine. Eylemlerinizin temelinde, Şimdi'yle içsel bir uyum içinde olmak yatıyorsa, Hayat'ın kendi zekası onları kesinlikle daha da güçlendirecektir.

ÖYLE Mİ?

Zen Üstadı Hakuin, Japonya'nın bir kasabasında yaşıyordu. Çok saygı duyulan bir kişiydi ve herkes spiritüel öğretilerini dinlemek için ona gelirdi. Yan komşusunun ergenlik çağındaki kızı günün birinde hamile kalır. Kız, çocuğun babasının kimliğini öğrenmek için onu sorgulayan öfkeli ebeveynlerine, sonunda bu kişinin Zen Üstadı Hakuin olduğunu söyler. Onlar da hışım içinde Hakuin'e gelirler ve kızlarının çocuğun babasının o olduğunu itiraf ettiğini söyleyerek bağıra çağıra onu suçlarlar. Üstat onlara sadece "Öyle mi?" diye yanıt verir.

Skandalın haberi tüm kasabaya ve daha da uzaklara yayılır. Üstat itibarını kaybeder, ama bu onu rahatsız etmez. Artık onu görmeye gelen kimse kalmamıştır. O yine de bir tepki göstermez. Çocuk doğunca, kızın anne ve babası onu Hakuin'e getirirler. "Madem bu çocuğun babası sensin, ona sen bakacaksın," derler. Üstat çocuğa yakın bir ilgi gösterir ve bakımını üstlenir. Bir yıl sonra çocuğun annesi pişmanlık duyar ve gerçek babanın kasap dükkanında çalışan genç adam olduğunu anne ve babasına itiraf eder. Bunlar büyük bir utanç içinde Hakuin'e gelirler ve özür dileyerek ondan kendilerini bağışlamasını isterler. "Gerçekten de çok üzgünüz. Çocuğu geri almaya geldik. Kızımız onun babasının siz olmadığınızı itiraf etti," derler. Üstat bebeği onlara verirken, yine sadece "Öyle mi?" der.

Gördüğünüz gibi Üstat'ın yalana da doğruya da, iyi habere de kötü habere de verdiği tepki tamamen aynıdır. Her iki durumda da, sadece "Öyle mi?" demiş ve iyi olsun veya kötü olsun, Şimdi'in olduğu gibi olmasına izin vermiştir. Ayrıca, kendisi de bu dramatik olayın bir katılımcısı olmayı reddetmiştir. Üstat için sadece şimdiki an vardır ve o da olduğu ve olması gerektiği gibidir. Dolayısıyla, olayları kişiselleştirmemiş ve kendisi de hiç kimsenin kurbanı olmamıştır. Olan bitenle o denli bir bütün halindedir ki, olan bitenin onun üzerinde artık hiçbir gücü kalmamıştır. Sadece olan bitene direndiğiniz vakit, onun merhametine kalırsınız ve sizin mutlu olup olmadığınıza da dünya karar verir.

Bebeğe yakın bir ilgiyle bakılmıştır. Yani, direnmemenin gücü kötü olan bir şeyi iyiye dönüştürmüştür. Üstat da her zaman şimdiki an'ın gerektirdiğine yanıt verdiği için, vakti gelince bebeği ailesine teslim etmekte tereddüt etmemiştir.

Bu olaylar sizin başınıza gelseydi, farklı aşamalarında egonuzun nasıl bir tepki vereceğini gelin, bir düşünün.

EGO VE ŞİMDİKİ AN

Hayatınızdaki en önemli ve en öncelikli ilişkiniz Şimdi'yle, daha doğrusu Şimdi'nin aldığı herhangi bir biçimle, Şimdi'de var olanla ve Şimdi'de olan bitenle olan ilişkinizdir. Eğer Şimdi'yle olan ilişkinizde bir bozukluk varsa, bu bozukluk tüm ilişkilerinize ve karşılaştığınız her duruma yansıyacaktır. Egoyu en basit olarak şu şekilde tanımlamak mümkündür: Ego, şimdiki an'la sürdürülen bozuk bir ilişkidir. Şimdiki an'la ne gibi bir ilişki içinde olmayı istediğinize ancak şimdiki an'da karar verebilirsiniz.

Bir kez belirli bir bilinç düzeyine eriştiğiniz vakit (ve bu kitabı okuduğunuza göre, hemen hemen kesinlikle erişmiş olmalısınız), şimdiki an'la ne tür bir ilişki sürdürmek istediğinize karar verecek duruma gelirsiniz. Şimdiki an'ın benim dostum mu, yoksa düşmanım mı olmasını istiyorum? Şimdiki an hayatın kendisinden ayrı değildir, o yüzden siz bu kararı verirken, aslında hayatla ne gibi bir ilişki içinde olmak istediğinize de karar vermektesiniz. Şimdiki an'ın dostunuz olmasına karar verdiyseniz, ilk adımı atmak size kalmış bir şeydir: Ona dostça yaklaşın, nasıl bir kisve altında gelirse gelsin onu güler yüzle karşılayın ve kısa bir süre sonra sonuçları göreceksiniz. Hayat da size karşı dostça davranacak, insanlar yardımcı olacak ve koşullar sizinle işbirliği yapmaya başlayacaktır. Tek bir karar sizin gerçekle ilgili tüm algılarınızı tamamen değiştirir.

Ancak bu tek bir kararı, o şekilde yaşamak size doğal gelene kadar, defalarca yinelemelisiniz.

Şimdiki an'ı dostunuz haline getirme kararınız, egonuzun da sonunu getirir. Ego şimdiki an'la, yani hayatla asla işbirliği yapamaz ve ona uyum sağlayamaz, çünkü onun doğasında Şimdi'yi görmezden gelmek, ona direnmek ve onu küçümsemek vardır. Ego, zaman ile iyi geçinir. Egonuz ne kadar güçlüyse, zamanın hayatınızdaki önemi de o denli fazladır. Öyle bir durumda, hemen hemen tüm düşünceleriniz geçmişe veya gelecek zamana odaklanmıştır ve benlik duygunuz bir kimlik arayışı içindeyken geçmişe ve onu geliştirmek için de gelecek zamana bel bağlar. Korku, kaygı, beklenti, pişmanlık, suçluluk ve öfke gibi duygular, zamana-bağımlı bilinçlilik durumunun yarattığı bozukluklardır.

Egonun şimdiki an'a yaklaşımı üç şekilde olur. Onu amacına ulaşmak için ya bir araç, ya bir engel, ya da bir düşman olarak kullanır. Şimdi bu yöntemlere tek tek bakalım. Böylece, eğer bu kalıplara yakalanırsanız, onları tanımanız ve yeni bir karar almanız mümkün olabilir.

Ego için, şimdiki an olsa olsa hedefe ulaşmaya yarayan bir araçtır. Sizi daha önemli olduğu varsayılan gelecekteki bir an'a taşır, ama aslında gelecekteki o an, size sadece şimdiki an olarak gelebilir. Yani, sizin kafanızın içindeki bir düşünceden öte bir şey değildir. Başka bir deyişle, sürekli olarak başka bir yere gitmeye çalışmakla meşgul olduğunuz için, hiçbir zaman tam anlamıyla burada olamazsınız.

Bu kalıbın daha belirgin bir hal alması sıklıkla rastlanan bir durumdur. O zaman, şimdiki an'a aşılması gereken bir engel gözüyle bakılır ve ona göre davranılır. İşte sabırsızlık, hayal kırıklığı ve stres bu gibi durumlarda ortaya çıkar ve bizim kültürümüzde bu, pek çok insanın günlük gerçekliği ve normal durumudur. Hayat, artık gözünüze bir "sorun" olarak görünmektedir ve siz mutlu ve başarılı olabilmek ve gerçek anlamda yaşamak için pek çok sorunla baş etmeniz gereken bir dünyada yaşadığınızı düşünürsünüz. Sorun şudur: Baş edilen her sorundan sonra, mantar gibi bir yenisi ortaya çıkar. Şimdiki an bir engel olarak görüldüğü müddetçe, sorunların sonu gelmez. Hayat veya Şimdi şöyle der: "Ben, olmamı istediğin gibi olurum. Sana, bana davrandığın gibi davranırım. Beni bir sorun olarak görürsen, ben de senin için bir sorun olurum Bana bir engel muamelesi yaparsan, ben de senin için bir engel olurum."

Daha da kötü olan ve aynı şekilde sıklıkla karşılaşılan bir diğer durum, şimdiki an'ın bir düşman olarak görülmesidir. Yaptığınız işten nefret ediyor, çevrenizden yaka silkiyor ve geçmişte olan bitenleri lanetliyorsanız veya içsel diyalogunuz sadece "olmalı" ve "olmamalı" sözcüklerini içeriyor ve suçlamalardan ve ithamlardan oluşuyorsa, siz olmuş bitmiş şeylerle tartışıyorsunuz ve Hayat'ı bir düşman haline getiriyorsunuz demektir. Hayat aslında size şöyle demektedir: "Eğer istediğin şey savaş ise, alacağın şey de savaş olacak." Öyle olunca, her zaman sizin içsel durumunuza yansıyan dışsal gerçekliği de bir düşman olarak algılarsınız.

Kendinize sıklıkla sormanız gereken hayati bir soru da şudur: "Benim şimdiki an'la olan ilişkim nedir?" Sonra, bu sorunun yanıtını bulmak için uyanık olun. Şimdi'yi sadece amacıma erişmek için bir araç olarak mı kullanıyorum? Onu bir engel olarak mı görüyorum? Onu düşmanım haline mi getiriyorum? Şimdiki an sizin elinizde olan tek şey olduğuna ve Hayat da Şimdi'den ayrı olmadığına göre, aslında bu sorunun sormak istediği asıl şey şudur: "Benim Hayat'la olan ilişkim nedir?" Bu soru, içinizdeki egonun maskesini düşürmek ve sizi Mevcudiyet durumuna getirmek için mükemmel bir yoldur. Mutlak gerçeği (yani, sonuçta ben ve şimdiki an'ın bir olduğu gerçeğini) bünyesinde barındırmamakla birlikte, doğru yönü gösteren yararlı bir işarettir. Bu soruyu artık ihtiyacınız kalmayana kadar kendinize sık sık sorun.

Şimdiki an'la sürdürdüğünüz bozuk bir ilişkinin ötesine nasıl geçersiniz? En önemli olan şey, bu bozukluğun kendi içinizde, eylemlerinizde ve düşüncelerinizde olduğunu görmektir. Bunu gördüğünüz, yani Şimdi'yle olan ilişkinizin bozuk olduğunu fark ettiğinizde, zaten şimdidesiniz demektir. Bunu görmek, Mevcudiyet durumuna geçtiğinizi gösterir. O bozukluğu gördüğünüz vakit, o zaten çözülmeye başlar. Bazı insanlar bunu gördüklerinde yüksek sesle gülmeye başlarlar. Bunu görmek, size seçme gücünü verir, yani Şimdi'ye evet demenizi ve onu dostunuz haline getirmenizi mümkün kılar.

ZAMAN PARADOKSU

Yüzeysel olarak baktığınızda, şimdiki an "şimdi olanlar"dan oluşur. Ama olanlar sürekli olarak değiştiği için, hayatınızın her bir günü farklı şeylerin olduğu binlerce andan oluşuyormuş gibidir. Zaman, bazıları "iyi", bazıları da "kötü" olan, sonsuz bir an zinciri gibi algılanır. Ama daha yakından, yani kendi o anki deneyiminiz vasıtasıyla bakarsanız, sanıldığı kadar çok an olmadığını, sahip olduğunuz şeyin sadece ve bir tek *bu an* olduğunu görürsünüz. Hayat, daima şimdidir. Tüm hayatınız sabit olan Şimdi'yle gelişir. Geçmiş ve gelecek anlar bile sadece onları hatırladığınızda vardırlar ve siz bunu var olan tek anda, yani şimdiki an'da onları düşünerek veya olmalarını bekleyerek yaparsınız.

Peki, o halde bize neden çok an varmış gibi görünür? Öyle görünür, çünkü şimdiki an'ı olanlarla, yani içerikle karıştırırız. Şimdi'nin alanını o alanda gerçekleşenle, yani içerikle karıştırırız. Şimdiki an'ın içerikle karıştırılması, sadece zaman illüzyonunun değil, ego illüzyonunun da doğmasına neden olur.

İşte paradoks da buradadır, zira zaman denen gerçeği nasıl inkar edebiliriz ki? Yemeğinizi hazırlamak, bir ev inşa etmek veya bir kitap okumak için onun bir yerden bir yere gitmesi gerekir. Büyümek için, yeni şeyler öğrenmek için zamana ihtiyacınız vardır. Yaptığınız her bir şey bir zaman alacaktır. Her şey ona tabidir ve Shakespeare'in dediği gibi "zaman denen bu eli kanlı tiran" en sonunda sizi de öldürecektir. Zamanı, sizi sürükleyen azgın bir nehre veya her şeyi yakıp kül eden bir yangına benzetebilirsiniz.

Geçenlerde, uzun zamandan beri görmediğim ve dostum olan bir aileyle buluşmuştum. Onları görür görmez büyük bir şok yaşadım ve neredeyse onlara "Hasta mısınız? Ne oldu? Bunu size kim yaptı?" diye soracaktım. Ailenin bastonuna dayanarak yürüyen annesi sanki küçülmüş gibiydi, yüzü de kuru bir elma gibi büzüşmüştü. Son gördüğümde enerji, heyecan ve gençlik beklentileriyle dolu olan kızlarında ise, üç çocuk büyütmüş olmanın verdiği bitkinlik hemen göze çarpıyordu. Sonra birden hatırladım: Onları son gördüğümden beri otuz yıl geçmişti. Ona bunları yapan zaman idi. Eminim ki, onlar da beni gördüklerinde aynı şoku yaşamışlardı.

Her şey zamanın buyruğu altındaymış gibi görünür ama tümü de Şimdi'de geçer. Bu bir paradokstur. Baktığınız her yerde, çürümüş bir elma, banyodaki aynaya baktığınızda gördüğünüz yüzle otuz yıl önce çekilmiş bir fotoğraftaki yüzünüz arasındaki fark gibi, zamanın gerçekliğini gösteren sürüyle dolaylı kanıt görebilirsiniz. Ama *doğrudan* bir kanıt asla bulamazsınız, yani zamanın kendisini doğrudan deneyimleyemezsiniz. Sadece şimdiki an'ı, daha doğrusu şimdiki an'da olanları yaşarsınız. Doğrudan bir kanıt olmadığına göre de, zaman diye bir şey yoktur ve var olan tek şey Şimdi'dir.

ZAMANI SAF DIŞI BIRAKMAK

Egosuz olmayı bir hedef haline getirip, ona ulaşmaya çalışmak faydasızdır. Elde edeceğiniz tek şey daha çok tatminsizlik ve daha çok içsel çatışma olur, çünkü kendinizi asla ona ulaşmış, o duruma "erişmiş" gibi hissetmezseniz. Egodan özgür olmayı geleceğe dönük bir hedef olarak saptadığınız takdirde, kendinize belirli bir süre tanıyorsunuz demektir, ama bu da daha çok zaman, daha çok ego anlamına gelir. Bu spiritüel araştırmanızın egonun kılık değiştirmiş bir hali olup olmadığına çok dikkat edin. "Benliğinizden" kurtulma çabanız bile, bu özgürlüğü geleceğe yönelik bir hedef olarak saptamış olmanız halinde, daha fazlasını istemenin farklı bir kisveyle karşınıza çıkması demektir. Kendinize bir süre vermenizin gerçek anlamı, kendi "benliğinize" bir süre tanımaktır. Zaman, yani geçmiş ve gelecek, sizin zihninizin içinde olan ve zihninizin ürünü olan sahte benliğin, yani egonun, varlığını sürdürmek için ihtiyaç duyduğu bir şeydir. "Oralarda bir yerlerde" nesnel bir yaşam süren bir şey değildir. Zaman, duyusal algılar için ihtiyaç duyulan, pratik amaçlar için gerekli olan zihinsel bir yapıdır, ama aynı zamanda da insanın kendisini tanımasını engelleyen en önemli ayak bağını oluşturur. Zaman, hayatın yatay boyutu ve gerçeğin yüzey tabakasıdır. Ayrıca bir de derinlik dediğimiz dikey boyut vardır. Bu boyuta ancak ve ancak şimdiki an'ın kapısından geçerek girebilirsiniz.

Bu yüzden, kendinize bir süre tanımak yerine, zamandan kurtulmayı deneyin. Zamanın bilincinizden çıkması, egonun elimine edilmesi anlamına gelir. Tek gerçek spiritüel uygulama budur.

Zamanın saf dışı bırakılmasından bahsettiğimizde, tabii ki bir randevu ayarlamak veya bir yolculuk planı yapmak için pratik anlamda faydalandığımız saat zamanını, yani saat tik-taklarını kastetmiyoruz. Saat tik-takları olmasa, bu dünyada iş görmek de neredeyse imkansız olurdu. Biz burada psikolojik zamandan, yani hiç durmadan geçmişle ve gelecekle uğraşan, şimdiki zamanın kaçınılmazlığıyla işbirliği yapmayan ve onu *olduğu haliyle* kabul etmeyen ego-temelli zihinden kurtulmaktan bahsediyoruz.

Hayata karşı alışkanlık halinde takındığınız olumsuz tutumu olumlu bir hale dönüştürdüğünüzde ve şimdiki an'ı olduğu haliyle kabul ettiğinizde, sadece zamanı değil, egonuzu da eritmiş olursunuz. Egonun hayatta kalabilmesi için, şimdiki an'dan daha fazla geçmişe ve geleceğe, yani zamana ihtiyacı vardır. Ego, istediğini elde ettikten sonraki kısa bir süre dışında, şimdiki an'la dost olmaktan nefret eder. Ama hiçbir şey egonun uzun süreli bir doyum yaşamasını mümkün kılamaz. Hayatınızı egonuz yönlendiriyorsa, iki tür mutsuzluk yaşıyorsunuz demektir. Bunların ilki, istediğinizi elde edememenin, diğeri de istediğinizi elde etmenin mutsuzluğudur.

Her ne varsa ve ne oluyorsa, hepsi Şimdi'nin aldığı biçimlerdir. İçinizden onlara direnmeyi sürdürdüğünüz takdirde, biçim, yani dünya, sizi biçimin ötesindeki gerçek kimliğinizden, yani biçimi olmayan o tek Hayat'tan ayıran aşılması imkansız bir engel oluşturur. Ama eğer Şimdi'nin aldığı biçime içsel bir "evet" derseniz, o biçim sizin için biçimi olmayan boyuta açılan bir kapı haline gelir. Böylece, dünya ile Tanrı'nın birbirinden ayrı olma durumu da yok olur.

Hayatınızın şimdiki an'da aldığı biçime tepki gösterdiğiniz ve Şimdi'yi bir araç, engel veya düşman olarak gördüğünüz vakit, kendi biçimsel kimliğinizi, yani egonuzu da güçlendirmiş olursunuz. Egonun tepkisel olması da buna bağlıdır. Tepkisel olmak ne demektir? Tepkisel olmak, tepki verme bağımlısı olmak anlamına gelir. Ne kadar tepkisel olursanız, kendinizi biçim içinde o kadar kaybedersiniz. Biçimle ne ölçüde özdeşleşirseniz, egonuz da o ölçüde güçlenir. Var'lığınız da biçimin içinden parlayamaz veya ancak belli belirsiz bir ışıltı saçabilir.

Biçime direnmediğiniz takdirde, biçimin ötesindeki gerçek özünüz kısa ömürlü biçimsel kimliğinizden çok daha büyük ve her yeri kapsayan sessiz bir güç, yani Mevcudiyet olarak ortaya çıkar. Bu hal, biçimler dünyasındaki herhangi bir şeyden çok daha fazla "siz"dir.

RÜYALAR VE RÜYA GÖRENLER

Evrendeki en büyük gücün anahtarı, direniş içine girmemektir. Bilinç, biçimin tutsağı olmaktan onun sayesinde kurtulur. Biçime (yani var olana ve olup bitene) içsel bir direniş göstermemek, biçimin mutlak gerçekliğini inkar etmek anlamına gelir. Öte yandan bir direniş içinde olmak, biçimsel kimliğinizin, yani egonuz da dahil olmak üzere, dünyanın içindeki tüm şeylerin olduklarından daha gerçek, daha sağlam ve daha kalıcı görünmelerine neden olur. Dünyaya ve egoya, kendinizi ve dünyayı çok ciddiye almanıza neden olan bir ağırlık ve mutlak bir önem kazandırır. O zaman, varlığınızı sürdürebilmek için biçimlerle oynamanız gerekiyormuş gibi yanlış bir algı içine girersiniz. Sonuçta, bu yanlış algı sizin realiteniz haline gelir.

Var olan ve olan biten pek çok şeyin, yani hayatın aldığı pek çok biçimlerin hepsinin geçici doğaları vardır. Çok kısa ömürlüdürler. Nesneler, bedenler ve egolar, olaylar, durumlar, düşünceler, duygular, arzular, hırslar, korkular, dramatik durumlar... Bunların hepsi pek önemliymişler gibi gelirler ama siz daha ne olduğunu anlamadan çekilip giderler, yani gelmiş oldukları hiçliğe geri dönüp onun içinde eriyip giderler. Acaba bunlar bir an için olsun, gerçek olmuşlar mıdır? Bir rüyadan fazlası olmuşlar mıdır, yani biçimlerden oluşan bir rüya olmanın ötesine geçebilmişler midir?

Sabah uyandığımız vakit, gece gördüğümüz rüyalar eriyip gider ve biz "Oh, bu sadece bir rüyaymış. Gerçek değilmiş," deriz. Ama rüyadaki bir şeyin gerçek olması gerekir, yoksa rüya denen şey olmazdı. Ölüm yaklaştığında, geriye doğru bakıp hayatımızın da bir başka rüya olup olmadığını merak edeceğiz belki de... Şimdi bile, bir yıl önceki tatilimizi veya daha dünkü dramatik olayı hatırladığımızda, bu sürecin dün gece gördüğümüz rüyayla ne kadar benzeştiğini görmüyor muyuz?

Rüyalar olduğuna göre, tabii ki rüyayı görenler de vardır. Rüya, biçimlerin kısa bir süre için oynadıkları bir oyundur. Aslında onlar, göreceli olarak gerçek olan ama mutlak gerçekliği olmayan bir dünya oluşturur. Bir de biçimlerin gelip gittiği ve mutlak gerçekliği olan, yani rüyayı gören vardır. Rüyayı gören, rüyanın bir parçasıdır. Rüyayı gören, rüyanın oluştuğu ve rüyayı mümkün kılan alt katmandır. Bu katman, göreceli olanın gerisindeki mutlak, zamanın ötesindeki zamansızlık, biçimin içindeki ve gerisindeki bilinçtir. Rüyayı gören, bilincin kendisi, yani asıl kim olduğunuzdur.

Bizim amacımız rüyanın içinde bir uyanış yaşamaktır. O vakit, ego-ürünü olan dünya-oyunu sona erer ve daha iyicil ve daha harikulade bir rüya başlar. İşte, bizim yeni dünya dediğimiz şey budur.

KISITLAMALARIN ÖTESİNE GEÇMEK

Her insanın hayatında, biçimsel düzeyde gelişme ve büyüme peşinde koştuğu bir dönem olur. Bu dönem, sizin fiziksel zayıflıklar veya maddi yetersizlikler gibi kısıtlamaları aşmaya çalıştığınız, yeni beceriler ve bilgiler edindiğiniz veya yaratıcı gücünüz sayesinde dünyaya hem kendinizin, hem de diğer insanların yaşamını değiştiren yeni bir şey getirdiğiniz bir dönemdir. Bu yeni şey bir müzik parçası veya bir sanat eseri, bir kitap, verdiğiniz bir hizmet, yerine getirdiğiniz bir görev, kurduğunuz veya hayati katkılarda bulunduğunuz bir iş veya organizasyon olabilir.

Şimdi'de olduğunuz, yani dikkatinizi tümüyle Şimdi'ye odakladığınız vakit, o Mevcudiyet yaptığınız şeye doğru akacak ve onun içine kalite ve güç katarak onu dönüştürecektir. Yaptığınız iş, öncelikli olarak (para, prestij, kazanç gibi) belirli bir amaca ulaşmak için kullandığınız bir araç değilse ve kendi özünde bir doyuruculuğu olduğu için size mutluluk ve canlılık veriyorsa, o zaman Şimdi'desiniz demektir. Ve tabii ki, Şimdi'de olabilmek için, şimdiki anla dost olmanız gerekir. Olumsuzlukla kirlenmemiş bir eylemin etkili olabilmesi için temel kural budur.

Biçim demek, kısıtlama demektir. Bizler sadece o kısıtlamaları yaşamak için değil, onların ötesine geçebilmemizi sağlayacak bilinç düzeyine erişmek için bu dünyadayız. Bazı kısıtlamalar dışsal düzeyde aşılabilir. Ama hayatınızda, birlikte yaşamayı öğrenmeniz gereken ve ancak içsel olarak aşılabilen başka kısıtlamalar da vardır. Er veya geç, herkes bunlarla şu veya bu şekilde karşılaşır. Bu kısıtlamalar sizi ya ego-ürünü tepkilerin içine sıkıştırarak yoğun bir mutsuzluğa sürükler, ya da sizin ödün vermeksizin teslim olarak onların ötesine geçmenizi sağlar. Onlar size işte bunu öğretmek için vardır. Bilincin teslim olmuş hali, hayatınızdaki dikey boyutun, yani derinlik boyutunun kapılarını açar. O boyuttan, bilinç teslim olmadığı takdirde fark edilmesi mümkün olmayan, son derece değerli şeyler çıkarak hayatınıza akar. Bu kısıtlamalara bilinçli olarak teslim olan insanların bazıları, şifacı veya spiritüel eğitmenler olurlar. Diğerleri ise, insanların acılarını dindirmek veya bu dünyaya yaratıcı bir armağan verebilmek için özverili bir şekilde çalışırlar.

Yetmişli yılların sonlarında, birkaç arkadaşımla birlikte her öğlen, eğitim gördüğüm Cambridge Üniversitesi'nin lisansüstü bölümünün kafeteryasında yemek yerdim. Bazen yakınlardaki masalardan birine tekerlekli sandalyeye mahkum bir adam gelirdi. Bu adamın yanında genellikle üç dört kişi daha olurdu. Adam bir keresinde tam karşımdaki masaya oturdu ve ben de onu yakından incelemekten kendimi alamadım, ama gördüğüm şey beni şoke etti. Adam neredeyse tamamen felçli gibiydi. Bedeni inanılmaz derecede zayıftı, başı da sürekli olarak öne doğru eğik duruyordu. Yanındaki kişilerden biri tarafından ağzına koyulan lokmaların yarısından çoğu, bir diğer kişinin çenesinin altında tuttuğu bir tabağa dökülüyordu. Tekerlekli sandalyede oturan adam arada bir anlaşılması mümkün olmayan vıraklamaya benzer sesler çıkarıyordu ve yanındaki adamlardan biri kulağını onun ağzına doğru yaklaştırıyor ve adamın ne dediğini anlayarak ona yanıt veriyordu.

Daha sonra arkadaşlarıma bu adamı tanıyıp tanımadıklarını sordum. "Tabii ki tanıyoruz," diye yanıtladılar. "Kendisi matematik profesörüdür, yanındakiler de onun lisansüstü öğrencileri. Onda kişinin tüm bedenini zaman içinde felç eden motor nöron hastalığı var. En fazla beş yıl ömrü olduğu söyleniyor. Bir insanın sahip olabileceği en kötü yazgı bu olmalı."

Birkaç hafta sonra, ben binadan çıkarken aynı adamın içeri girmekte olduğunu gördüm. Akülü tekerlekli sandalyesinin geçmesi için kapıyı tuttuğumda, bir an için bakışlarımız karşılaştı. Gözlerindeki berraklığı fark ederek hayrete düştüm. Bu gözlerde ufacık bir mutsuzluk belirtisi bile yoktu. Onun direnmekten vazgeçtiğini hemen hissettim. O, teslimiyet içinde yaşıyordu.

Aradan birkaç yıl geçti. Bir gün bir gazete bayiinden aldığım tanınmış bir uluslararası haber dergisinin kapağında bu adamın fotoğrafını görerek çok şaşırdım. Hâlâ hayattaydı ve dünyanın en tanınmış kuramsal fizikçisi olmuştu. Bu adam Stephen Hawking idi. Dergideki makalede, yıllar önce onun gözlerinde gördüğüm teslimiyeti teyit eden çok güzel bir satır vardı. Hawking, hayatı hakkında bir yorumda bulunması istendiğinde, (ses bireşimcisini kullanarak) şöyle demişti: "Kim bundan daha fazlasını isteyebilir ki?"

VAR'LIK SEVİNCİ

Mutsuzluk veya olumsuzluk gezegenimizde bir hastalık gibi yaygındır. Dışsal düzeyde hava kirliliği neyse, içsel düzeyde de olumsuzluk aynı şeydir. O, sadece insanların yeterince şeye sahip olmadıkları yerlerde değil, fazlasıyla şeye sahip oldukları yerlerde de, hatta belki de daha fazlasıyla var. Bu şaşırtıcı bir şey mi? Hayır değil. Dünyanın bolluk içinde olan yerlerinde yaşayanlar, daha yoğun bir şekilde biçimle özdeşleşmiş, içeriğin içinde kaybolmuş ve egonun içine daha çok sıkışmış durumdadırlar.

İnsanlar onlara mutluluk veren tüm şeylere, diğer bir deyişle biçime bağımlı olduklarını sanırlar. Yaşadıklarının evrendeki en geçici olaylar olduğunu ve sürekli değiştiğini fark edemezler. Onlara göre şimdiki an, olmaması gerekirken olmuş olanlarla bozulmuş veya olması gerekirken olmamış olanlar nedeniyle eksik kalmıştır. Böylece, hayatın özündeki ezelden beri mevcut olan ve olan bitenin ve biçimin ötesindeki o daha derin mükemmelliği gözden kaçırırlar. O yüzden, şimdiki an'ı kabul edin ve tüm biçimlerden daha derin olan ve zamanın el süremediği o mükemmelliği yakalayın.

Tek gerçek mutluluk, Var'lık sevincidir, ama bu mutluluk size herhangi olay veya bir biçim, mal, mülk, başarı veya kişi olarak gelmez. Dahası, asla sizin ayağınıza *gelmez.* O mutluluk, içinizdeki biçimsel olmayan boyuttan, yani bilincinizin kendisinden çıkar ve böylece gerçek kimliğinizle bir bütün oluşturur.

EGONUN SÖNMESİNE İZİN VERMEK

Ego, güç kaybetmesine neden olacak herhangi bir durum algıladığı vakit, hemen savunmaya geçer. "Ben" kavramının zihindeki biçimini eski haline sokmak için, ego-onarıcı mekanizmalar otomatik olarak devreye girer. Birisinin "ben"i suçlaması veya eleştirmesi, ego için benliğin güç kaybetmesi anlamına gelir, o yüzden de kendisini haklı gösterme, savunma veya başkalarını suçlama yöntemlerini kullanarak bunu engellemeye çalışır. Diğer kişinin haklı veya haksız olması, egoyu ilgilendiren bir konu değildir. O gerçekten çok, özsavunmayla, yani "ben"in psikolojik biçiminin korunmasıyla ilgilenir. Trafikte giderken, bir sürücünün size "salak" diye bağırmasına karşılık vermeniz bile, aslında egonun otomatik onarım mekanizmasının bir işidir. En sıklıkla karşılaşılan egoonarım mekanizması, geçici olmakla birlikte muazzam bir ego şişkinliği yaratan öfkedir. Egoya göre, onarım mekanizmalarının tümü mantıklıdır, ama aslında hepsi de bozuktur. Bu mekanizmaların içinde en bozuk olanlar fiziksel şiddet ve büyüklenmeci fantaziler (büyüklük kompleksi) olarak ortaya çıkan kendi kendini kandırmadır.

Güçlü spiritüel uygulamalardan biri, egonun sönmesine bilinçli olarak izin vermek ve onu eski haline sokmaya yeltenmemektir. Bu yöntemi zaman zaman denemenizi öneririm. Örneğin, birisi sizi eleştirdiği, suçladığı veya size kötü sözler söylediğinde, hemen karşılık vermek veya kendinizi savunmak yerine, hiçbir şey yapmayın. Öz-imajınızın sönük kalmasına izin verin ve içinizin derinlerinde neler hissettiğinize dikkat edin. Birkaç saniye için, kendinizi büzüşmüş gibi hissedecek ve rahatsız olacaksınız, ama daha sonra içinizde coşku dolu içsel bir ferahlık duyacaksınız. Büzüşmüş veya boyunuz kısalmış filan değilsiniz. Tam tersine, büyümüş ve genişlemişsinizdir. Sonra aniden hayret verici bir şey fark edeceksiniz: Kendinizi bir şekilde küçülmüş gibi hissetseniz de ve sadece dışsal olarak değil, içsel olarak da mutlak tepkisizlik içinde kalsanız da, aslında hiçbir şeyin küçülmediğini ve "daha az" olmanın sizi aslında "daha çok" yaptığını fark edersiniz. Savunmaya geçmediğiniz veya biçiminizi güçlendirmeye çalışmadığınızda, biçimle özdeşleşmekten, yani zihinsel öz-imajınızdan da kurtulursunuz. Egonun algısına göre "daha az" olmakla, aslında siz bir büyümeye neden olmuş ve Var'lığınızın öne çıkması için ona yer açmış bulunmaktasınız. Gerçek güç, yani sizin biçimsel olmayan kimliğiniz, bu zayıflamış gibi görünen biçimin içinden öne çıkacaktır. İsa'nın "Kendinizi inkar edin" veya "Bir yanağınıza vurana, diğer yanağınızı da çevirin," derken söylemek istediği buydu.

Tabii ki bu, sizin tacize davetiye çıkarmanız veya kendinizi bilinçsiz insanların bir kurbanı haline getirmeniz demek değildir. Bazen koşullar birisine kesin bir ifadeyle "düş ensemden!" demenizi gerektirir. Ego-temelli bir savunmaya girişmediğiniz müddetçe, ağzınızdan çıkan sözcükler etkili olacak ama siz tepkisel davranmamış olacaksınız. Eğer gerekirse, birisine açık ve güçlü bir şekilde "hayır" diyebilirsiniz ve bu, benim "yüksek kaliteli bir hayır" olarak tanımladığım ve tüm olumsuzluktan özgür olan bir "hayır" olur.

Özel biri olmak veya diğerlerinin arasından sıyrılıp öne çıkmak gibi bir kaygınız yoksa, kendinizi evrenin gücüyle uyumlu bir hale getirip, onunla işbirliğine girişmeye hazırsınız demektir. Egoya zayıflık olarak görünen bir şey, aslında tek gerçek güçtür. Bu gerçek, çağdaş kültürümüzün değerleriyle ve bu kültürün kişilerin davranışlarını şartlandırmasıyla tam bir tezat oluşturur.

Kadim *Tao Te Ching* öğretisi, bir dağ olmak için çabalamak yerine "evrenin vadisi olun" der.[1] Böylece, bütünlüğe geri dönebilirsiniz ve "Her şey size gelir."[2]

İsa da verdiği vaazlardan birinde aynı şekilde konuşmuş ve

"Bir yere davet edildiğinde, git en arkada otur. Öyle ki, seni davet eden kişi geldiği vakit sana, 'Dostum, daha öne buyurmaz mısın?' desin. O zaman, seninle birlikte sofraya oturan herkesin önünde onurlandırılmış olursun. Kendisini yücelten herkes alçaltılacak, kendisini alçaltan herkes yüceltilecektir," demiştir.

Bu ilkeyi tam olarak uygulamanın bir diğer yolu da gösteriş yaparak, kendinizi ön plana çıkararak, insanları etkileyerek ve onların dikkatlerini üzerinize çekerek benliğinizi güçlendirmeye çalışmaktan kaçınmaktır. Bu, zaman zaman herkes fikrini beyan ettiği bir ortamda kendi fikrinizi açıklamaktan kaçınmanızı ve böylece bunun nasıl bir şey olduğunu deneyimlemenizi gerektirebilir.

DIŞARIDA NE VARSA, İÇERİDE DE AYNISI VARDIR

Gece başınızı kaldırıp da bulutsuz bir gökyüzüne baktığınızda, hem inanılmaz bir yalınlığa hem olağanüstü bir derinliğe sahip olan bir gerçeği kolaylıkla fark edersiniz. Orada gördüğünüz nedir? Ay, gezegenler, yıldızlar, Samanyolu'nun parlak kuşağı, bir kuyruklu yıldız ve belki de iki milyon ışık yılı ötedeki Andromeda Galaksisi... Evet, ama bunları daha basite indirgeyecek olursanız, ne gördüğünüzü nasıl ifade edersiniz? Uzay boşluğunda yüzmekte olan nesneler mi? O zaman, evren nelerden oluşuyor? Nesnelerden ve boşluktan...

Berrak bir havada gökyüzüne baktığınızda nutkunuz tutulmuyorsa, gerçekten bakmıyor ve oradakilerin tümünü görmüyorsunuz demektir. Muhtemelen sadece oradaki şeylere bakıyor ve onları tanımaya ve isimlendirmeye çalışıyorsunuzdur. Ama uzaya baktığınızda bir huşu içine girdiğiniz veya bu insan aklının kavrayamayacağı gizemin karşısında derin bir saygı duyduğunuz olduysa, o zaman bir an için dahi olsa, açıklama ve etiketleme arzunuzu yenmiş ve sadece oradaki şeylerin değil, o boşluğun kendi sonsuz derinliğinin de farkına varmışsınız demektir. Ayrıca, sayısız dünyaların var olduğu bu enginliği fark edecek içsel dinginliğe de içinizde ulaşmış olmalısınız. İçinizdeki bu huşu duygusu, oralarda milyarlarca dünyanın var olması gerçeğinden değil, bu derinliğin onların tümünü içinde barındırıyor olmasından kaynaklanmaktadır.

Tabii ki uzay boşluğunu göremezsiniz. Onu duymanız, tatmanız, koklamanız veya ona dokunmanız da mümkün değildir. Peki, o zaman onun var olduğunu nereden bilirsiniz? Bu mantıklı gibi görünen soru aslında temel bir yanlış içermektedir. Boşluğun özü hiçliktir, o nedenle sözcüğün normal anlamı açısından "var" değildir. Sadece "biçimler" vardır. O yüzden ona "uzay" demek bile yanıltıcıdır, çünkü bir ad vermekle onu da bir cisim haline sokmuş oluruz.

Şöyle diyelim: Sizin içinizde de uzay boşluğuyla benzerlik içinde olan bir şey vardır; o yüzden onu fark etmiyorsunuz. Fark etmek mi? İşte, bu da tam olarak doğru değil, çünkü orada fark edilecek bir şey yoksa, boşluğu nasıl fark edeceksiniz ki?

Bu sorunun yanıtı hem çok basit, hem de çok derindir. Boşluğu fark ettiğinizde, farkındalığın yani bilincin içsel dinginlik alanı dışında herhangi bir şeyi fark etmiş olmuyorsunuz. Aslında, bunu yaptığınızda sizin vasıtanızla evren kendisini fark etmiş oluyor!

Göz, görecek bir şey bulamayınca, o hiç-lik boşluk olarak algılanır. Kulak, duyacak bir şey bulamadığında, o hiç-lik sessizlik olarak algılanır. Biçimleri algılamak için tasarlanmış olan duyularımız bir biçim yokluğuyla karşılaştığında, algının gerisinde yatan ve tüm algılarla tüm deneyimleri mümkün kılan, biçimi olmayan o bilinç, biçimle artık gölgelenemez hale gelir. Uzay boşluğunun akıl almaz derinliğini düşündüğünüzde veya günün erken saatlerinde güneş doğmadan önceki sessizliğe kulak verdiğinizde, içinizde bir şeyin bir farkındalık içine girerek titreşmeye başladığını hissedersiniz. Daha sonra, uzayın derinliğini kendi derinliğiniz gibi algılar ve biçimi olmayan o değerli dinginliğin, hayatınızdaki her şeyden daha çok "siz" olduğunu anlarsınız.

Hindistan'ın antik kutsal metinleri olan Upanishad'larda, aynı gerçek şu sözcüklerle ifade edilmektedir:

O, gözle görülmeyendir, ama gözler O'nunla görür: O'nu Brahman olarak bil, O insanların tapınacağı bir şey değildir. O, kulakla işitilmeyendir, ama kulaklar O'nunla işitir: O'nu Brahman olarak bil, O insanların tapınacağı bir şey değildir... O, düşünceyle düşünülmeyendir, ama zihindeki düşünceyi de olduran O'dur: O'nu Brahman olarak bil; O insanların tapınacağı bir şey değildir.[3]

Bu kutsal yazıda anlatılan şudur: Tanrı, biçimi olmayan bilinçtir ve sizin asıl kimliğinizin özüdür. O'nun dışında kalan her şey biçimdir ve "insanların tapınacağı şey"dir.

Evrenin nesnelerden ve boşluktan, yani şeylerden ve hiçlikten oluşan çift yönlü gerçeği, aslında sizin de gerçeğinizdir. Akıllıca yaşanan, dengeli ve üretken bir yaşam, gerçeği oluşturan bu iki boyut arasında, yani biçim ile boşluk arasında yapılan bir dans gibidir. İnsanların çoğu kendilerini biçim boyutuyla, duyusal algılarla, düşüncelerle ve duygularla öylesine özdeşleştirmişlerdir ki, yaşamlarının üstü örtülü, ama son derece hayati olan bir bölümünü gözden kaçırırlar. Bu insanlar, kendilerini biçimle özdeşleştirmeleri yüzünden egolarının içinde sıkışıp kalmışlardır.

Gördüğünüz, duyduğunuz, dokunduğunuz veya düşündüğünüz her şey, aslında gerçeğin, tabiri caizse, sadece yarısıdır. Yani biçimdir. İsa'nın öğretilerinde bundan "dünya" olarak, diğer boyuttan da "gökyüzünün (cennetin) krallığı veya sonsuz hayat" olarak bahsedilir.

Boşluk nasıl ki her şeyin var olmasını mümkün kılıyorsa ve nasıl ki sessizlik olmadan ses olamazsa, siz de gerçek kimliğinizin özü olan ve biçimi olmayan o boyut olmadan var olamazdınız. Eğer "Tanrı" sözcüğü bu kadar yanlış kullanılmasaydı, bu boyuta bu adı verebilirdik. Ben ona "Var'lık" demeyi tercih ediyorum. Var'lık tüm oluşumlardan da öncedir, yani O her şeyden önce vardı. Oluşum bir biçimdir, içeriktir, "olanlar"dır. Oluşum hayatın ön alanı, Var'lık ise, deyim yerindeyse, arka plandaki alanıdır.

İnsanlığın kolektif hastalığı şudur: insanlar kendilerini olup bitene o kadar kaptırmışlar, sürekli değişen biçimlerin dünyasıyla öylesine hipnotize olmuşlar ve yaşadıklarının içine öylesine dalmışlardır ki, içeriğin, biçimin ve düşüncenin gerisindeki özü unutmuşlardır. Zaman ile o kadar akıllarını bozmuşlardır ki, gerçek yuvaları, yazgıları ve asıl kaynakları zihinlerinden silinmiştir. Halbuki kimliğinizle ilgili canlı gerçek, öncesizlik ve sonrasızlıktır.

Birkaç yıl önce Çin'e yaptığım bir ziyarette, Guilin yakınlarındaki bir dağın üzerine kurulmuş olan bir stupa (Budist anıtı) gördüm. Anıtın üzerinde altın harflerle yazılmış bir yazı vardı. Çinli rehberime orada yazılanların ne anlama geldiğini sordum. " 'Buda' anlamına geliyor," dedi. "O zaman neden bir yerine iki karakter var?" diye sordum. Rehber şöyle yanıt verdi: "Birincisi 'adam', ikincisi ise 'hiç' demek. İkisi bir araya gelince 'Buda' anlamına geliyor." Hayretten donmuş bir şekilde orada kalakaldım. 'Buda' sözcüğünü oluşturan o iki karakter, Buda'nın tüm öğretilerini gözler önüne seriyor ve görmeyi bilen gözler için hayatın sırrını açıklıyordu. İşte, gerçeği görmenizi, yani biçimin siz olmadığının fark etmenizi bu iki boyut sağlıyordu: şey-lik (şey'iyye) boyutu ve hiç-lik boyutu, yani biçim boyutu ve biçimin reddedilmesi boyutu.

SEKİZİNCİ BÖLÜM

İÇSEL BOŞLUĞUNUZU (DİNGİNLİK ALANINIZI) KEŞFETMEK

Eski bir Sûfi hikayesine göre, Orta Doğu'daki ülkelerden birinde ruh hali durmadan mutluluk ile bunalım arasında gidip gelen bir hükümdar varmış. En küçük bir şey bile onu allak bullak etmek ve yoğun bir içsel tepki içine sokmak için yeterli olur, mutluluğunu süratle hayal kırıklığına ve hüsrana dönüştürürmüş. Hayattan bezen hükümdarın kendisi de sonunda bu halinden usanmış ve bir çözüm bulmak için kafa yormaya başlamış. Ülkede yaşayan ve aydınlanmış bir kişi olarak tanınan bilge bir adamı huzuruna davet etmiş. Bilge adam gelince ona, "Ben de senin gibi olmak istiyorum. Hayatıma denge, dinginlik ve bilgelik getirecek bir şey verebilir misin bana?" diye sormuş ve eklemiş: "Sana dilediğin kadar para veririm."

Bilge adam şöyle demiş: "Size yardımcı olabilirim. Ama bunun bedeli o kadar yüksek olur ki, tüm ülkenizi bile verseniz ödeyemezsiniz. O yüzden, eğer beni onurlandırmak isterseniz, bunu size bir armağan olarak vermeme izin verin." Hükümdar bunu kabul etmiş ve adam da onun huzurundan ayrılmış.

Birkaç hafta sonra, adam geri gelmiş ve hükümdara yeşim taşından yapılmış gösterişli, süslü püslü bir kutu uzatmış. Hükümdar kutunun kapağını açmış ve orada basit bir altın yüzük olduğunu görmüş. Yüzüğün üzerinde bazı harfler kazılıymış ve şöyle yazıyormuş: *Bu da, geçer.* "Bu da ne demek?" diye sormuş hükümdar. Bilge adam, "Bu yüzüğü her zaman takın. Başınıza ne gelirse gelsin, iyi veya kötü olduğuna karar vermeden önce bu yüzüğe dokunun ve bu yazıyı okuyun. Böylece, her zaman huzur içinde olursunuz," demiş.

Bu da, geçer. Bu basit sözcükleri bu kadar güçlü kılan şey nedir? Yüzeyden baktığımız vakit, bunların kötü bir olay karşısında insana biraz rahatlama sağlayabileceğini, ancak "Çok heveslenme, çünkü bu mutluluk uzun sürmeyecek" gibi bir mesaj vererek, iyi olayların keyfini çıkarmasını da engelleyebileceğini söyleyebiliriz. Bir düşünün, iyi olarak algılanan bir durum söz konusu olduğunda, bu sözcükler o anlama da gelmiyor mu?

Ama bu sözcükleri daha önce gördüğümüz iki diğer hikaye bağlamında düşünecek olursak, onların gerçekten de çok derin bir anlam taşıdığını açıkça görebiliriz. Verdiği tek yanıt "Öyle mi?" olan Zen üstadını anlatan hikaye, olayları direnmeden kabul etmenin, yani olan bitenle bir birlik oluşturmanın faydalarını çok güzel bir şekilde vurgulamaktadır. Veciz bir şekilde hep "belki" diyen adamın hikayesi de, yargılayıcı olmama bilgeliğine değinmektedir. Az önce gördüğümüz yüzük hikayesi ise, her şeyin geçici olduğunu ve bunu idrak edebilenlerin kendilerini olaylara kaptırmayacakları mesajını vermektedir. Nitekim direnmemek, yargılayıcı olmaktan kaçınmak ve olan bitene bağımlı olmamak, gerçek özgürlüğün ve aydınlanmış bir şekilde yaşamanın üç temel ilkesidir.

Yüzüğün üzerinde yazılı olan bu sözcükler size hayatınızdaki güzel şeylerin keyfini çıkarmayın demiyor, üstelik de size güç zamanlarınızda rahatlık da sağlamıyor. Onların çok daha derin bir amacı var. Bu amaç iyi olsun, kötü olsun, tüm biçimlerin geçici olmasına bağlı olarak karşılaştığınız her durumun kısa süreli olduğu ve uçup gittiğine dair sizde bir farkındalık yaratmaktır. Tüm biçimlerin geçici olduğunu fark ederseniz, onlara olan bağlılığınız da azalır ve kendinizi bir ölçüde onlarla özdeşleşmekten kurtarabilirsiniz. Bu, dünyanın size sunduğu iyi ve güzel şeylerin keyfini çıkarmayacaksınız anlamına gelmez. Tam tersine, bunlardan daha çok zevk almaya başlarsınız. Tüm şeylerin geçici olduğunu ve değişimin kaçınılmazlığını görür ve kabul ederseniz, sürdükleri müddetçe dünyanın tüm güzelliklerinin tadını gelecek hakkında endişe duymadan veya kaybetme korkusu yaşamadan çıkarabilirsiniz. Hayatınızda olan bitene bağımlı olmazsanız, onların içinde sıkışıp kalmaz ve onları daha yüksek bir konumdan izleyebilirsiniz. Böylece, uzayın enginliğiyle sarılmış olan Dünya gezegenine tepeden bakan ve şu çelişkili gerçeği gören bir astronot gibi olursunuz: Dünya çok değerli ama aynı zamanda da çok önemsiz... *Bu da, geçer* sözcükleri sizi bağımlılıktan kurtarır ve içsel alanınızın yeni bir boyut kazanmasını sağlar. Sizin bu boyuta erişebilmeniz ise, bu bağımlılıktan, yargılayıcı olmaktan ve içsel direnişten kurtulmanızla mümkün olur.

Biçimlerle kendinizi özdeşleştirmekten tamamen kurtulduğunuzda, bilinç yani gerçek kimliğiniz de biçim içinde hapsolmaktan kurtulur. Bu özgürlük, aynı zamanda içsel alanın da oluşmasıdır ve bir dinginlik, kötü bir şeylerle karşılaşmış olsanız bile içinizdeki belli belirsiz bir huzur hissi olarak tezahür eder. *Bu da, geçer.* O olayın etrafında aniden bir alan oluşur. Duygusal inişlerin ve çıkışların, hatta acının ve her şeyin ötesinde, düşüncelerinizin etrafı bile bu boşlukla kaplanır. Ve bu boşluktan "bu dünyaya ait olmayan" bir huzur çıkar, çünkü bu dünya biçimdir ve huzur ise boşluktur. Bu, Tanrısal bir huzurdur.

Şimdi artık onlara önem vermeden ve sahip olmadıkları anlamlar yüklemeden, bu dünyadaki şeylerin keyfini çıkartabilir ve onları kabul edebilirsiniz. Yaratılış dansına katılabilir, kendinizi sonuçlara bağlamadan ve dünyadan "beni tatmin et, beni mutlu kıl, beni güvende hissettir veya bana kim olduğumu söyle," gibi mantıksız taleplerde bulunmadan aktif bir hayat sürdürebilirsiniz. Dünya size bunları veremez ve bu tür beklentileri geride bıraktığınız takdirde, kendi yarattığınız acılar da sona erer. Bütün o acıların nedeni, biçime verilen aşırı değer ve içsel alan boyutunun farkında olmamaktır. O boyut hayatınıza girdiği anda, nesnelerin, deneyimlerin ve duyusal zevklerin keyfini çıkarabilir, onların içinde kaybolmaz, onlara içsel anlamda bağlanmaz, yani bir dünya bağımlısı haline gelmezsiniz.

Bu da, geçer sözcükleri gerçeğe işaret eden sözcüklerdir. Bir yandan bütün biçimlerin geçiciliğini gösterirken, bir yandan da dolaylı olarak sonsuzluğa da işaret ederler. Sadece içinizdeki sonsuzluk, geçici olanın geçiciliğini fark edebilir.

Boşluk boyutu kaybedildiği, daha doğrusu bilinmediği takdirde, dünyadaki şeyler mutlak bir önem, gerçekte sahip olmadıkları bir ciddiyet ve ağırlık kazanır. Biçimden arınmış bir bakış açısıyla bakmadığınız takdirde, dünya tehditlerle dolu bir yer haline gelir ve sonunda umutsuzluk her yeri kaplar.

NESNE BİLİNCİ VE İÇSEL BOŞLUK (DİNGİNLİK ALANI) BİLİNCİ

İnsanların pek çoğunun hayatı bir sürü şeyle doludur: Maddi şeyler, yapılması gereken işler, düşünülecek şeyler... Onların hayatları, Winston Churchill'in "bir lanet şey, diğerini takip eder" diye tanımladığı insanlık tarihi gibidir. Zihinleri de birbirini takip eden düşünce kalabalığıyla doludur. Pek çok kişinin öncelikli gerçekliği haline gelmiş olan nesne (obje) bilinci boyutu dediğimiz şey, işte budur. Bu kişilerin hayatlarının bu kadar dengesiz olmasının altında yatan neden de budur. Akıl sağlığının gezegenimize geri gelmesi ve insanlığın yazgısını yaşaması için, nesne bilincinin dinginlik bilinciyle dengelenmesi gerekir. Dinginlik bilincinin yükselmesi, insanlık evriminin bir sonraki aşamasıdır.

İçsel boşluk (dinginlik alanı) bilinci, duyusal algıların, düşüncelerin ve duyguların bilincinde olmaya ek olarak, bir de dipten akan bir farkındalığın olması demektir. Farkındalık sizin sadece şeylerin (objelerin) değil, farkında olduğunuzun da farkında olmanız demektir. Eğer ön alanda bir şeyler olurken, içinizdeki arka alanda uyanık bir dinginlik hissediyorsanız, işte bahsettiğimiz boyut budur! Bu boyut aslında herkeste vardır, ama insanların pek çoğu ondan tamamen habersizdir. Bazen ben onların dikkatini çekmek için şöyle derim: "Kendi Mevcudiyetinizi hissedebiliyor musunuz?"

İçsel boşluk bilinci sadece egodan değil, bu dünyanın 'şeyleri'ne olan bağımlılıktan, materyalizmden ve maddesellikten de arınmış olmayı temsil eder. Bu dünyaya, üstün ve gerçek anlamını sadece manevi (spiritüel) boyut getirebilir.

Bir olay, bir kişi veya bir durum nedeniyle üzüldüğünüz

vakit, üzüntünüzün asıl nedeni o olay, o kişi veya o durum değil, bir tek içsel boşluk (içsel sessizlik ve sükunet, içsel derinlik) alanının temin edebileceği gerçek perspektifi kaybetmiş olmanızdan kaynaklanmaktadır. Siz nesne bilinci içinde sıkışıp kalmışsınızdır ve içinizdeki zaman üstü olan boşluk bilincinin farkında değilsinizdir. Bir yol gösterici olarak kullanıldığında, *Bu da, geçer* sözcükleri bu boyutun farkındalığını size geri getirebilir.

Şu ifade de, içinizdeki dinginlik alanı bilincine işaret eden bir diğer gerçeği içermektedir: "Üzüntüm, asla sandığım nedenden dolayı değildir."[1]

DÜŞÜNCENİN ALTINA DÜŞMEK VE ÜSTÜNE YÜKSELMEK

Çok yorgun olduğunuzda, kendinizi daha huzurlu ve her zaman olduğunuzdan daha gevşemiş hissedebilirsiniz. Bunun nedeni düşüncelerinizin yatışmış ve zihninizin ürettiği sorunlu benliğinizi unutmuş olmanızdır. Uykuya doğru kayıyorsunuzdur. (İçinizdeki acı-yumağını tetikleyecek kadar çok olmamak kaydıyla) alkol aldığınızda veya birtakım ilaçlar kullandığınızda da aynı şekilde gevşer, bir umursamazlık içine girer ve bir süre için kendinizi daha bile canlı hissedebilirsiniz. Hatta insanların çok eski zamanlardan beri mutluluklarını ifade etmek için yaptıkları gibi, siz de şarkı söylemeye ve dans etmeye bile başlayabilirsiniz. Zihniniz size daha az yük verdiği için, Var'lık olmanın mutluluğuna anlık bir bakış atabilirsiniz. Beki de alkole "spirit/canlılık" denmesinin nedeni de budur. Ama bu durumun bedeli ağır, yani bilinçsizlik olabilir.

Düşüncelerinizin üstüne yükselmek yerine, onların altındaki bir düzeye düşmüşsünüzdür. Birkaç kadeh daha... ve bitkiler âlemine doğru geri vites takarsınız.

İçsel boşluk bilincinin "kendinden geçmek"le bir ilgisi yoktur. Bunların tek ortak noktası, ikisinin de düşüncenin ötesinde olmalarıdır. Aralarındaki temel fark ise şudur: içsel boşluk bilincinde düşüncenin yükseklerine çıkarsınız; diğerinde ise altına düşersiniz. Birincisi insan bilincinin evrimindeki sonraki aşamadır, ötekisi ise bizi çok uzun zaman önce arkamızda bıraktığımız bir evreye geri götürür.

TELEVİZYON

Dünya üzerindeki milyonlarca insanın boş vakitlerini doldurmak, daha doğrusu doldurmamak için en fazla tercih ettikleri şey, televizyon seyretmektir. Ortalama bir Amerikalı altmış yaşına gelene kadar hayatının on beş yılını televizyon ekranının önünde geçirir. Diğer pek çok ülkede bu süre hemen hemen aynıdır.

İnsanların çoğu televizyon izlemeyi "rahatlatıcı" bulur. Dikkat ederseniz, ekrana ne kadar çok odaklanırsanız, düşünce aktivitenizin o kadar yavaşladığını görürsünüz. Gerçekten de, sohbet programlarını, durum komedilerini ve hatta reklamları izlerken zihniniz hemen hemen hiçbir düşünce üretmez. Sorunlarınızı hatırlamamakla kalmaz, bir süre için kendinizden bile koparsınız. Bundan daha rahatlatıcı bir şey olabilir mi?

Peki, o zaman televizyon izlemek içsel bir dinginlik alanı yaratabilir mi? Şimdiki an'da bulunmanızı sağlar mı? Ne yazık ki, hayır... Zihniniz uzun bir süre boyunca hiç düşünce üretmeyebilir, ama televizyondaki gösterinin düşünce aktivitesine bağlanmış durumdadır. Kendisini kolektif zihnin televizyon versiyonuna bağlamıştır ve onun düşüncelerini düşünüyordur. Zihniniz sadece düşünce üretme açısından aktif değildir, yoksa televizyon ekranından gelen düşünceleri ve imgeleri sürekli olarak özümsemektedir. Bu sizi, hipnozun yaptığı gibi, transa benzeyen bir tür aşırı bir duyarlılık içine sokar. Sizi bu kabullenici gaflet durumunda yakalamak için milyonlarca dolar ödeyen politikacıların, belirli menfaat gruplarının ve reklamcıların da çok iyi bildiği gibi, televizyonun "kamu oyu" yaratma konusunda güdüleyici bir etkisi vardır. Onlar düşüncelerinin sizin düşünceleriniz olmasını isterler ve genellikle de bunu başarırlar.

Dolayısıyla, televizyon seyrettiğiniz vakit, düşüncenin üstüne yükselmek değil, altına düşme eğilimi içinde olursunuz. Televizyonla alkol ve diğer bazı uyuşturucular arasındaki ortak nokta budur. Sizi zihninizden uzaklaştırarak bir miktar rahatlama sağlamakla birlikte, bunun karşılığında size büyük bir bedel ödetir. Bu bedel farkındalığınızı kaybetmenizdir. Televizyonun da bu uyuşturucular gibi bağımlılık yaratma özelliği vardır. Kapatmak için uzaktan kumandayı elinize alırsınız, bir de bakarsınız ki kanal kanal gezinmeye başlamışsınız. Yarım veya bir saat sonra, hâlâ televizyon izliyor ve hâlâ kanallar arasında dolaşıyorsunuzdur. Kumandanın üzerindeki kapatma düğmesi parmağınızın basamadığı tek düğmedir. İzlemeye devam edersiniz ve bunu dikkatinizi çeken bir program bulduğunuz için değil, ilginizi çeken herhangi bir şey bulamadığınız için yapıyorsunuzdur. Bir kez kancaya takıldıysanız, bu televizyon serüveniniz olmayacak bir hal alır, anlamsızlaşır ve sizi giderek daha da bağımlı bir hale getirir. İlginç ve düşündürücü programlar zihninizi kendisi için düşünmeye zorlar ama bu hiç olmazsa daha bilinçli bir harekettir ve trans halinde televizyon izlemekten daha iyidir. En azından, dikkatiniz ekrandaki imgelerin tutsağı olmaktan kurtulur.

Programın içeriği, belirli bir kaliteye sahip olduğu takdirde, televizyonun hipnotize eden ve beynini uyuşturan etkisini ortadan kaldırabilir. Bazı programların pek çok kişiye son derece yararlı olduğu bilinmektedir, bu programlar onların hayatını iyi yönde değiştirmiş, yüreklerini açmış ve onları daha bilinçli bir hale getirmiştir. Pek önemli bir içeriği olmayan bazı komedi programları bile, egoyu ve insan hallerini karikatürize ederek, farkında olmadan spiritüel bir amaca hizmet edebilmektedir. Bunlar bize hiçbir şeyi fazla ciddiye almamayı, hayata karşı kaygısız bir yaklaşım sergilemeyi öğretir ve hepsinden de öte, bizi güldürerek eğitir. Kahkaha atmak son derece özgürleştirici ve şifa vericidir. Ne var ki, televizyonda izlediğimiz programların pek çoğu tamamen egolarının kontrolü altında olan kişilerce hazırlanmaktadır. Tamamen egonun kontrolü altına girmiş olan televizyon gizli gündemini uygular, yani uyutarak ve bilinçsiz kılarak sizi kontrolü altına alır. Yine de, televizyonda henüz tam olarak keşfedilmemiş muazzam bir potansiyel olduğunu söylememiz gerekir.

Her iki-üç saniyede bir, hatta daha da hızla değişen imgeler içeren program ve reklamları izlemekten kaçının. Aşırı televizyon izlemek ve özellikle de bu tür programlar, günümüzde dünya üzerindeki milyonlarca çocuğun zihnini etkileyerek, onlarda dikkat eksikliğine neden olmuş bulunmaktadır. Kısa dikkat süresi bütün ilişkilerinizi ve algılarınızı sığlaştırır ve onların tatmin edici olmasını engeller. Ne yaparsanız yapın ve o durumdayken ne gibi bir eylem içinde olursanız olun bir kalite yakalayamazsınız, çünkü kalite dikkat ister.

Sık sık ve uzun süreli televizyon seyretmek sizi sadece bilinçsiz kılmakla kalmaz, aynı zamanda pasifleştirir ve enerjinizi de tüketir. O yüzden, gelişigüzel programlar seyretmek yerine, izlemek istediğiniz programları seçin. Bunu yapmayı hatırladığınız vakit, izleme sırasında içinizde oluşan canlılığı hissedin. Zaman zaman da nefes alıp verişinize dikkat edin. Düzenli aralıklarla gözlerinizi ekrandan ayırın, böylece televizyonun sizin görsel duyunuzu tamamen kontrol altına almasını önlemiş olursunuz. Sesi gerektiğinden fazla açmazsanız, işitsel duyunuz da rahatsız olmaz. Reklamlar sırasında, televizyonun ses düğmesini sessize alın. Kesinlikle televizyonu kapattıktan hemen sonra yatağa girmeyin ve daha da önemlisi televizyon açıkken kesinlikle uyuyakalmayın.

İÇSEL BOŞLUĞU (DİNGİNLİK ALANINIZI) TANIMAK

Hayatınızda düşüncelerinizin arasındaki aralıklar (dingin alanlar) muhtemelen giderek genişlemektedir ve siz bunun farkında bile olmayabilirsiniz. Deneyimlerin büyülediği ve kişinin kendisini tamamen biçimlerle özdeşleştirmesi için şartlandırılan bir bilinçlilik durumunun, yani nesne bilincinin, başlangıçta bu alanın farkına varması hemen hemen imkansızdır. Bu da, sonuçta sizin kendinizi de fark etmediğiniz anlamına gelir, çünkü siz sürekli olarak başka şeyleri fark etmekle meşgulsünüzdür. Yani, hep biçimlerin kontrolü altındasınızdır. Kendinizin farkında olduğunuz gibi göründüğünüz vakit bile, kendinizi bir şeye, yani bir düşünce biçimine dönüştürmüşsünüzdür. Dolayısıyla da farkında olduğunuz şey kendiniz değil, o düşüncedir.

İçsel boşlukla (dinginlik alanıyla) ilgili bir şeyler öğrendiğiniz vakit, bir arayış içine girebilirsiniz, ama bir nesneyi arar gibi veya bir deneyim yaşama niyetiyle aradığınız için, onu bulmanız mümkün olmaz. Spiritüel farkındalığı veya aydınlanmayı arayan kişilerin karşılaştığı en büyük ikilem de zaten budur. İsa o yüzden, "Tanrı'nın krallığı gözlemlenecek işaretler olarak gelmez; ne de onlar size, 'Hey, bakın işte o burada!' veya 'Orada!' diyeceklerdir, çünkü Tanrı'nın krallığı tam burada, sizin içinizdedir," demiştir.

Hayatınızı uyanık bir bilinçle yaşıyor ve onu memnuniyetsizlik, endişe, vesvese, depresyon veya diğer olumsuz durumların etkisiyle tükenmiş bir halde harcamıyorsanız... yağmurun veya rüzgarın sesini dinlemek gibi basit şeylerden keyif alabiliyorsanız... gökyüzünü bir boydan bir boya geçen bulutların güzelliğini görebiliyor, arada bir kendinizi yalnız hissetmeden tek başınıza kalabiliyor ve eğlenmek için herhangi bir zihinsel uyarıcıya ihtiyaç hissetmiyorsanız... bir çıkarınız olmayan ve size tamamen yabancı olan birisine içten gelen bir nezaketle ve sevecenlikle yaklaşabiliyorsanız... O zaman bilin ki, zihninizdeki o dur durak bilmeyen düşünce akışına rağmen, ne kadar kısa bir süre için olursa olsun, içinizde düşünce-siz bir boş alan açılmıştır. Böyle bir şey gerçekleştiği vakit, kendinizi esenlik ve belli belirsiz de olsa canlı bir huzur içinde bulursunuz. Bu duygunun yoğunluğu, arka alanda var olan ve güçlükle fark edilen bir mutluluk hissinden başlayarak, kadim Hint bilgelerinin *ananda* dedikleri, Var'lık Sevinci arasında değişebilir. Sadece biçime dikkat etmeyle şartlandırıldığınız için, onu muhtemelen sadece dolaylı olarak fark edebiliyorsunuzdur. Örneğin, güzellikleri görme, basit şeylerden keyif alma, kendi başına kalmanın zevkine varabilme veya diğer insanlarla sevgi dolu bir iletişim kurabilme yeteneğinde ortak bir nokta vardır. Bu ortak nokta, hissettiğiniz memnuniyetin, huzurun ve canlılığın oluşturduğu ve var olmaması halinde, bu duyguların hiçbirinin gerçekleşemeyeceği o arka alandır.

Hayatınızda ne zaman bir güzellik ve bir sevecenlik olsa ve basit şeylerden keyif almanın iyiliğini fark ettiğiniz an, bu içsel deneyimin arka alanını görmeye çalışın. Ama onu, sanki bir şey arıyormuşsunuz gibi aramayın. Onu bir anda saptayıp, "İşte, onu yakaladım," diyemezsiniz veya onu zihinsel terimlerle tanımlayamazsınız. O, bulutsuz bir gökyüzü gibidir. Biçimi yoktur. O uzay gibi bir boşluktur: O dinginliktir, Var'lık Sevinci'nin tatlılığıdır ve birer işaret edici olmaktan öteye gidemeyen bu sözcüklerden kesinlikle çok daha fazlasıdır. Bu arka alan, kendi içinizde doğrudan hissettiğiniz ölçüde derinleşecektir. Dolayısıyla, bir ses, bir görüntü, bir dokunuş gibi basit bir şeyin değerini takdir ettiğinizde, gözleriniz bir güzellik gördüğünde, başka birine karşı sevgi dolu bir yakınlık hissettiğinizde, bu deneyimin kaynağını ve arka alanını oluşturan o içsel boşluğu da hissetmeye çalışın.

Tarih boyunca pek çok şair ve bilge kişi, benim Var'lık Sevinci olarak tanımladığım gerçek mutluluğun basit ve önemsiz gibi görünen şeylerde olduğunu keşfetmişlerdir. Başlarına önemli şeylerin gelmesini bekleyen insanların çoğu, aslında önemsiz olmayan ama onlara önemsizmiş gibi görünen şeyleri sürekli olarak kaçırırlar. Tanınmış düşünür Nietzsche, ender yaşadığı bir derin dinginlik anında şöyle yazmıştır: "Mutluluk için aslında ne kadar az şeye gerek var! Mutluluk en azın, en yumuşağın, en hafifin, bir kertenkelenin sürünürken çıkardığı hışırtının, bir soluğun, bir bakışın içindedir... En büyük mutluluğun özü en azda yatıyor. Bunu yaşamak için dingin olun,"[2] demiştir.

Peki "en büyük mutluluğun özü" neden "en az"da yatıyor? Çünkü gerçek mutluluğun *nedeni*, başlangıçta öyle görünse de, bir şey veya bir olay değildir. Bir şey veya bir olay, o kadar belli belirsiz veya öylesine kendi halindedir ki, bilincinizin sadece küçük bir bölümünü oluşturur, gerisi içsel alanınız yani biçimin engelleyemediği bilincin ta kendisidir. İçsel alan bilinci ve kim olduğunuz sizin özünüzdedir ve temelde tek ve aynı şeydir. Ve gerçek mutluluk, yani Var'lık Sevinci, bu içsel alandan, şartlandırılmamış bilincin kendisinden çıkar. Ama küçük ve sessiz şeylerin farkına varmak için yine de içinizde dingin ve yüksek düzeyde bir uyanıklık içinde olmanız gerekir. Sessiz ve dingin olun. Bakın. Dinleyin. Şimdi'de olun.

İçinizdeki o dinginlik alanını bulmanın bir başka yolu daha vardır: Farkında olduğunuzun farkında olmak. "Ben ben-im" deyin veya "ben ben-im" diye düşünün ve buna başka bir şey eklemeyin. "Ben ben-im"i izleyen dinginliğin farkına varın. Mevcudiyetinizi, çıplak, örtülmemiş ve gizlenmemiş olan o gerçek varlığınızı hissedin. Genç veya yaşlı, zengin veya fakir, iyi veya kötü olmanız veya diğer hiçbir özelliğiniz onu etkilemez. O, yaratılmış olan her şeyi ve tüm biçimleri içine alan geniş rahimdir.

DAĞDAKİ DERENİN SESİNİ DUYABİLİYOR MUSUN?

Bir Zen üstadı, öğrencilerinden biriyle birlikte bir dağ yolunca sessizce yürüyordu. Eski bir sedir ağacının yanına geldiklerinde, biraz pirinç ve sebzeden oluşan basit yemeklerini yemek için ağacın dibine oturdular. Yemekten sonra, henüz Zen felsefesinin gizemini keşfedememiş genç bir keşiş olan öğrenci, sessizliği bozarak Ustasına, "Usta, ben Zen'e nasıl girebilirim?" diye sordu.

Aslında öğrencinin sormak istediği şey, Zen adı verilen bilinç durumuna nasıl geçebileceğini öğrenmekti.

Üstat sessiz kaldı. Öğrenci bir yanıt alabilmek için neredeyse beş dakika kadar bekledi. Tam yeni bir soru sormak üzereyken, Üstat aniden konuşmaya başladı. "Dağdaki derenin sesini duyabiliyor musun?"

Öğrencinin dağda öyle bir dere olduğundan bile haberi yoktu. Zen'in anlamını düşünmekten başka bir şey yapmamıştı bugüne kadar. Şimdi kulak kabartmış, derenin sesini duymaya çalışırken, gürültücü zihni biraz yatışmaya başlamıştı. Önce hiçbir şey duymadı. Sonra, düşüncelerinin yerini yüksek bir uyanıklık aldı ve aniden derenin çok uzaklardan gelen belli belirsiz şırıltısını duymayı başardı.

"Evet," dedi. "Şimdi onu duyabiliyorum."

Ustası parmağını kaldırdı ve hem öfkeli, hem de yumuşak bir bakışla öğrencisine "Zen'e işte oradan gir," dedi.

Öğrenci afallamıştı. Bu, onun ilk *satori*si, yani içinde parlayan ilk aydınlanma ışığıydı. Ne bildiğini bilmeden, Zen'in ne olduğunu bilmişti!

Usta ve öğrencisi yollarına sessizlik içinde devam ettiler. Öğrenci etrafındaki dünyanın canlılığı karşısında şaşkına dönmüştü. Her şeyi sanki ilk kez görüyor ve ilk kezmiş gibi deneyimliyordu. Ama yavaş yavaş yine düşünmeye başladı. Zihninin gürültüsü, içindeki uyanık dinginliğin üstünü yeniden örtmüştü. Nitekim az sonra bir soru daha sordu. "Usta," dedi. "Düşünüyorum da... Eğer dağdaki derenin sesini duyamamış olsaydım, siz bana ne diyecektiniz?" Üstat durdu, ona baktı ve bir parmağını uzatarak şöyle dedi: "Zen'e işte oradan gir."

DOĞRU EYLEM

Ego şöyle sorar: Bu durumun benim ihtiyaçlarımı gidermesi için ne yapmalıyım veya benim ihtiyaçlarıma *yanıt verecek* başka bir duruma nasıl geçebilirim?

Mevcudiyet, içsel bir dinginlik alanı içinde olma durumudur. Şimdi'de iseniz, şöyle sorarsınız: İçinde olduğum durumun, şimdiki an'ın gerektirdiklerine nasıl yanıt verebilirim? Aslında, bu soruyu sormanız bile gerekmez. *Olana* karşı zaten dingin, uyanık ve açıksınızdır. Duruma yeni bir boyut, "Boşluk" boyutunu getirmiş durumdasınızdır. Sonra, bakın ve dinleyin. Böylece durumla bir olursunuz. Bir duruma tepki vermek yerine, onunla kaynaşırsanız, durumun kendisi zaten size bir çözüm sunacaktır. Aslında, bakan ve dinleyen siz, yani bir kişi değildir. Bunu yapan uyanık dinginliğinizdir. Daha sonra, eğer bir eylem içine girmek mümkün veya gerekli ise eyleme geçersiniz, daha doğrusu doğru eylem sizin vasıtanızla gerçekleşir. Doğru eylem, bütünle uyum içinde olan eylemdir. Böyle bir durumda, eylem gerçekleştikten sonra, uyanıklık ve ferah dinginlik aynen devam eder. Ortada elini kaldırıp meydan okur gibi "İşte bu!" diye zafer çığlıkları atan kimse yoktur. "Görün bakın, bunu ben yaptım," diyecek biri de yoktur.

Bütün yaratıcılığın kaynağı içsel boşluk, yani içinizdeki ferah alandır. Bir yaratıcılıkta bulunduktan ve bir şey biçim bulduktan sonra, "ben" ya da "benim" kavramının doğmaması için tetikte olmalısınız. Yaptığınız şey için kendinize pay çıkarmak isterseniz, ego geri döner ve o dinginlik karanlıklara gömülür.

ADLANDIRMADAN ALGILAMAK

Çoğu insan, özellikle de aşina bir çevredeyken, etraflarındaki dünyayı belli belirsiz bir şekilde fark ederler. Kafalarının içindeki ses, dikkatlerinin büyük bir kısmını yutar. Bazı insanlar yolculuk yaparken ve daha önce görmedikleri yerleri veya yabancı ülkeleri gezerken, kendilerini daha canlı hissederler, çünkü o zamanlarda onların duyu algılamaları, yani deneyimledikleri şeyler, onların bilincinde düşüncelerden daha çok yer kaplar. Dolayısıyla, kendilerini daha çok Şimdi'de hissederler. Diğer bazı insanlar ise, öyle zamanlarda bile tamamen kafalarının içindeki sesin kontrolü altındadır. Onların algıları ve deneyimleri anlık yargılamalar nedeniyle bozulmuştur. Onlar gezdiklerini sanırlar ama hiçbir yere gitmemişlerdir. Sadece bedenleri seyahattedir, kendileri ise her zaman oldukları yerde, yani kafalarının içindedir.

İnsanların çoğunun gerçekliği şudur: Bir şey algılandığı anda, ego dediğimiz o hayalet kimlik ona bir ad verir, yorum yapar, başka bir şeyle karşılaştırır, onu beğenir veya beğenmez ya da onu iyi veya kötü olarak tanımlar. Bu insanlar düşünce biçimlerinin, yani nesne bilincinin içinde sıkışıp kalmışlardır.

Bu zorlayıcı ve bilinç dışı adlandırmalar sona ermeden veya en azından siz egonuzun bunu yaptığını fark etmeden ve onu bunu yaparken gözlemlemeden, ruhsal olarak uyanmanız mümkün değildir. Egonun gözlemlenmeyen zihin olarak kalmasının nedeni, bu bitmez tükenmez adlandırmalardır. Bu durduğu anda veya siz onu fark ettiğiniz anda, içsel bir alan oluşur ve zihninizin esiri olmaktan kurtulursunuz.

Yakınlarınızda duran bir nesneyi seçin. Bu, bir dolma kalem, bir sandalye, bir fincan veya bir bitki olabilir. Onu görsel olarak derinlemesine inceleyin. Ona büyük bir dikkat, ilgi ve hatta merakla bakın. Yalnız, seçtiğiniz nesne, onu nerede satın aldığınız veya size kimin verdiği gibi güçlü çağrışımlar yaparak geçmişi hatırlatan ve sizin için özel anlamı olan bir nesne olmasın. Bir kitap veya bir şişe gibi, üzerinde yazı olan bir nesne seçmekten de kaçının, çünkü bu tür özellikler sizi düşünmeye sevk eder. Sonra, bu nesneye kendinizi zorlamadan, gevşemiş ve uyanık bir şekilde dikkatinizi verin, her bir ayrıntısını iyice inceleyin. Eğer bu arada zihninizde bazı düşünceler oluşursa, onlara aldırmayın. Sizin ilgilendiğiniz şey düşünceler değil, algılama eyleminin kendisidir. Düşüncelerinizi algılarınızdan çıkarabiliyor musunuz? Kafanızın içindeki o ses yorum yapmadan, birtakım sonuçlara varmadan, karşılaştırmalara girişmeden veya bir şeyler anlamaya çalışmadan, siz o nesneye bakabiliyor musunuz? Birkaç dakika sonra, bakışlarınızın odanın içinde (veya o anda her neredeyseniz orada) dolaşmasına ve uyanık ilginizin, odaklandığı her şeyi aydınlatmasına izin verin.

Daha sonra çevreden gelebilecek her sese kulak verin. Etrafınızdaki şeyleri nasıl incelediyseniz, bunları da aynı uyanıklıkla dinleyin. Bunların bazıları su, rüzgar veya kuşlardan gelenler gibi doğal sesler olabilir, bazıları ise insanlardan kaynaklanır. Kulağınıza bazıları hoş gelebilir, diğer bazıları ise gelmeyebilir. Buna rağmen, bunları iyi veya kötü diye ayırmayın. Yorum yapmayın ve her bir sesin olduğu gibi olmasına izin verin. Buradaki anahtar da, rahat ama uyanık bir dikkat içinde olabilmektir.

Bu şekilde baktığınız ve dinlediğiniz takdirde, içinizde belli belirsiz ve başlangıçta gözlemlenmesi çok güç olan bir sükunet içine girdiğinizi fark edebilirsiniz. Bazı insanlar bunu arka alandaki bir dinginlik olarak hissederler. Diğerleri ise buna huzur der. Düşüncelerin artık tamamen yutamadığı bilincin bir bölümü kendi orijinal, biçimi olmayan, şartlandırılmamış halinde kalır. İşte, içsel boşluk dediğimiz şey budur.

DENEYİMLEYİCİ KİMDİR?

Gördüğünüz, duyduğunuz, tattığınız ve kokladığınız her şey, tabii ki duyusal nesneler ve deneyimlediğiniz şeylerdir. Peki bunları deneyimleyen kimdir? Örneğin, eğer şu anda "Kim olacak? Tabii ki, kırk beş yaşındaki Amerikalı kıdemli muhasebeci ve eşinden boşanmış, iki çocuk annesi olan ben, yani Jane Smith," derseniz yanılırsınız. Jane Smith de dahil olmak üzere, Jane Smith kavramıyla özdeşleştirilen diğer her şey, deneyimlenen nesnelerdir ve deneyimi yaşayan özneler değildir.

Her deneyimin olası üç içeriği vardır: Duyusal algılar, düşünceler veya zihinsel imgeler ve duygular. Jane Smith, kıdemli muhasebeci, kırk beş yaşında, boşanmış ve iki çocuk annesi ve Amerikalı... Bunların tamamı düşüncedir ve o yüzden de bunlar aklınızdan geçtiği anda yaşadıklarınızın, yani deneyimlediklerinizin bir parçasıdır. Bütün bunlar ve kendiniz hakkında söyleyebileceğiniz veya düşündüğünüz her şey nesneldir ve öznel değildir. Yani deneyimdir, deneyimi yaşayan değil. Kim olduğunuza dair daha binlerce tanım (düşünce) üretebilir ve bunu yaparken kendinizle ilgili deneyimlerinizin karmaşıklığını (ve tabii bu arada psikiyatristinizin gelirini de) arttırabilirsiniz ama yine de, tüm deneyimden önce var olan ve var olmadığı takdirde hiçbir deneyimin mümkün olmayacağı deneyimleyicinin kim olduğunu bulmanız mümkün olmaz.

Peki, deneyimleyici kimdir? Sizsiniz. Peki siz kimsiniz? Bilinç. Bilinç nedir? Bu soruya yanıt vermek mümkün değildir, çünkü yanıt verdiğiniz anda onu saptırmış ve başka bir nesne haline sokmuş olursunuz. Geleneksel olarak *tin* diye bilinen bilincin, bilinç sözcüğünün normal anlamıyla bilinmesi mümkün değildir ve bunu yapmaya çalışmak boşa kürek çekmektir. Özne ve nesne, yani bilen ve bilinenle ilgili tüm biliş, ikililik (dualite) âlemindedir. "Ben", yani o olmadan hiçbir şeyin bilinemeyeceği, algılanamayacağı, düşünülemeyeceği ve hissedilemeyeceği bilen özne, daima bilinmeyen olarak kalmalıdır. Bunun nedeni "ben"in bir biçiminin olmamasıdır. Sadece biçimler bilinebilir, ama buna rağmen biçimi olmayan boyut olmadan, biçim dünyası da var olamaz. O, dünyanın doğduğu ve battığı aydınlık boşluktur. O boşluk, "ben" olan hayattır. O, zamandan bağımsızdır. "Ben" de zamandan bağımsızım ve sonsuzum. O boşlukta olup biten tüm zevkler ve acılar, kazançlar ve kayıplar, doğumlar ve ölümler, kısacası her şey göreceli ve geçicidir.

İçsel boşluğun keşfindeki ve deneyimleyicinin kim olduğunun saptanmasındaki en büyük engel, kendinizi deneyime fazla kaptırmanız ve onun içinde kaybolmanızdır. Bu, bilincinizin de kendi rüyası içinde kaybolması anlamına gelir. Kendinizi her düşünceye, her duyguya ve her deneyime öylesine kaptırırsınız ki, bir rüya âlemine geçmiş gibi olursunuz. İnsanlığın binlerce yıldır içinde bulunduğu durum aslında, tam da budur.

Bilinci bilemezseniz bile, kendiniz olarak onun farkına varabilirsiniz. Nerede ve hangi durumda olursanız olun, onu doğrudan duyumsayabilirsiniz. Onu burada ve şimdi, kendi Mevcudiyetiniz ve bu sayfadaki sözcüklerin algılandığı ve düşünce haline geldiği dinginlik olarak hissedebilirsiniz. O, temeldeki "ben ben-im"dir. Okuduğunuz ve düşündüğünüz sözcükler ön alanda bulunmaktadır ve alt katmanda ise "ben ben-im" vardır, yani tüm deneyimlerin, düşüncelerin ve duyguların özündeki arka alan...

NEFES

Zihninizdeki düşünce dizisinin içinde bazı dinginlik alanları yaratarak içinizdeki dinginlik alanlarını keşfedebilirsiniz. Bunlar olmadan, düşünceleriniz dünya üzerindeki pek çok kişide olduğu gibi, aynı minval üzerinde tekrarlayan, hayal gücünden ve yaratıcı pırıltıdan yoksun bir hale gelir. Bu dinginlik alanlarının süresi konusunda endişelenmeniz gerekmez. Birkaç saniye bile yeterlidir. Zaman içinde bu süreler sizin bir şey yapmanıza gerek kalmadan kendiliğinden uzar. Sürelerinden daha önemli olan şey, onları sıklıkla yaratmak ve böylece günlük aktivitelerinizin ve düşünce akışınızın arasına dinginlik alanları serpiştirmektir.

Geçenlerde birisi bana büyük bir spiritüel organizasyonun yıllık tanıtım broşürünü gösterdi. Broşüre baktığımda, çok sayıda ilginç seminer ve atölye çalışmalarıyla karşılaşınca çok etkilendim. Gördüklerim bana, İskandinav ülkelerindeki, aralarından dilediğinizi seçebileceğiniz ve boydan boya baştan çıkarıcı yiyeceklerle donanmış, "smorgasbord" adı verilen açık büfeleri hatırlatmıştı. Broşürü veren kişi bana bunların arasından bir veya iki dersi önerip öneremeyeceğimi sordu. Ben de "Bilmiyorum," diye yanıt verdim. "Hepsi de çok ilginç görünüyor." Ve sonra ekledim: "Ama size şunu söyleyebilirim: Aklınıza her geldiğinde ve her fırsatta nefes farkındalığı egzersizleri yapın ve buna bir yıl boyunca devam edin. Göreceksiniz ki, bunun sağlayacağı yarar, sizde bu kursların tümüne katılmaktan çok daha güçlü bir dönüşüm yaratacaktır. Üstelik de beş kuruş bile ödemeden..."

Nefes farkındalığı, dikkatinizi düşüncelerinizden uzaklaştırır ve içinizde bir dinginlik alanı yaratır. Bilinç geliştirmenin bir yolu da budur. Bilincin özü, aslında ifade bulmamış bir şekilde bir yerlerde durmaktadır, ama bizim amacımız onu bu boyuta getirmektir.

Nefes aldığınızın farkında olun. Onun yarattığı duyguyu gözleyin. Havanın bedeninizin içine girip çıkışını hissedin. Nefes alıp verirken, göğsünüzün ve karnınızın nasıl inip kalktığını fark edin. Bilinçli tek bir nefes bile, az önce durmadan birbirini takip eden bir dizi düşüncenin olduğu yerde, boş bir alan yaratmak için yeterlidir. Gün boyunca birkaç kez bilinçli olarak tek bir nefes almak (iki veya üç olması daha da iyi olur), hayatınızda dingin bir alan yaratmak için mükemmel bir yöntemdir. Diğer bazı insanlar gibi, iki saat, belki de daha uzun bir süre boyunca nefes meditasyonu yapmış olsanız bile, bilinçli olarak aldığınız tek bir nefes dahi farkındalık içine girmeniz veya girebilmeniz için yeterli olur. Meditasyon süresinin geri kalanı, ya anı ya da öngörü, yani düşüncedir. Nefes alıp verme aslında sizin yaptığınız bir şey değildir, oluşuna tanık olduğunuz bir olaydır. Nefes alıp verme kendiliğinden oluşur. Bunu yapan bedenin içindeki zekadır. Sizin bütün yapmanız gereken şey, onun oluşuna tanık olmaktır. Kendinizi herhangi bir şekilde zorlamanız veya herhangi bir çaba göstermeniz gerekmez. Bu arada, nefes alıp verirken, yeni bir nefes almadan önce, özellikle de nefesinizi verdikten sonra oluşan sükun noktasını da hissedin.

Bazı insanlar derin nefes alamazlar. Bu doğal olmayan bir durumdur, ama farkındalığınızı ne kadar geliştirirseniz, o ölçüde doğal bir şekilde derin nefes alabilirsiniz.

Nefes, bir biçimi olmadığı için, çok eski zamanlardan beri *tin*le, yani biçimi olmayan tek Hayat'la özdeşleştirilmiştir. "Tanrı insanı topraktan yarattı ve onun burnuna hayat nefesini üfledi. Böylece, insan yaşayan bir varlık oldu." Almancada nefes almak için kullanılan *atmen* sözcüğü, eski Hintçe'deki (Sanskrit) *içte yatan ilahi ruh veya Tanrı anlamına gelen Atman'*dan türetilmiştir.

Nefesin biçiminin olmaması, nefes farkındalığının hayatınıza dinginlik getirmek, yani bilinç yaratmak için kullanılan son derece etkili yöntemlerden biri olmasının nedenlerinden biridir. Özellikle de bir nesne olmaması, onu mükemmel bir meditasyon aracı yapmaktadır. Diğer neden de, nefesin en belli belirsiz ve en önemsiz gibi görünen bir fenomen, yani Nietzsche'nin deyimiyle "en büyük mutluluğun özünü" oluşturan "en küçük şey" olmasıdır. Nefes farkındalığı egzersizlerini biçimsel meditasyonlarınızda uygulamak size kalmış bir şeydir, ama günlük hayatınıza içsel boşluk bilincini (dinginliği) getirmenin yerini biçimsel meditasyonun tutamayacağını da hatırda tutmanız gerekir.

Nefesinizin farkında olmak sizi Şimdi'ye taşır. Bu, tüm içsel dönüşümlerin anahtarı olan bir konumdur. Nefesinizin farkına vardığınız anda, mutlak bir şekilde Şimdi'de bulunursunuz. Bu konumdayken, aynı anda *hem* düşünüp, *hem de* nefes alamadığınızı fark edersiniz. Bilinçli nefes alıp vermek, düşüncelerinizi durdurur, ama bu bir trans haline girmek veya yarı uykuda olmak demek değildir. Aslında, son derece uyanık ve tetiktesinizdir. Düşünmenin altına düşmüyor, tam tersine onun üstüne yükseliyorsunuzdur. Daha yakından baktığınızda, bu iki şeyin, yani tamamen Şimdi'de bulunmanın ve bilinç kaybı olmadan düşünce sürecini durdurmanın, aynı ve tek şey, yani boşluk bilincinin doğması olduğunu da görürsünüz.

BAĞIMLILIKLAR

Uzun süren bir kompülsif davranış kalıbını bağımlılık olarak tanımlamak mümkündür. Bağımlılık, içinizde sözde bir varlık veya bir alt kimlik olarak yaşayan ve belirli aralıklarla sizi tamamen kontrol altına alan bir enerji alanıdır. Zihninize, yani kafanızın içindeki sese bile tamamen hakim olur ve bu sesi kendi sesi gibi kullanır. Şöyle diyebilir: "Zor bir gün geçirdin. Kendini ödüllendirmeyi hak ettin. Hayatındaki tek zevkten kendini neden mahrum edesin ki?" Böylece, eğer farkındalık eksikliği nedeniyle kendinizi o içsel sesle özdeşleştirmiş iseniz, kendinizi buzdolabına doğru yürürken ve bol kalorili o çikolatalı pastaya uzanırken bulabilirsiniz. Bazen de bu bağımlılık, sizin düşünen zihninizi tamamen es geçebilir. Bir bakarsınız ki, bir sigara tüttürüyor veya elinizde bir içki kadehi tutuyorsunuzdur. "Bu benim elime nasıl geldi?" diye hayret edersiniz. Sigarayı paketten çıkardığınızı, yaktığınızı veya kendinize bir içki koyduğunuzu hiç fark etmemişsinizdir bile.

Sigara içmek, aşırı yemek yemek, içki içmek, televizyon izlemek veya sürekli internet kullanmak gibi kompülsif bir davranış kalıbının tutsağı iseniz, şu şekilde davranabilirsiniz: Bu kompülsif ihtiyacın baş gösterdiğini fark eder etmez, durun ve üç kez bilinçli nefes alıp verin. Bu sizin bir farkındalık içine girmenizi sağlayacaktır. Sonra, birkaç dakika için bu dürtünün içinizde bir enerji alanı yaratma çabalarını gözleyin. Bu ihtiyacın fiziksel veya zihinsel olarak bir maddeyi yutma veya tüketme veya bir tür kompülsif davranışta bulunma arzusunu bilinçli olarak hissedin. Sonra bir iki bilinçli nefes daha alıp verin. Ondan sonra o dürtünün, şimdilik de olsa, geçmiş olduğunu fark edeceksiniz. Eğer o dürtünün sizi hâlâ kontrolü altında tuttuğunu hissederseniz ve bu konuda bir şey yapamayacağınızı ve teslim olmanız gerektiğini düşünüyorsanız, bunu da bir sorun haline getirmeyin. Bu bağımlılığınızı da, yukarıda bahsettiğimiz farkındalık egzersizlerinizin bir parçası haline getirin. Farkındalığınız güçlendikçe, bağımlılık kalıplarınız da zaman içinde zayıflayacak ve ortadan kalkacaktır. Yine de, akıllıca argümanlarla bağımlığınızı size haklı göstermeye çalışacak olan düşüncelerinizi daha onlar oluşurken yakalamayı unutmayın. Kendinize sorun. Bu konuşan kimdir? O zaman, konuşanın bağımlığınız olduğunu da anlarsanız. Bunu bildiğiniz ve şimdiki an'da bulunup zihninizi gözlediğiniz müddetçe, onun istediğini yaptırmak için sizi kandırma olasılığı düşük olacaktır.

İÇSEL BEDEN FARKINDALIĞI

Hayatınızda huzur bulmanın bir başka basit ama çok etkili yolu nefesle çok yakından bağlantılıdır. Nefes alıp verirken havanın belli belirsiz bir şekilde içinize girmesini, göğsünüzün ve karnınızın inip çıkmasını hissederken, kendi içsel bedeninizin de farkına varmış olursunuz. Dikkatiniz daha sonra nefesinizden tüm içinize yayılmış olan o canlılığa odaklanır.

Bazı insanlar düşünceleriyle öyle kendilerinden geçmişler

ve kendilerini kafalarının içindeki o sesle öylesine özdeşleştirmişlerdir ki, içlerindeki canlılığı artık hissedemez olmuşlardır. Fiziksel bedene can veren hayatı, sizin kendiniz olan o hayatı hissedememek, başınıza gelebilecek en büyük yoksunluktur. Ondan sonra o doğal esenlik halinin yerine başka şeylerden medet umar ve aslında içinizde her zaman var olmakla birlikte genellikle göz ardı edilen o canlılıkla iletişim kuramadığınız için sürekli olarak sizi rahatsız eden o duyguyu örtüp saklamak için bir arayış içine girersiniz. İnsanlar genellikle uyuşturuculara bağlı sarhoşluklar veya çok yüksek sesle çalınan müzik, gerilimli ve heyecan verici aktiviteler veya seks bağımlılığı gibi duyuları aşırı şekilde uyaran şeylerden medet umarlar. İlişkilerde yaşanan dramatik olaylar bile bazen o gerçek esenlik duygusunun bir alternatifi olarak görülür. Bu kişiler, arka alandaki hiç dinmeyen huzursuzluklarını saklamak için yakın ilişkiler içine girerler ve "beni mutlu edecek" o erkeği veya o kadını ararlar. Bu maceralar, doğal olarak genellikle "hayal kırıklığı"yla sona erer. Ve huzursuzluk yeniden baş gösterdiğinde de, bunun sorumlusu olarak partnerler görülür.

İki veya üç kez bilinçli nefes alıp verin. Şimdi, bedeninizin tamamına yayılan o belli belirsiz canlılık hissini fark edip edemediğinize bir bakın. Deyim yerindeyse, bedeninizin içini hissedebiliyor musunuz? Bedeninizin belirli bölümlerini sırayla hissetmeye çalışın. Ellerinizi, sonra kollarınızı, ayaklarınızı ve bacaklarınızı hissedin. Karnınızı, göğsünüzü, boynunuzu ve başınızı hissedebiliyor musunuz? Ya dudaklarınızı? Onlarda hayat var mı? Bu egzersizi yaparken başlangıçta gözlerinizi kapamak isteyebilirsiniz, ama bir kez bedeninizi hissettikten sonra gözlerinizi açın, etrafınıza bir bakın ve bunu yaparken aynı zamanda bedeninizi de hissetmeye çalışın. Bazı okuyucularımız gözlerini kapatma ihtiyacı hissetmeyeceklerdir; öyle ki onlar bedenlerinin içini belki de bu satırları okurken bile hissedebiliyorlardır.

İÇSEL BOŞLUK VE UZAY BOŞLUĞU

Bedeninizin içi katı maddeden oluşmamıştır ve içinde boşluklar vardır. Fiziksel biçiminize can veren şey, sizin fiziksel bedeniniz değil, onun içindeki hayattır. Bedeni yaratan ve onu güçlü tutan şey onun içindeki zekadır ve bu zeka, olağanüstü karmaşıklıkta olan ve insan aklının sadece minik bir kısmını kavrayabildiği yüzlerce işlevi aynı anda koordine eder. Siz bunun farkına vardığınız an, gerçekte olan şey o zekanın da kendi kendisinin farkına varmasıdır. Bu, onu arayan bilincin de aslında *o olması* nedeniyle henüz hiçbir bilim adamının bulmayı başaramadığı ve tarifi ve anlaşılması zor olan gerçek hayattır.

Fizikçiler maddenin görünüşteki katılığının bizim duyularımızın yarattığı bir illüzyon olduğunu keşfetmişlerdir. Buna, biçim olarak algıladığımız ve düşündüğümüz ama %99.99'u boş alandan oluşan fiziksel beden de dahildir. Bu, atomların arasındaki boşluğun, onların ebatlarına göre ne kadar geniş olduğunu gösterir. Her bir atomun içinde de aynı ölçüde boşluk vardır. Fiziksel beden, gerçek kimliğinizle ilgili yanıltıcı bir algılamadan başka bir şey değildir. Pek çok açıdan, uzay boşluğunun mikrokozmik bir versiyonudur. Şu bilgiler size gök cisimlerinin arasındaki boşluğun ne kadar geniş olduğuna dair bir fikir verebilir: saniyede 186,000 millik (300,00 kilometre) sabit bir hızla yolculuk eden ışık, dünya ile ay arasındaki mesafeyi bir saniyeden biraz fazla bir sürede alır; güneş ışınlarının dünyaya gelmesi ise sekiz dakika sürer. Uzaydaki en yakın komşumuz ve bizim kendi güneşimize en yakın güneş olan Proxima Centauri adlı yıldızın ışığı dünyaya gelmek için 4.5 yıllık bir yolculuk yapmak zorundadır. Etrafımızı saran uzay işte bu denli engindir. Ayrıca bir de galaksiler arası uzay vardır ki, onun genişliği bütün kavrayışların ötesindedir. Bizimkine en yakın galaksi olan Andromeda Galaksisi'nden gelen ışık bize 2.4 milyon yılda ulaşır. Orantıya vurulduğunda, bedeninizin de evren kadar bir enginliğe sahip olması şaşırtıcı değil mi?

Dolayısıyla, biçimsel olan fiziksel bedenimiz, derinlere indikçe özünde biçimsel değildir ve içsel uzaya açılan bir kapı haline gelir. İçsel uzayın biçimi yoktur, buna rağmen çok yoğun bir canlılığı vardır. Bu "boş alan" hayatın kendisi, tezahür etmiş olan tüm şeylerin fışkırdığı ama kendisi tezahür etmemiş olan Kaynak'tır.

Düşünceler ve sözcükler biçim dünyasına aittir; biçimi olmayanı ifade edemezler. Dolayısıyla, "bedenimin içini hissedebiliyorum," dediğinizde bu, düşüncenin yarattığı yanlış bir algıdır. Gerçekte olan ise şudur: Beden biçiminde görünen bilinciniz, yani "gerçek siz" olan bilinciniz kendisini fark etmeye başlamıştır. Kim olduğumu, geçici bir "ben" biçimiyle karıştırmadığım müddetçe, sınırsızlık boyutu ve sonsuzluk, yani Tanrı, kendisini "benim" vasıtamla ifade edip "beni" yönlendirebilir ve beni biçime bağlı kalmaktan kurtarır. Yine de, "bu biçim ben değilim," şeklindeki salt düşünsel bir farkındalığın veya inanışın bir faydası olmaz. En önemli soru şudur: Şu anda, içimdeki boşluğu (dinginliği), yani kendi Mevcudiyetimi, daha doğrusu "ben olan Mevcudiyeti" hissedebiliyor muyum?

Bu gerçeğe daha farklı bir yoldan da yaklaşabiliriz. Kendinize şunu sorun: "Ben şu anda hem olan bitenin, hem de tüm şeylerin içinde olup bittiği, zamanın ötesindeki o canlı içsel boşluk olarak tezahür eden Şimdi'nin kendisinin de farkında mıyım?" Bu sorunun bedeninizin içiyle bir ilgisi yok gibi görünse de, Şimdi'nin farkına varmanın, size içsel olarak nasıl bir canlılık vereceğini bilmek sizi çok şaşırtabilir. O an, siz bedeninizin içindeki canlılığı, yani Var'lık olmanın verdiği saadetin özünde yatan canlılığı hissedersiniz. Onun ötesine geçmek ve aslında o olmadığımızı anlamak için bedenimizin içine bakmamız, onun içini görmemiz gerekir.

Günlük hayatınızda, elinizden geldiği kadar içsel beden farkındalığı içine girerek, içinizde dingin bir alan yaratmaya çalışın. Bir şey beklerken, birisini dinlerken, gökyüzüne, bir ağaca, bir çiçeğe, eşinize veya çocuğunuza bakmak için durduğunuzda, içinizdeki o canlığı da hissetmeye çalışın. Bu, dikkatinizin veya bilincinizin bir kısmının biçimsellikten kurtulması anlamına gelir, geri kalan kısmı ise dış dünyadaki biçimlerin emrine amadedir. Bedeninizin içinde bu şekilde "yaşadığınız" her an, bedeniniz Şimdi'de kalmanız için bir çıpa görevi görecek ve sizin düşünceler, duygular veya dışarıdaki durumlar içinde kaybolmanızı önleyecektir.

Bir şeyler düşündüğünüz, hissettiğiniz, algıladığınız ve deneyimlediğiniz vakit, bilinç biçim şeklinde doğar. Adeta bir düşünce, bir duygu, duyusal bir algı veya bir deneyim olarak başka bir bedende yeniden dirilir. Budistlerin er geç kurtulmayı umduğu yeniden doğuş döngüsü, hiç durmadan tekrarlanmaktadır ve ondan çıkmamız sadece şu anda ve Şimdi'nin gücü sayesinde mümkün olabilir. Şimdi'nin biçimini bütünüyle ve olduğu gibi kabul etmekle, boşlukla yani Şimdi'nin özüyle içsel bir işbirliğine girmiş olursunuz. Kabullenmeyle birlikte, içiniz bir dinginlik alanı haline gelir ve siz de biçim yerine o alanla uyumlu bir hale gelirsiniz. İşte, hayatınıza gerçek bakış açısını ve dengeyi getirecek olan da budur.

KISA ARALIKLARIN FARKINA VARMAK

Gün boyunca, art arta gördüğünüz ve duyduğunuz şeyler sürekli olarak değişir. Bir şeyi gördüğünüz veya bir sesi duyduğunuz ilk anda, özellikle de sizin tanıdığınız bir şey veya ses değilse, zihniniz ona bir ad vermeden veya bir yorum yapmadan önce, algılama sürecini başlatan bir uyanıklık alanı oluşur. İşte biz buna içsel boşluk diyoruz. Bunun süresi kişiden kişiye değişir ve fark edilmemesi de son derece kolaydır, çünkü pek çok kişide bu boşluklar sadece bir saniye ve hatta daha da kısa sürer.

Olan şey şudur: Yeni bir şey görür ve duyarsınız ve algılamanın ilk anında alışılagelmiş düşünme akışında kısa bir kesinti olur. Bilinç düşünceden uzaklaşır, çünkü şimdi duyu algılaması için ona ihtiyaç vardır. Sıra dışı bir görüntü veya ses bazen içinizin bile, deyim yerindeyse, "nutkunun tutulmasına" neden olur; yani içinizde daha uzun süreli bir boşluk oluşabilir.

Bu boşlukların sıklığı ve süresi sizin hayattan keyif alma ve diğer insanlara olduğu kadar doğaya karşı da içten bir bağlılık hissetme yeteneğinizi belirler. Ayna zamanda egonuzdan ne kadar bağımsız olduğunuzu da gösterir, çünkü ego boşluk boyutundan tamamen habersizdir.

Siz bu kısa aralıkların bilincine vardıkça, onlar da çok doğal bir şekilde oluşurlar ve süreleri daha da uzar. Böylece siz de algılama keyfinizi düşüncelerinizin müdahalesi olmadan veya pek az müdahaleyle karşılaşarak giderek daha sıklıkla yaşamaya başlarsınız. Etrafınızdaki dünya o zaman size daha taze, yeni ve canlı görünür. Hayatı ne kadar zihinsel bir soyutlama ve kavramsallaştırma paravananın arkasından seyrederseniz, içinde yaşadığınız dünya size o ölçüde cansız ve yavan gelir.

KENDİNİZİ BULMAK İÇİN KENDİNİZİ KAYBEDİN

İçsel boşluk dediğimiz şey, biçim kimliğinizi vurgulama ihtiyacından kurtulduğunuz anlarda da oluşur. Aslında, bu ihtiyaç egoyu ilgilendiren bir ihtiyaçtır ve gerçek bir ihtiyaç değildir. Daha önce de kısaca bu konuya değinmiştik. Bahsettiğimiz davranış kalıplarından bir veya ikisinden kurtulduğunuz takdirde, içinizde dingin bir boşluk oluşur ve siz de daha çok kendiniz olursunuz. Bunu yaptığınızda, ego sizin kendinizi kaybettiğinizi sanır. Halbuki bunun tam tersi olmuştur. Bu kalıplardan birini terk ettiğiniz vakit, biçim düzeyinde kimliğinizi önemsemezsiniz ve böylece biçim ötesindeki kimliğiniz daha belirgin olarak ortaya çıkar. Kısacası, daha çok olabilmek için daha az olursunuz.

İnsanların farkında olmadan biçim kimliklerini nasıl vurgulamaya çalıştıklarını göstermek için size birkaç örnek vereyim. Eğer yeterince uyanık olursanız, bu kalıpların bazılarını kendinizin de bilinçsizce uyguladığınızı keşfedebilirsiniz: Yaptığınız bir şey için takdir beklemek ve bunu almadığınız vakit öfkelenmek veya üzülmek; sorunlarınız veya hastalıklarınız hakkında konuşarak veya bir taşkınlık yaparak ilgi çekmeye çalışmak; kimse size bir şey sormadığı halde ve duruma herhangi bir etkisinin olmayacağını bile

bile fikrinizi söylemek; karşınızdaki kişiden çok, onun sizi nasıl gördüğüyle ilgilenmek, diğer bir deyişle kendi egonuzu güçlendirmek ve egonuzun yansımasını görmek için başkalarını kullanmak; malınızı mülkünüzü, bilginizi, güzelliğinizi, statünüzü, fiziksel gücünüzü ve benzeri şeyleri başkalarını etkilemek için kullanmak; birisine veya bir şeye karşı öfkeyle tepki vererek, geçici olarak egonuzu şişirmek; olayları kişiselleştirerek alınmak ve küsmek; faydasız zihinsel veya sözel argümanlarla kendinizi haklı, başkalarını haksız çıkarmak; fark edilmeyi ve başkalarının gözünde önemli görünmeyi istemek...

Kendinizde bu kalıplardan birini görüyorsanız, şöyle bir deney yapmanızı öneririm. O kalıbı terk ettikten sonra kendinizi nasıl hissettiğinize ve neler olduğuna bir bakın. Salıverin gitsin ve neler olduğunu görün.

Biçim kimliğinizi vurgulamaktan vazgeçmek de bilinci geliştirmenin bir başka yoludur. Bunu yaptığınız vakit, sizden dünyaya akacak olan o müthiş gücü kendi gözlerinizle göreceksiniz.

DİNGİNLİK

"Dinginlik Tanrı'nın konuştuğu dildir ve diğer her şey onun kötü bir çevirisidir," denir. Dinginlik aslında boşluğu anlatmak için kullandığımız bir diğer sözcüktür. Hayatımızda dinginlikle karşılaştığımız her seferinde onu fark edebilirsek, o zaman içimizdeki düşünceyi ve egoyu aşmış, biçimden arınmış ve zamanın ötesine geçmiş olan o boyuta da ulaşmış oluruz. Bu boyut, doğanın tamamını sarmalamış olan dinginlik veya sabahın erken saatlerinde odanızdaki sükunet veya iki sesin arasındaki sessizlik şeklinde tezahür edebilir. Dinginliğin biçimi yoktur, o yüzden düşünce yoluyla onu fark etmemiz mümkün değildir. Düşünce biçimdir. Dinginliğin farkında olmak demek dingin olmak demektir. Dingin olmak demek, düşünce olmadan bilinçli olmak demektir. Dingin olduğunuz vakit, başka hiçbir şekilde olamayacağınız kadar derinden ve özde siz olursunuz. Dingin olduğunuz vakit, "kişi" dediğimiz o fiziksel ve zihinsel biçime geçici olarak bürünmeden önceki siz olursunuz. Bu biçim ortadan kaybolduğu vakit, olacağınız varlık haline gelirsiniz. Dingin olduğunuz vakit, geçici varlığınızın ötesindeki siz, yani şartlanmamış, biçimi olmayan, ebedi ve ezeli bilinç olursunuz.

DOKUZUNCU BÖLÜM

İÇSEL AMACINIZ

Hayatta kalma konusunun üstesinden geldiğiniz anda, anlam ve amaç konuları hayatınızda çok önem kazanmaya başlar. Pek çok insan, hayatlarını anlamdan yoksun ve önemsiz hale getirdiğine inandıkları günlük koşuşturmaların esiri olmuş gibidir. Bu insanların bazılarına göre, hayatları ellerinden kayıp gitmektedir, hatta belki de çoktan gitmiştir. Diğer bazıları ise, iş hayatının getirdiği zorluklarla baş etmeye çalışır ve ailelerini geçindirme çabalarını sürdürürken, maddi durumlarının veya yaşam koşullarının güçlüğü yüzünden, kendilerini ciddi anlamda kapana kısılmış gibi hissederler. Bazılarında akut bir gerginlik, bazılarında ise sürekli bir bıkkınlık duygusu vardır. Bazıları çılgınca bir şeyler yapmaya çalışırken, diğer bazıları tembelliğe teslim olmuş durumdadır. Pek çok insan refahın vaat ettiği özgürlüğün ve rahatın özlemi içindedir. Refahın getirdiği göreceli bir özgürlüğe kavuşmuş olanlar da, bir süre sonra bunun bile hayatlarına bir anlam katmaya yetmediğini keşfetmişlerdir. Gerçek amacın yerine koyabileceğiniz bir şey yoktur ve hayatınızın gerçek veya öncelikli amacını dışarıda bulamazsınız. Bu amaç ne yaptığınızla değil, sizin ne olduğunuzla bağlantılıdır, başka bir deyişle sizin bilinç durumunuzla ilgilidir.

Dolayısıyla, fark etmeniz gereken en önemli şey şudur: Hayatınızın içsel ve dışsal olmak üzere iki tür amacı vardır. İçsel amacınız, Var'lıkla ilgilidir ve öncelikli amacınızdır. Dışsal amacınız ise şunu veya bunu "yapmak"la ilgilidir ve ikincil bir öneme sahiptir. Bu kitapta temelde sizin içsel amacınızdan bahsetmekle birlikte, bu ve bundan sonraki bölümlerde dışsal amacınızla içsel amacınızı uyumlu bir hale getirmek için nasıl davranmanız gerektiğine değineceğim. İçsel ve dışsal amaçlar, aslında öylesine iç içe girmiştir ki, birine değinmeden diğerinden bahsetmek mümkün değildir.

İçsel ve öncelikli amacınız uyanmaktır. Bu kadar basit... Siz bu amacı gezegenimizdeki tüm diğer insanlarla paylaşıyorsunuz, çünkü bu amaç aslında insanlığın ortak amacıdır. İçsel amacınız, bütünün yani evrenin ve onun yükselen zekasının amacının önemli bir bölümünü oluşturur. Dışsal amaç zaman içinde değişebilir ve kişiden kişiye büyük farklılıklar gösterebilir. İçsel amacı keşfetmek ve onunla uyum içinde yaşamak, dışsal amacınızı gerçekleştirmek için bir temel oluşturur. Gerçek başarının temeli budur. Bu uyum olmadığı takdirde gayretiniz, mücadeleniz, azminiz, sıkı çalışmanız ve belki de kurnazlığınız sayesinde yine de bir şeyler başarırsınız, ama bu çabalar size bir sevinç getirmez ve er geç bir tür acıyla sonuçlanır.

UYANIŞ

Uyanış, düşünme ile farkındalığın birbirinden ayrıldığı bir bilinç değişimidir. Pek çok insan için, bu bir olay değil, yaşadıkları bir süreçtir. Ani, dramatik ve kesin gibi görünen bir uyanış yaşayan ender bazı kişiler için bile, bu yeni bilinç durumunun onların yaptığı her şeyi yavaş yavaş dönüştürdüğü ve böylece hayatlarının içine entegre olduğu bir sürecin yaşanması söz konusudur.

Uyanık olduğunuz vakit, düşüncelerinizin içinde kaybolmaz ve onların arka alanındaki farkındalık olduğunuzu idrak edersiniz. O zaman düşünceler, sizi kontrol altında tutan ve hayatınızı yönlendiren ve kendisine hizmet eden otonom birer aktivite olmaktan çıkar. Farkındalık, düşüncelerinizi eline geçirir. Düşünceleriniz hayatınızın hakimi olmak yerine, farkındalığın hizmeti altına girer. Farkındalık evrensel zekayla bilinçli bir bağlantı kurmak demektir. Buna verdiğimiz bir diğer ad Mevcudiyet'tir, yani düşünce olmadan bilinçli olmak.

Uyanış sürecinin başlaması bir lütuftur. Onu siz başlatamaz, kendinizi ona hazırlayamaz veya kendinize ondan pay çıkaramazsınız. Zihniniz belki bunu yapabilmeyi çok isterdi ama ona ulaşmak için bir dizi mantıklı adım atılması da işe yaramaz. Onu başlatmadan önce, onu hak etmeniz de gerekmez. Günahkar bir kişinin, bir azizden önce uyanması bile mümkündür. Uyanışla ilgili olarak sizin yapabileceğiniz bir şey yoktur. Yaptığınız her şeyin altında, uyanışı veya aydınlanmayı değerli bir ödül olarak kendi bünyesine katmak ve böylece daha önemli ve daha büyük olmak isteyen egonuz yatmaktadır. O zaman, uyanmak yerine farkındalık *kavramını* veya uyanmış ya da aydınlanmış bir kişinin imgesini zihninize eklemiş olur ve bu imge gibi olma gayreti içine girersiniz. Kendinizle ilgili olarak yarattığınız veya başkalarının sizinle ilgili olarak yarattığı imgeye uygun bir şekilde yaşamak, yapay bir yaşam sürmektir. Bu da, egonun oynadığı bir başka bilinçsiz roldür.

Uyanışla ilgili olarak sizin yapabileceğiniz herhangi bir şey yoksa ve eğer o çoktan olmuş veya henüz olmamışsa, o zaman nasıl olur da bu olgu sizin hayattaki öncelikli amacınız olabilir? "Amaç" sözcüğü özünde, uğrunda bir şeyler yapmanızın mümkün olduğuna da işaret etmiyor mu?

Sadece ilk uyanış, yani bilince doğru düşünce olmaksızın atılan o ilk bakış, Tanrı'nın bir lütfu olarak gerçekleşir ve sizin ona herhangi bir katkıda bulunmanız söz konusu değildir. Bu kitabı anlaşılmaz ve anlamsız buluyorsanız, sizdeki uyanış henüz gerçekleşmemiş demektir. Ama eğer içinizdeki bir şey okuduklarınıza bir yanıt veriyor ve onun değindiği gerçekleri bir şekilde görebiliyorsa, o zaman uyanış süreciniz başlamış demektir. Bu süreç bir kez başladığında, bunun geri dönüşü yoktur ama ego nedeniyle ertelenmesi söz konusu olabilir. Bazı insanlarda bu kitabı okuduktan sonra bir uyanış süreci başlayacaktır. Diğer bazıları için ise bu kitabın işlevi, onlara uyanmaya başlamış olduklarını fark etmelerine yardımcı olmak ve bu süreci güçlendirerek hızlandırmak olacaktır. Bu kitabın bir diğer işlevi, insanların içlerindeki egonun farkına varmalarına yardım etmek ve onun yükselmekte olan bilinci karartmasını ve kontrol altına almasını engellemektir.

Bazı insanlar için uyanış, onların bütün hayatları boyunca özdeşleşmiş oldukları ısrarcı olumsuz düşünceler başta olmak üzere, alışkanlık haline getirmiş oldukları düşünceleri fark etmeleriyle gerçekleşir. Bu kişilerde aniden, düşüncenin farkında olan ama onun bir parçası olmayan bir farkındalık oluşur.

Farkındalıkla düşünme arasındaki ilişki nedir? Farkındalık, kendi bilincine vardığı an oluşan ve içinde düşüncelerin mevcut olduğu alandır.

Bir kez farkındalığa veya Mevcudiyet'e bir bakış attığınızda, onu hemen tanırsınız. O artık sırf zihninizdeki bir kavram olmaktan çıkmıştır. Siz de artık, faydasız düşüncelere kendinizi kaptırmak yerine, an'da olmak için bilinçli bir seçim yapabilir ve Mevcudiyet'i hayatınıza davet edebilirsiniz. Uyanış lütfuna mazhar olduktan sonra, bazı sorumluluklar üstlenmeniz gerekecektir. Ya hiçbir şey olmamış gibi hayatınıza devam edersiniz, ya da onun anlamını idrak edip, farkındalığınızın doğuşunun hayatınızda başınıza *gelebilecek* en önemli olay olduğunu kabul edersiniz. O zaman, yeni doğan bu bilince kendinizi açmak ve bu dünyaya onun ışığını getirmek artık hayatınızın en öncelikli amacı olacaktır.

Einstein "Tanrı'nın zihnini bilmek isterdim. Gerisi ayrıntıdır," demişti. Tanrı'nın zihni dediğimiz şey nedir? Bilinçtir. Tanrı'nın zihnini bilmek ne demektir? Farkında olmaktır. Ayrıntılar nedir? Sizin dışsal amacınız ve dışınızda olan biten tüm şeyler.

Dolayısıyla, siz hayatınızda önemli bir şey olsun diye beklerken, bir insanın başına gelebilecek en önemli şeyin, içinizde çoktan olduğunu, yani düşünce ile farkındalığın birbirinden ayrılma sürecinin başlamış olduğunu fark etmeyebilirsiniz.

Uyanış sürecinin ilk aşamalarını yaşamakta olan pek çok kişi, artık dışsal amaçlarının ne olduğundan pek emin değillerdir. Dünyayı devindiren şeyler artık onların ilgisini çekmemektedir. Uygarlığımızın deliliklerini açıkça görebildikleri için, içinde yaşadıkları kültüre de bir şekilde yabancılaşmışlardır. Bazıları kendilerini iki dünya arasındaki sahipsiz bir toprak üzerinde yaşıyormuş gibi hissederler. Artık egolarının hükmü altında değillerdir, ama yükselen farkındalıkları henüz bütünüyle hayatlarına entegre olmamıştır. Diğer bir deyişle, içsel ve dışsal amaçları henüz birbiriyle kaynaşmamıştır.

İÇSEL AMAÇLA İLGİLİ BİR DİYALOG

Aşağıdaki diyalog, hayatlarının gerçek amacını aramakta olan kişilerle yaptığım bazı sohbetlerin özünü kapsamaktadır. Sizin en içinizdeki Var'lıkla aynı rezonansta olan ve onu ifade eden bir şey, eğer içsel amacınızla uyum içindeyse, doğrudur. Ben o yüzden sizin dikkatinizi ilk başta içsel, yani öncelikli amacınıza yönlendiriyorum.

Tam olarak ne olduğunu bilmiyorum, ama hayatımda bir değişiklik olsun istiyorum. Genişlemek, yayılmak istiyorum; anlamlı bir şeyler yapmak istiyorum ve evet, onunla birlikte gelen refahı ve özgürlüğü de istiyorum. Önemi olan bir şey yapmak istiyorum, dünyada bir fark yaratacak bir şey olmalı bu. Ama bana tam olarak ne istediğimi sorarsanız, bilmediğimi söylemek zorunda kalırım. Hayattaki amacımı bulmama yardım eder misiniz?

Sizin amacınız burada oturup benimle konuşmak, çünkü şu anda tam da buradasınız ve yaptığınız şey de o. Ayağa kalkıp da farklı bir şey yapmaya başlayana kadar tabii... O zaman, işler değişir ve amacınız o olur.

Yani benim amacım gelecek otuz yıl boyunca ofisimde oturup, emekliliğimi veya işten çıkarılmayı beklemek mi?

Şu anda ofisinizde değilsiniz, o yüzden amacınız o olamaz. Gerçekten ofisinizde oturuyor ve herhangi bir şey yapıyor olsaydınız, amacınız o olurdu. Gelecek otuz yıl için değil tabii, şimdilik.

Sanırım burada anlaşmazlık var. Sizin için, amaç şu anda yapmakta olduğunuz şey oluyor; benim için ise amaç, hayatımın bütünüyle ilgili bir hedefe, yaptığım işe bir anlam katacak, bir fark yaratacak büyük ve önemli bir şeye ulaşmak anlamına geliyor. Bunu ofisimdeki kağıtları karıştırıp durarak yapamayacağımı da çok iyi biliyorum.

Var'lığın farkında olmadığınız müddetçe, anlamı sadece yapma boyutunda ve gelecekte, yani zaman boyutunda ararsınız. Ama bulabildiğiniz tüm anlamın veya tatmin duygusunun yok olduğunu ve hepsinin birer yanılgı olduğunu er geç görürsünüz. Kaçınılmaz olarak bu duygular zaman içinde eriyip gidecektir. O düzeyde bulduğumuz herhangi bir gerçek sadece göreceli ve geçici olarak doğrudur. Örneğin, çocuklarınıza bakmak ve onlara ilgi göstermek hayatınıza bir anlam katıyorsa, onlar size artık ihtiyaç duymayacakları ve hatta sizi hiç dinlemeyecekleri bir konuma geldiklerinde ne olacak? Başkalarına yardım etmek hayatınıza anlam katıyorsa, hayatınızın anlamlı olarak kalabilmesi ve kendinizi iyi hissetmeniz için, onların sizden hep daha düşük konumlarda olmasına bel bağlarsınız. Şu veya bu aktivitede mükemmelliği yakalamak, bir işte kazanmak veya başarılı olmak hayatınıza anlam katıyorsa, hiç kazanamadığınız veya başarılar diziniz kaçınılmaz olarak günün birinde sona erdiği vakit ne olacak? Böyle bir durumda hayallerinize ve anılarınıza sığınırsınız, ama bu da hayatınıza anlam kazandırmak için başvuracağınız en yetersiz yöntemlerden biridir. Herhangi bir alanda "başarılı" olmak, sadece binlerce veya belki de milyonlarca başka insanın başarılı olmamasına bağlıdır. Dolayısıyla da, sizin hayatınızın anlam kazanması diğer insanların "başarısız" olmasına bağlıdır.

Size, başkalarına yardım etmenin, çocuklarınıza bakmanın veya herhangi bir alanda mükemmelliği yakalamaya çalışmanın değersiz çabalar olduğunu söylemek istemiyorum. Pek çok insan için, bunlar dışsal amaçlarının önemli bir bölümünü oluşturur, ama dışsal amaç tek başına her zaman göreceli, değişken, güvenilmez ve geçicidir. Ama yine de bu, sizin bu aktivitelere hiç girişmemeniz gerektiği anlamına gelmez. Bu, sizin bunları öncelikli içsel amacınızla birleştirmeniz ve böylece yaptığınız her işin altından daha derin bir anlamın akmasını sağlamanız demektir.

Öncelikli amacınızla uyum içinde yaşamazsanız, isterseniz amacınız dünya üzerinde bir cennet yaratmak olsun, amaçlarınızın hepsi egoya ait olacak veya zaman içinde eriyip gidecek ve er ya da geç, size acı verecektir. İçsel amacınızı ihmal ettiğiniz takdirde, yaptığınız şeyler ruhsal gibi görünse de, ego bir sürüngen gibi sessizce onların içine sızacak ve böylece, amaca ulaşmak için kullandığınız amaçlar sonuçta amacı yozlaştıracaktır. Çok bilinen bir deyişe göre, "Cehenneme giden yol, iyi niyet taşlarıyla döşenmiştir." Size bir kitapla veya odanın karşı tarafına geçmekle ilgili iki örnek vereyim: Bir kitabın sayfalarını çevirmekteki temel amacınız, sayfaları çevirmektir; ikincil amacınız ise bir telefon numarası bulmaktır. Odanın karşı tarafına doğru yürümenin temel amacı odanın karşı tarafına yürümektir; ikincil amacı ise karşı taraftaki rafta duran bir kitabı almaktır. Ve kitabı elinize aldığınız an, kitabı elinize almak sizin temel amacınız olur.

Daha önce değindiğimiz zaman paradoksunu hatırlıyor olabilirsiniz: Yaptığınız her şey zaman alır, ama hepsi de daima şimdiki an'da gerçekleşir. Dolayısıyla, içsel amacınız zamanı reddetmek olsa bile, dışsal amacınız kaçınılmaz olarak gelecekle ilgilidir ve o yüzden de zaman olmadan var olamaz. Ama her zaman ikincil amaç olarak kalır. Ne zaman kaygı duysanız veya stresli olsanız, dışsal amaçlar size hakim olmuş ve içsel amacınızı kaybetmişsinizdir demektir. Bu da, bilinç durumunuzun öncelikli, diğer her şeyin ikincil olduğunu unuttuğunuz anlamına gelir.

Bu şekilde yaşamak beni büyük bir iş başarmaktan alıkoyar mı? Benim korkum hayatım boyunca küçük ve bir fark yaratmayan şeyler yapmakla kalmak. Vasat ve sıradan bir kişi olmanın üzerine çıkamamaktan, büyük bir iş yapma cesaretimin olmamasından ve potansiyelimi kullanamamaktan korkuyorum.

Büyük şeyler, onurlandırılan ve ilgi gösterilen küçük şeylerden doğar. Herkesin hayatı aslında küçük şeylerden oluşur. Büyüklük zihinsel bir soyutlama ve egonun en favori fantezisidir. Ama asıl paradoks, asıl büyüklüğün temelinde şimdiki an'daki küçük şeyleri onurlandırmanın yatıyor olmasıdır. Şimdiki an, basit olduğu için her şeydir ve onun içinde çok büyük bir güç gizlidir. En küçük şey olmakla birlikte, içinde muazzam bir güç barındıran bir atom gibidir. Sadece ve sadece şimdiki an'la uyum haline olursanız, o büyük güce ulaşmanız mümkün olabilir. Daha doğrusu, onun size ve sizin kanalınızla dünyaya erişmesi mümkün olur. İsa "İşleri yapan ben değil, bende yaşayan Baba'dır," ve "Ben kendiliğimden hiçbir şey yapamam, " derken bunu kastetmiştir. Kaygı, stres ve olumsuzluk sizi o güçten koparır. Evreni devindiren o güçten ayrı olma illüzyonu geri gelir. Kendinizi yeniden yalnız, bir şeye karşı mücadele ederken veya şunu veya bunu başarmaya çalışırken bulursunuz. Peki, bu kaygının, stresin ve olumsuzluğun oluşmasının nedeni nedir? Bunun nedeni sizin şimdiki an'a sırt çevirmiş olmanızdır. Peki, bunun nedeni nedir? Bunun nedeni de sizin başka bir şeyin daha önemli olduğunu sanmış ve temel amacınızı unutmuş olmanızdır. Bilin ki, küçük bir hata, bir yanlış algılama bile size bir dolu acı verecektir.

Şu an vasıtasıyla, geleneksel olarak "Tanrı" olarak adlandırılan hayatın kendisine erişebilmeniz mümkün olabilir. Ama ona sırt çevirdiğini anda, Tanrı hayatınızda bir gerçek olmaktan çıkar ve sizin elinizde sadece, bazı insanların inandığı, bazılarının ise inkar ettiği zihinsel bir Tanrı *kavramı* kalır. Aslında, Tanrı inancı bile, hayatınızın her anında tezahür eden, o canlı gerçeğin yerini almak için yeterli olamaz.

Şimdiki an'la tam bir uyum içinde olmak, tüm eylemlerin durması anlamına gelmiyor mu? Herhangi bir hedefin mevcudiyeti, şimdiki an'la olan o uyumun bozulduğu ve o hedefe ulaşıldığı vakit, belki de daha yüksek ve daha karmaşık bir uyum düzeyinin kurulacağı anlamına gelmiyor mu? Ben, toprağın içinden yolunu bulmaya çalışan bir filizin de büyük bir ağaç olmak gibi bir amacı olduğuna göre, şimdiki an'la bir uyum içinde olamayacağını düşünüyorum. O belki de olgunluğa eriştikten sonra, şimdiki an'la bir uyum içine girecektir.

Bahsettiğiniz o filizin herhangi bir şey istediği yok, çünkü o zaten bütünle "bir"dir ve bütünlük onun aracılığıyla işler. Bu filizin bir ağaç haline gelmesini *isteyenin* Bütün, yani Hayat'ın kendisinin olduğunu söyleyebiliriz, ama o filiz kendisini hayattan ayrı görmez ve o yüzden de onun istediği bir şey yoktur. O, Hayat'ın istediğiyle "bir"dir. Herhangi bir kaygı veya stres içinde olmamasının nedeni de budur. Hayata da, ölüme de aynı şekilde teslim olmuştur. Belli belirsiz de olsa köklerinin, biçimi veya başı ya da sonu olmayan o tek Hayat'ta, yani Var'lıkta olduğunu sezer.

Kadim Çin'in Taocu bilgeleri gibi, İsa da sizin dikkatinizi doğaya çekmeyi severdi, çünkü o da orada insanların bağlantılarını kopardıkları bir gücün işlemekte olduğunun görmüştü. Bu güç, evrenin yaratıcı gücüdür. İsa'nın söylemek istediği şudur: eğer Tanrı en basit çiçekleri bile böyle giydirebiliyorsa, sizi nasıl donatacağını bir düşünün. Bir başka deyişle, doğa evrenin evrimsel dürtüsünün muhteşem bir ifadesidir, ama insanlar onun altından akmakta olan zekayla uyum içine girerlerse, bu dürtüyü çok daha yüksek ve hayret verici bir düzeyde ifade etmeleri de mümkün olabilir.

Dolayısıyla, siz de kendi içsel amacınıza sadık kalarak, hayata da sadık kalın. Şimdi'de olduğunuz ve yaptığınız her işte bütüne bağlı kaldığınız müddetçe, eylemleriniz de spiritüel gücün enerjisiyle yüklenecektir. İlk başlarda, *ne* yaptığınızla ilgili olarak belirgin bir değişiklik hissetmeyebilirsiniz, ama *nasıl* yaptığınız değişecektir. Birincil amacınız artık bilincin yaptığınız her şeyin içine akmasını mümkün kılmaktır. İkincil amacınız, o eylemden elde etmek istediğiniz sonuçtur. Amaç kavramı daima gelecekle ilişkilendirilmesine rağmen, artık sadece Şimdi'de bulunabilen ve sadece zamanın inkar edilmesiyle ulaşılabilen daha derin bir amaç söz konusudur.

İnsanlarla işyerinde veya herhangi başka bir yerde bir araya geldiğinizde, onlara tüm ilginizi verin. Artık siz orada bir kişi olarak değil, bir farkındalık alanı, uyanık bir Mevcudiyet olarak bulunuyorsunuz. Öteki kişiyle etkileşim içinde bulunmanızın bir şey satın alma veya satma, bilgi alış verişinde bulunma gibi amaçları artık ikincil olmuştur. İkinizin arasındaki farkındalık alanı etkileşimin birincil amacı haline gelmiştir. O farkındalık boşluğu, sohbetinizin konusundan da, fiziksel veya düşünsel nesnelerden de çok daha önemlidir. Farkındalık olduğunda, insan dünyadaki diğer şeylerden daha önemli bir hale gelir. Bu, hiçbir şekilde pratik anlamda yapmanız gereken şeyleri ihmal etmeniz anlamına gelmez. Öyle ki, Var'lık boyutu fark edildiği vakit, yapma işlemi hem daha kolaylıkla yapılır hale gelir, hem de daha güçlenir ve birincil amacınız haline gelir. İnsanlar arasındaki bu birleştirici farkındalık alanı, yeni dünya üzerindeki ilişkilerin en temel unsurudur.

Başarı nosyonu sadece ego-temelli bir illüzyon mudur? Gerçek başarıyı nasıl ölçebiliriz?

Çevrenizdeki herkes size başarının seçtiğiniz bir hedefe ulaşmak anlamına geldiğini söyleyecektir. Başarının kazanmak olduğunu, takdir edilmenin ve/veya refaha ermenin onun olmazsa olmazı olduğunu ileri süreceklerdir. Bunların tümü veya bir kısmı gerçekten de başarının yan ürünleridir, ama başarının kendisi değillerdir. Geleneksel başarı kavramı yaptığınız şeyden elde ettiğiniz sonuca bakar. Bazı insanlar başarının sıkı çalışma ile şansın veya azim ile yeteneğin bir araya gelmesinin veya doğru zamanda doğru yerde olmanın bir sonucu olduğunu söylerler. Bunlar başarıyı belirleyen faktörler olabilirler ama hiçbiri başarının özü değildir. İnsanların kendileri de bilmediği için size söyleyemediği şey, sizin *gelecekte* değil, sadece şimdiki *an'da* başarılı olabileceğinizdir. Bu deli dünyanın size başarının, başarılı bir şimdiki an'dan başka bir şey olduğunu söylemesine izin vermeyin. Ve bu ne demektir? Ne kadar basit olursa olsun, yaptığınız her bir işte bir kalite olması demektir. Kalite, ilgi ve dikkat ister; bunlar da farkındalıkla birlikte gelir. Diğer bir deyişle, kalite sizin Mevcudiyetinizi gerektirir.

Bir işadamı olduğunuzu ve yoğun stres ve gerilimle geçen iki yıldan sonra, nihayet piyasada iyi satan ve size para getiren bir ürün geliştirdiğinizi farz edelim. Bu bir başarı mıdır?

Geleneksel bakış açısıyla, evet. Gerçekte ise, o iki yıl boyunca yaptığınız şey, olumsuz enerji üreterek hem kendinizi hem de dünyayı kirletmek, hayatı kendinize ve çevrenizdekilere zindan etmek ve hiç görmediğiniz insanları bile olumsuz anlamda etkilemektir. Bütün bu eylemlerin arkasındaki bilinçsiz varsayım, başarının gelecekteki bir olay olduğu ve hedefe giden her yolun mubah olduğudur. Ama hedef ve hedefe varmak için kullanılan araçlar aynıdır. Ve eğer araçlar insan mutluluğuna hizmet etmiyorsa, hedef de etmeyecek demektir. Hedef, ona ulaşmak için girişilen eylemlerden ayrı tutulamaz ve o eylemlerle kirlenmiş olduğu için daha çok mutsuzluğa neden olacaktır. Bu karmik bir durum, yani mutsuzluğun bilinçsiz bir şekilde ebedileştirilmesidir.

Bildiğiniz gibi, ikincil veya dışsal amacınız zaman boyutundadır. Buna karşın birincil ve içsel amacınız Şimdi'den ayrı tutulamaz ve o yüzden zamanın inkar edilmesini gerektirir. Peki, ikisi arasındaki uzlaşıyı nasıl sağlayabiliriz? Tüm hayat yolculuğunuzun şu anda atmakta olduğunuz adımdan ibaret olduğunu fark ederek... Her zaman, yalnızca bir tek bu adım vardır, o yüzden bütün dikkatinizi ona odaklamanız gerekir. Bu, sizin nereye gittiğinizi bilmediğiniz anlamına gelmez; bunun anlamı bu adımın öncelikli olduğu ve varmak istediğiniz yerin ise ikinci planda kalması gerektiğidir. Varacağınız yerde karşınıza ne çıkacağı, bu adımın kalitesine bağlıdır. Diğer bir deyişle, geleceğin size ne getireceği, sizin şimdiki bilinç halinize bağlıdır.

Yaptığınız iş, Var'lığın zamandan özgür niteliğiyle donanmış ise, işte başarı *budur*. Var'lık yaptığınız işin içine karışmamışsa ve siz şimdide değilseniz, o işin içinde kaybolur gidersiniz. Düşünme de sizin kaybolmanıza neden olur, dışınızda olan bitene verdiğiniz tepkiler de...

"Kaybolursunuz" derken tam olarak ne demek istiyorsunuz?

Asıl kimliğinizin özü bilinçtir. Bilinç (yani siz) kendisini tamamen düşüncelerle özdeşleştirir ve kendi temel doğasını unutursa, o zaman düşünceler içinde kaybolur. Egoyu en çok motive eden istek ve korku gibi zihinsel-duygusal biçimlerle kendisini özdeşleştirdiği vakit de, bunların içinde kaybolur. Bilinç, bir eylemle özdeşleştiği veya olan bitene tepki gösterdiği vakit de kendisini kaybeder. Ondan sonra da, her bir düşünce, her bir istek veya korku, her bir eylem veya tepki, Var'lık Sevinci'ni hissetme yeteneği olmayan ve kendisine keyif ve hatta acı verecek bir şeyler arayan sahte bir benlik duygusuyla dolmaya başlar. Bu, tam anlamıyla Var'lığa karşı kayıtsız bir yaşam sürmektir. Gerçek kimliğinizi unutmuş olduğunuz bu durumda, her türlü başarı gelip geçici bir kuruntu olarak kalır. Ne elde ederseniz edin, çok geçmeden yeniden mutsuz olursunuz veya tüm dikkatinizi yeni bir soruna veya ikileme odaklarsınız.

İçsel amacımın ne olduğunu anlama konumundan, dışsal düzeyde ne yapmam gerektiğini bulma konumuna nasıl geçebilirim?

Dışsal amaç kişiden kişiye farklılıklar gösterir ve hiçbir dışsal amaç sonsuza dek sürmez. Her biri zamana tabidir ve daha sonra da başka bir dışsal amaç onun yerini alır. Uyanışa yönelik içsel amaca olan adanmışlık düzeyinin hayatınızın dışsal koşullarını ne ölçüde değiştireceği de insandan insana çok değişir. Bazı insanlar için, geçmişleriyle olan bağlarının aniden kopması anlamına gelir; işleri, yaşam tarzları, ilişkileri, her şey çok derin değişime uğrar. Bu değişikliklerin bir kısmı, herhangi bir acı verici bir karar verme süreci nedeniyle değil, ani bir farkındalık veya kabullenme içine giren ve "yapmam gereken şudur," diyen bu kişilerce başlatılır. Yani, bir anlamda karar çoktan hazırdır. Farkındalıkla birlikte gelir, düşünme yoluyla değil. Bir sabah uyanırsınız ve ne yapmanız gerektiğini bilirsiniz. Bazı insanlar kendilerini deli gibi çalışılan veya yaşanan ortamı aniden terk ederken bulurlar. Dolayısıyla, dışsal düzeyde sizin için neyin doğru, neyin yararlı olduğunu ve uyanmakta olan bilince neyin uyumlu olduğunu bulmadan önce, neyin doğru ve yararlı olmadığını ve neyin sizin içsel amacınızla uyum içinde bulunmadığını keşfetmeniz daha yerinde olabilir.

Bazı değişiklikler, size aniden dış dünyadan gelebilir. Rastlantısal bir karşılaşma hayatınıza yeni bir fırsat veya imkan getirebilir. Uzun zamandan beri süregelen bir engel veya çatışma halledilir. Dostlarınız bu içsel dönüşümü ya sizinle birlikte yaşarlar, ya da hayatınızdan çıkıp giderler. Bazı ilişkiler derinleşerek devam eder, bazıları ise yok olur. İşinizden çıkarılabilir veya işyerinizde olumlu değişimin bir temsilcisi olursunuz. Eşiniz sizi terk edebilir veya onunla yeni bir yakınlık düzeyine erişirsiniz. Bazı değişiklikler yüzeyde olumsuzmuş gibi görünür ama çok geçmeden içinizde yeni bir şeyin doğması için bir yer açıldığını fark edersiniz.

Bir güvensizlik ve belirsizlik dönemi yaşayabilirsiniz. Ne yapmalıyım, diye düşünürsünüz. Hayatınızı artık egonuz yönlendirmediğine göre, dış güvenlik için duyulan ve aslında hayali olan psikolojik ihtiyaç da azalır. Belirsizlikler içinde yaşayabilir ve bundan keyif bile alabilirsiniz. Rahatsızlık duymadan belirsizlikle birlikte yaşamayı öğrendiğinizde, hayatınızda sınırsız olasılıklar açılır. Korku, yaptığınız işlerdeki baskın unsur olmaktan çıkar ve sizi değişiklik yapabilmek için harekete geçmekten alıkoyamaz. Romalı düşünür Tacitus çok yerinde bir saptama yaparak "güvende olma arzusu bütün büyük ve soylu girişimlerin önüne set çeker," demiştir. Belirsizlik sizin için kabul edilemez bir şey ise korkuya, rahatlıkla kabullenebileceğiniz bir şey ise giderek artan bir canlılığa, uyanıklığa ve yaratıcılığa dönüşür.

Bundan yıllar önce güçlü bir içsel dürtü nedeniyle, herkesin "gelecek vaat eden" olarak tanımlayacağı akademik bir kariyeri terk etmiş, kendimi tam anlamıyla bir belirsizliğin ortasında bulmuştum; ama bu olay benim birkaç yıl sonra bir spiritüel eğitmen olarak yeni enkarnasyonumun oluşmasına neden oldu. Çok daha sonra, benzer bir olay daha yaşadım. Bu seferki dürtü bana, İngiltere'deki evimi terk edip Kuzey Amerika'nın batı sahiline taşınmamı söylüyordu. Nedenini bilmeden bu dürtüye de boyun eğdim. Bu belirsizlikten de, büyük bir bölümünü kendime ait bir evimin olmadığı bir dönemde Kaliforniya'da ve Kanada'nın batısındaki İngiliz Columbia'sında yazdığım Şimdinin Gücü adlı kitap çıktı. O sıralarda hiç gelirim yoktu ve hızla suyunu çekmekte olan birikimlerimle yaşıyordum. Buna rağmen, her şey mükemmel bir şekilde yerli yerine oturdu. Öyle ki, kitabı yazmayı bitirmek üzereyken param bitti. Bir piyango bileti aldım ve 1,000 dolar kazandım. Bu da benim bir ay kadar daha ayakta kalabilmemi sağladı.

Ama herkes onların dışında kalan koşullarda bu denli büyük değişiklikler yaşamayabilir. Yelpazenin diğer ucunda, hep bulundukları yerde kalan ve her zaman yaptıkları işi yapmakta olan insanlar da vardır. Onlar için, sadece bir işi *nasıl* yaptıkları değişir, *ne* yaptıkları değil... Bunun nedeni herhangi bir korku veya atalet durum değildir. Onların yapmakta olduğu işler bu dünyaya bilincin gelmesi için mükemmel bir vasıtadır ve başka bir şeye de ihtiyaçları yoktur. Onlar da yeni dünyanın tezahür etmesine katkıda bulunan kişiler arasındadır.

Bunun herkes için geçerli olması gerekmez mi? Eğer içsel amacınızı tatmin etmek şimdiki an'la "bir" olmak ise, insanlar şu anki işlerinden veya yaşam tarzlarından ayrılma ihtiyacını neden hissetsinler ki?

Olanla "bir" olmak, artık herhangi bir değişim başlatamayacaksınız veya herhangi bir eylem içine giremeyecek kadar acizleşeceksiniz demek değildir. Harekete geçme motivasyonu, bazen ego-temelli arzulardan veya korkudan değil, daha derinlerden gelebilir. Şimdiki an'la uyum içinde olmak bilincinizi açar ve onu şimdiki an'ın ayrılmaz bir parçası olduğu bütünle uyumlu hale getirir. O zaman bütün, yani hayatın tümü sizin aracılığınızla hükmeder.

Bütünden kastettiğiniz nedir?

Bir yandan, Bütün var olan her şeyi kapsar. O, dünyadır veya kozmostur. Diğer yandan ise, mikroplardan tutun, insanlara ve galaksilere kadar, var olan hiçbir şey gerçekte birbirlerinden ayrı şeyler veya varlıklar değil, çok boyutlu işlemlerin iç içe geçtiği bir ağın parçalarıdır.

Bizim bu birliği görmememizin ve her şeyi birbirinden ayrı sanmamızın iki nedeni vardır. Birincisi, gerçeğe ulaşmamızı sadece görme, duyma, tatma ve dokunma duyularımızla erişebildiğimiz kadarına indirgeyen algıdır. Ama herhangi bir yorum veya zihinsel bir yaftalama yapmadan, yani düşünce unsurunu katmadan algıladığımızda, bize ayrı gibi görünen şeylerin derinlerdeki bağlantılarını hissedebiliriz.

Her şeyi ayrı sanmamıza neden olan bu illüzyonun daha ciddi olan diğer nedeni kompülsif düşüncedir. Dur durak bilmeyen bir düşünce akışına kendimizi kaptırdığımız vakit, evren bize gerçekten de parçalara ayrılmış gibi görünür ve var olan tüm şeylerin arasındaki bağlantıyı sezemez oluruz. Düşünceler gerçeği cansız parçalara böler. En aptalca ve yıkıcı olan eylemler, gerçeğin parçalardan oluştuğu görüşünden çıkar.

Yine de, bütünün içinde, var olan her şeyin birbirine bağlı olmasından daha derin bir katman vardır. O derinlikte, her şey "bir"dir. O Kaynak'tır, yani Bir ve Tek olan sonsuz Hayat'tır. Zamanda bir evren olarak tezahür etmiş olan ve zamana bağlı olmayan zekadır.

Bütün, var olan tüm şeylerden ve Var'lıktan, (bir başka deyişle tezahür etmiş olandan ve tezahür etmemiş olandan, yani dünyadan ve Tanrı'dan) oluşur. Dolayısıyla bütünle uyum içinde olduğunuz vakit, bütünün ve onun amacının iç içe geçmişliğinin bilinçli bir parçası olursunuz: Bu amaç, bilincin bu dünyada doğmasıdır. Bunun sonucunda, hayatınızda kendiliğinden oluşan ve size yardım eden olayları, şansa bağlı karşılaşmaları, rastlantıları ve senkronize olayları daha sıklıkla yaşamaya başlarsınız. Carl Jung senkronizasyonu "nedeni olmayan bağlayıcı ilke" olarak tanımlamıştır. Bunun anlamı, gerçeğin yüzeysel düzeyinde, senkronize olaylar arasında nedensel bir bağlantı olmamasıdır. Bunlar, görüntüler dünyasının arkasındaki zekanın dışsal olarak tezahürü ve bizim aklımızın almayacağı kadar derin olan bir bağlantıdır. Ama biz yine de bu zekanın oluşumunda bilinçli katılımcılar, yani çiçek açan bilinçler olabiliriz.

Doğa bütünle bilinçdışı bir birlik durumu içinde bulunur. Örneğin, 2004 yılındaki tsunami felaketinde hemen hemen hiçbir yabani hayvanın ölmemesinin nedeni de budur. İnsanlara oranla bütünle daha yakın iletişim içinde oldukları için, tsunaminin gelişini, insanlar onu görmeden veya duymadan önce sezebilmişler ve daha yüksek arazilere çıkabilme fırsatı bulmuşlardı. Ama bu bile belki olaya insanların bakış açısından yaklaşmaktır. Bu hayvanlar kendilerini bir anda o yüksek arazilere doğru ilerlerken bulmuş da olabilirler. *Bu* şey şu nedenden dolayı yapılmıştır diye düşünmek, gerçeğin zihin tarafından parçalara bölünmesidir, zira doğa bütünle bilinçdışı bir "bir"lik içindedir. Bütünle bilinçli bir "bir"lik içinde yaşayarak ve evrensel zeka ile bilinçli bir işbirliği içine girerek bu dünyaya yeni bir boyut getirmek, bizim hem amacımız hem de yazgımızdır.

Bütün, insan zihnini kendi amacıyla uyum içinde olan şeyler veya durumlar yaratmak için kullanabilir mi?

Evet, ilhamın (in-spiration) yani "tin"in (spirit) ve coşkunun (enthusiasm/en-theos) yani "Tanrı"nın olduğu yerde, bir insana tek başına yapabileceğinin çok ötesinde şeyler başarması için yaratıcılık yeteneği veren bir güç vardır.

ONUNCU BÖLÜM

YENİ BİR DÜNYA

Astronomlar, evrenin on beş milyar yıl önce devasa bir patlamayla oluştuğu ve o zamandan beri genişlemeye devam ettiğine dair kanıtlar elde etmiş bulunmaktadır. Evren sadece genişlemiyor, aynı zamanda daha karmaşık bir hal alıyor ve giderek daha da farklılaşıyor. Bazı bilim adamları teklikten çokluğa doğru olan bu hareketin belirli bir noktadan sonra tersine döneceğini öne sürüyorlar. Yani evren genişlemesini durduracak, yeniden büzülmeye başlayacak ve sonunda içinden çıktığı o tezahür etmeyen ve kavranması mümkün olmayana geri dönecektir. Belki de meydana gelme, genişleme, büzülme ve yok olma döngüsü defalarca tekrarlanacaktır. Peki, ama bunun ne gibi bir amacı vardır? Fizikçe Stephen Hawkin, hiçbir matematik modelinin yanıt veremeyeceğini bilmesine rağmen, "Evren neden var olma zahmetine katlanıyor?" diye sormuştur.

Sadece dışarıya bakmak yerine içeriye doğru bakarsanız, bir içsel bir de dışsal amacınız olduğunu keşfedersiniz. Siz makrokozmosun yansıması olan bir mikrokozmossunuz. Bundan da anlaşıldığı üzere, evrenin de sizinkinden ayrılması mümkün olmayan bir içsel, bir de dışsal amacı vardır. Evrenin dışsal amacı biçim yaratmak ve biçimlerin etkileşimini deneyimlemektir. Bu etkileşime oyun, rüya, drama veya dilediğiniz başka bir ad verebilirsiniz. İçsel amacı ise, kendi biçimi olmayan özünün farkına varmaktır. Daha sonra da bu içsel ve dışsal amaçların uzlaşmasına, yani bu özün (bilincin) biçim dünyasına getirilmesi ve böylece dünyanın dönüştürülmesine sıra gelir. Bu dönüşümün nihai amacı ise insan aklının kavrayabileceği veya hayal edebileceği her şeyin ötesindedir. Yine de, gezegenimizde bu dönüşümü gerçekleştirme sorumluluğu bize, yani insanlara verilmiştir. İşte, dışsal ve içsel amacın, yani dünya ile Tanrı'nın uzlaşması dediğimiz şey budur.

Evrenin genişleyip büzülmesinin sizin kendi hayatınızın üzerinde ne gibi bir etkisi olduğuna bakmadan önce, evrenin doğası hakkında söylediğimiz hiçbir şeyin mutlak gerçek olarak kabul edilmemesi gerektiğini aklımızda tutmalıyız. Sonsuzu ne kavramlar açıklayabilir, ne de matematik formülleri. Hiçbir düşünce bütünün enginliğini, sınırsızlığını kapsayamaz. Gerçek tek bir bütündür, ama düşünce onu parçalara böler. Bu da, temel bazı yanlış algılamalara neden olur. Örneğin, birbirinden ayrı şeyler ve olaylar vardır veya *bunun* nedeni *şudur* gibi... Her bir düşünce bir bakış açısına işaret eder, her bir bakış açısı da, doğası gereği, kısıtlama getirir. Yani sonuç olarak, bunların hiçbiri doğru değildir, en azından mutlak gerçeği yansıtmaz. Yalnızca bütün gerçektir, ama o ne söze dökülebilir, ne de düşünülebilir. Düşünce sınırlarının ötesinden bakıldığında, insan zihni için kavranamaz olan şey şudur: Her şey Şimdi'de olmaktadır. Olan ve olacak olan her şey Şimdi'dedir, yani zihinsel bir kurgu olan zamanın dışındadır.

Göreceli ve mutlak gerçeğe bir örnek olarak, güneşin doğuşunu ve batışını bir düşünün. Güneşin sabah doğduğunu ve akşam battığını söylediğimizde, bu bir gerçektir ama göreceli bir gerçektir. Mutlaklık açısından baktığımızda ise, gerçek değildir. Güneş, sadece gezegenin yüzeyinde veya yüzeyine yakın bir yerde duran bir gözlemcinin sınırlı bakış açısına göre doğmakta ve batmaktadır. Eğer uzayda olsaydınız, güneşin ne doğduğunu, ne de battığını görür, sadece sürekli parladığına tanık olurdunuz. Yine de, bunu fark ettikten sonra bile, bunun mutlak gerçek değil de, göreceli bir gerçek olduğunu bilmemize rağmen, güneşin doğuşundan veya batışından bahsetmeye devam edebiliyor, onun güzelliğinin resimlerini yapabiliyor ve onunla ilgili şiirler yazabiliyoruz.

O halde, bir diğer göreceli gerçekten, yani zamanın sınırlı bakış açısına işaret eden bir olgudan, yani evrenin bir biçim haline gelmesi ve sonra, biçimi olmayana geri dönmesinden söz edelim ve bunun sizin hayatınız üzerindeki etkisine bir bakalım. "Benim kendi hayatım" kavramı, tabii ki düşüncenin yarattığı bir başka sınırlı bakış açısı ve göreceli bir gerçektir. Sonuçta, "sizin" hayatınız diye bir şey yoktur, çünkü siz ve hayatınız ayrı değil, "bir"siniz.

HAYATINIZIN KISA BİR TARİHÇESİ

Dünyanın tezahür etmesi ve tezahür etmemiş olana geri dönmesi, yani genişlemesi ve büzülmesi iki evrensel harekettir ve biz bu hareketleri yuvadan çıkış ve yuvaya geri dönüş olarak tanımlayabiliriz. Bunların evrendeki yansıması pek çok şekillerde olur: Kalbinizin sürekli olarak genişleyip daralması, nefes alırken göğsünüzün inip kalkması gibi... Uyku ve uyanıklık döngüsü de aynen öyledir. Her gece, derin ve rüyasız bir uykuya daldığınızda, siz farkında olmasanız bile, tüm hayatın Kaynağı'na, yani tezahür etmemiş olana geri döner ve sonra sabah olunca yenilenmiş bir şekilde gözlerinizi açarsınız.

Bu iki hareket, yani yuvadan çıkış ve yuvaya geri dönüş, her bir insanın hayat döngüsüne de yansır. Terim yerindeyse, bu dünyaya "hiç yoktan" gelirsiniz. Doğumu büyüme takip eder. Sadece fiziksel olarak değil, bilgi, aktivite, mülkiyet ve deneyimler açısından da büyürsünüz. Etki alanınız genişler ve hayat sizin için giderek daha karmaşık bir hal almaya başlar. Bu dönem sizin daha çok dışsal amacınızı aramakla veya onun peşinden gitmekle ilgilendiğiniz bir dönemdir. Bu dönemde genellikle egonuz da aynı oranda büyür, kendinizi yukarıda bahsini ettiğim şeylerle özdeşleştirirsiniz ve böylece biçim kimliğiniz giderek daha belirgin bir hal alır. Bu dönem aynı zamanda sizin dışsal amacınızın, yani büyüme ve genişleme amacınızın, doğanın aksine genişleme konusunda nerede duracağını bilmeyen ve *daha fazlası* için korkunç bir iştahı olan ego tarafından ele geçirildiği dönemdir.

Daha sonra, tam başardığınızı veya buraya ait olduğunuzu düşünmeye başladığınızda, geri dönüş hareketi başlar. Muhtemelen size yakın olan ve dünyanızın birer parçası olan kişiler teker teker ölmeye başlarlar. Fiziksel bedeniniz zayıflar: Etki alanınız küçülür. Daha çok olacak yerde, artık daha az olmaya başlarsınız. Egonuz buna giderek artan bir kaygıyla veya depresyonla tepki verir. Dünyanız küçülmeye, büzülmeye başlamıştır ve artık bazı şeyleri kontrol edemediğinizi hissedersiniz. Artık siz hayatı değil, hayat sizi kontrol etmekte ve dünyanızı daraltmaktadır. Biçimle özdeşleşen bilinç artık şimdi gün batımını, yani biçimin eriyip çözülmesini yaşamaktadır. Ve günün birinde, siz de kaybolup gidersiniz. Koltuğunuz hâlâ oradadır, ama artık sizin bir zamanlar oturduğunuz yer şimdi bomboştur. Birkaç yıl önce geldiğiniz yere geri dönmüşsünüzdür.

Herkesin, daha doğrusu her yaşam biçiminin hayatı, evrenin

kendisini deneyimlediği ayrı birer dünyayı temsil eder. Sizin de biçiminiz eriyip yok olduğu vakit, saymakla bitmeyecek kadar çok olan dünyalardan bir tanesi daha sizinle birlikte yok olur.

UYANIŞ VE GERİYE DÖNÜŞ HAREKETİ

Bir insanın hayatındaki geriye dönüş hareketi, yani biçiminin zayıflaması veya eriyip çözülmesi süreci, ister yaşlılık, hastalık, sakatlık, kayıp veya isterse herhangi bir kişisel trajedi nedeniyle olsun, spiritüel uyanış açısından, yani bilincin biçimle özdeşleşmekten kurtulması yönünden çok büyük bir potansiyele sahiptir. Çağdaş kültürümüzde pek az spiritüel gerçek olduğu için, pek çok kişi bu sürecin bir fırsat olduğunu anlayamaz. O yüzden, bu süreç onların veya onların yakını olan birinin başına geldiğinde, korkunç bir terslik olduğunu ve olmaması gereken bir şeyi yaşadıklarını düşünürler.

İnsanlığın içinde bulunduğu durumla ilgili olarak uygarlığımızda derin bir cehalet söz konusudur. Ne var ki, spiritüellik açısından ne kadar cahil olursak, o kadar acı çekeriz. Özellikle Batı'da yaşamakta olan pek çok insan için, ölüm soyut bir kavramdır ve çözülme sürecine yaklaşan bir insan biçimine neler olduğu hakkında en ufak bir fikirleri bile yoktur. Yaşlı ve bir ayağı çukurda olan pek çok insan bakımevlerine terk edilmiştir. Bazı eski kültürlerde insanların görmesi için ortada bırakılan ölü bedenler, artık gözden uzaklaştırılmaktadır. Ölen kişi bir yakınınız değilse, ona bakmanız bile yasa dışı bir olaydır. Cenaze evlerinde, ölenlerin yüzlerine makyaj bile yapılmaktadır. Yani, ölümün sadece allanmış pullanmış halini görmenize izin vardır.

Ölümü soyut bir kavram olarak gören pek çok insan, onları

beklemekte olan biçimsel çözülmeye karşı tamamen hazırlıksızdır. Bu süreç yaklaştıkça, bir şok, şaşkınlık ve umutsuzluk içine girerler ve büyük bir korku yaşarlar. Onlar için artık hiçbir şeyin anlamı kalmamıştır, çünkü onlar hayatın anlamını ve amacını hep para biriktirme, başarılı olma, bir şeyler oluşturma, oluşturduklarını koruma ve tatmin duygusu yaşama olarak görmüşlerdir. Kısacası, dış dünyayla ilgilenmişler ve biçimle, yani egoyla özdeşleşmişlerdir. İnsanların pek çoğu hayatlarının, dünyalarının yıkılmasına anlam veremezler. Halbuki potansiyel olarak bunda da çok büyük bir anlam vardır.

Spiritüel boyut insanların hayatına, özellikle de yaşlılık gelip çattığında ve bir kayıp veya başka bir kişisel trajedi yaşandığında girer. Bir başka deyişle içsel amaçları, sadece dışsal amaçları çöktüğünde ve egonun kabuğu çatlamaya başladığında belirginleşir. Bu tür olaylar, biçimin çözülmesine doğru bir geri dönüş hareketinin başladığını haber verir. Pek çok eski kültürün, bu süreci sezgisel olarak anladıklarını ve o yüzden yaşlılara saygı gösterip el üstünde tuttuklarını görüyoruz. Bu kültürler, bizlere uygarlıkların varlıklarını uzun süreler sürdürmek için ihtiyaç duydukları derinlik boyutunu sağlayan bilgelik kaynaklarıdır. Tamamen dış dünyayla özdeşleşmiş ve ruhsallığın derin boyutundan tamamen habersiz olan bizim uygarlığımızda ise, *yaşlı* sözcüğü genel olarak olumsuz çağrışımlar yapmaktadır. Bu sözcük *işe yaramaz* ile eş anlamlıdır ve o yüzden, bizler birisine yaşlı demenin bir hakaret anlamına geldiğini kabul etmişizdir. Bu sözcüğü kullanmamak için, onlardan bahsederken "kıdemli" gibi örtmeceler kullanırız. Eskiden "büyükanne" olmanın müthiş bir saygınlığı vardı. Şimdilerde kullanılan "nine" sözcüğünün ise şirin olmaktan başka bir işlevi yoktur. Yaşlılar neden işe yaramaz olarak görülüyor?

Çünkü yaşlılıkta, vurgu "yapma" modundan "Var'lık" moduna kayar ve bizim yapma modunda kendisini kaybetmiş olan uygarlığımızın, Var'lıkla ilgili hiçbir bilgisi yoktur. O yüzden, "Var'lık mı?" diye sorar? "O da ne işe yarar ki?"

Bazı insanlarda bu büyüme ve genişleme hareketi görünüşte zamansız bir geri dönüş hareketiyle aniden kesilebilir. Bazı durumlarda, bu geçici bir bozulmadır; diğer bazılarında ise kalıcıdır. Bizler küçük bir çocuğun ölümle karşılaşmaması gerektiğini düşünürüz; ne var ki, dünyada bir veya her iki ebeveynlerini de hastalık veya bir kaza nedeniyle kaybeden ve hatta kendileri de ölümle karşılaşan nice çocuk vardır. Bazı çocuklar hayatlarının doğal olarak gelişmesini ciddi şekilde engelleyen sakatlıklarla doğarlar. Veya çok genç yaşlardayken, bir kişinin başına yaşamını ciddi şekilde kısıtlayıcı bir durum gelebilir.

Bu sürecin "beklenmeyen" bir zamanda bu şekilde aniden kesilmesi, o kişilerde erken bir ruhsal uyanışın başlaması potansiyelini de beraberinde getirebilir. Sonuçta, beklenilmeyen veya olması öngörülmeyen bir şeyin olması söz konusu değildir, yani bütünün ve onun amacının bir parçası olmayan hiçbir şey zaten vuku bulamaz. O yüzden, dışsal amacın yok olması veya bozulması sizin içsel amacınızı bulmanıza ve bunun bir sonucu olarak da içsel amacınızla uyum içinde olan, onunla işbirliği içine giren daha derin bir dışsal amacın oluşmasına yardımcı olabilir. Büyük acılar çeken çocuklar, genellikle yaşlarına göre olgun birer genç yetişkin olarak büyürler.

Biçim düzeyinde kaybedilen her şey, öz düzeyinde kazanılır. Eski kültürlerdeki veya efsanelerdeki "kör kahin" veya "yaralı şifacı" gibi biçim düzeyinde önemli kayıpları veya eksiklikleri olan figürlerin, genellikle ruha açılan birer kapı görevi gördüklerini biliriz. Tüm biçimlerin değişken doğasıyla doğrudan bir deneyim yaşadığınız vakit, çok büyük bir olasılıkla biçime aşırı değer vermekten, ona bel bağlamaktan ve onu körü körüne takip etmekten vazgeçer ve kendinizi onun içinde kaybetmekten kurtulursunuz.

Biçimin çözülüp erimesinin ve özellikle de yaşlılığın yarattığı fırsat, çağdaş kültürümüzde daha yeni yeni fark edilmektedir. Bu fırsat hâlâ trajik bir şekilde insanların büyük bir çoğunluğunun gözünden kaçmaktadır, çünkü kendisini büyüme ve genişleme süreciyle özdeşleştiren ego şimdi de bu geriye dönüş süreciyle özdeşleşmektedir. Bunun sonucunda da, egonun kabuğu daha da sertleşir ve açılma yerine, bir büzülme ve daralma gerçekleşir. Bu şekilde küçülen ego daha sonra geriye kalan günlerini inleyerek ve şikayet ederek geçirmeye başlar. Korku, öfke, kendine acıma, suçluluk duygusu, suçlama veya diğer olumsuz zihinsel-duygusal hallerin tutsağı olmuş ve anılara bağlı kalma ve düşünme ve sürekli geçmişle ilgili konuşma gibi stratejilerin içinde sıkışıp kalmıştır.

Kişi, yaşlılık veya yaklaşan ölümün gerçek anlamını, egosu onun hayatındaki bu geriye dönüş hareketiyle kendisini özdeşleştiremediği vakit idrak eder. Yaşlılık da ölüm de spiritüel gerçeğe açılan kapılardır. Ben bunun yaşayan örnekleri olan nice yaşlı insan tanıdım. Onlar tam anlamıyla her taraflarından ışık saçıyorlardı. Zayıflayan bedenleri de bilincin ışığıyla adeta şeffaf bir hal almıştı.

Yeni dünyada, yaşlılık evrensel olarak tanınacak ve bilincin çiçek açtığı bir dönem olarak saygı görecektir. Yaşlanana kadar hayatlarının dışsal veçheleri içinde kaybolmaktan kurtulamamış olan bazı kişiler, içsel amaçlarını fark edecekleri bir uyanışı yaşadıklarında, yaşlılık onlar için geç bir yuvaya dönüş dönemi olacaktır. Diğer pek çoğu için ise, bu süreç uyanış sürecinin yoğunlaştığı ve doruk noktasına ulaştığı bir dönemi temsil edecektir.

UYANIŞ VE BÜYÜME-GELİŞME

Kişinin hayatına dışsal olaylarla gelen doğal büyüme, genel olarak ego tarafından gasp edilir ve egonun kendi büyümesi için kullanılır. Bedeninin giderek güçlendiğini ve bazı marifetler kazandığını keşfeden küçük bir çocuk, bir diğerine "Bak, *ben* neler yapabiliyorum. İddiaya girerim ki, bunları *sen* yapamazsın," der. Bu tür davranışlar, egonun dış dünyayı ilgilendiren hareketlerle özdeşleşerek kendisini güçlendirmesine, "senden daha fazlasını yaparım" iddiasında bulunmasına ve başkalarını küçük görerek kendisini şişirmesine yönelik ilk çabalarıdır. Tabii ki, aynı zamanda pek çok yanılgısının da sadece başlangıcıdır.

Ne var ki, farkındalığınız arttıkça ve egonuz artık hayatınızı yönlendiren güç olmaktan çıktıkça, içsel amacınızı uyandırmak için dünyanızın yaşlılık veya kişisel bir trajedi nedeniyle daralmasını veya çözülmesini beklemeniz gerekmez.

Gezegenimizde bu yeni bilinç yükselmeye başlamıştır, o yüzden giderek artan sayıda insanın uyanışa geçmesi için bir sarsıntı geçirmeleri gerekmeyecektir. Bu kişiler dışsal olaylarla büyümeye ve genişlemeye devam ediyor olsalar da, bu uyanış sürecini gönüllü olarak kucaklayacaklar. Bu döngü egonun kontrolü altından çıktığında, spiritüel boyut bu dünyaya düşünce, konuşma, eylem ve yaratma gibi dışsal olaylar vasıtasıyla girecek ve eve dönüş hareketi, Var'lık kadar ve biçimin eriyip çözülmesi hareketi kadar güçlü olacaktır.

Evrensel zekanın minicik bir veçhesinden fazla bir şey olmayan insan zekası, şimdiye kadar ego tarafından saptırılmış ve yanlış bir şekilde kullanılmıştır. Ben buna "deliliğin hizmetindeki zeka" diyorum. Atomu parçalara bölmek muhteşem bir zeka işidir, ama o zekayı atom bombaları yapmak ve depolamak için kullanmak delilik veya en hafif tabiriyle büyük bir aptallıktır. Aptallık göreceli olarak zararsız bir şeydir ama zeki aptallık son derece tehlikelidir. Pek çok örneğini verebileceğimiz bu zeki aptallık, günümüzde insan türünü tehdit eder boyutlara ulaşmıştır.

Ego temelli bir işlevsel-bozukluk olmadığı takdirde, zekamız evrensel zekanın dışsal döngüsüyle ve onun yaratma dürtüsüyle tam bir uyum içine girer. Biz de bu biçim yaratma sürecinin bilinçli katılımcıları oluruz. Yaratan bizler değil, bizim vasıtamızla yaratan evrensel zekadır. Yarattığımız şeyle kendimizi özdeşleştirmezsek, yaptığımız işin içinde kendimizi kaybetmeyiz. Yaratma eyleminin inanılmaz yoğunluktaki bir enerji gerektirdiğini biliyoruz ama bu "sıkı bir çalışma" veya "stresli bir iş" demek değildir. Az sonra göreceğimiz gibi, bizim stres ile yoğunluk arasındaki farkı anlamamız gerekir. Mücadele veya stres, aynen engellerle karşılaştığımızda gösterdiğimiz olumsuz tepkiler gibi, egonun geri geldiğinin işaretleridir.

Egonun arzularının arkasındaki güç, "düşmanlar" yaratır, yani engellere eşit yoğunluğa sahip karşıt bir güçle tepki verir. Ego ne ölçüde güçlüyse, insanların arasındaki ayrı olma duygusu o ölçüde güçlü olur. Karşı tepkiye neden olmayan eylemler, sadece herkesin iyiliğini hedefleyenlerdir. Bunlar dışlayıcı değil, kucaklayıcıdır. Ayırmazlar, tam tersine birleştirirler. Bunlar "benim" ülkem için değil, tüm insanlık içindir; "benim" dinim için değil, tüm insanlarda bilincin yükselmesi içindir; benim "türüm" için değil, doğanın tümü ve sezgisi olan tüm varlıklar içindir.

Bu arada bizler eylemin, gerekli olmakla birlikte bizim dışsal gerçeğimizin tezahürü için sadece ikincil bir önem taşıdığını da öğreniyoruz. Yaratılıştaki en önemli faktör bilinçtir. Ne kadar aktif olursak olalım, ne kadar çaba gösterirsek gösterelim, dünyamıza şekil veren kendi bilinç durumumuzdur. İçsel düzeyde bir değişiklik olmadığı takdirde, ne kadar çok eyleme girersek girelim bir değişiklik yaratamayız. Yapabildiğimiz tek şey, egonun dışsal yansıması olan aynı dünyanın biraz değiştirilmiş versiyonlarını tekrar tekrar yaratmaktan ibaret kalır.

BİLİNÇ

Bilinçli olmak, kendinin farkında olmaktır. O, tezahür etmemiş ve sonsuz olandır. Evren ise, kademeli bir bilinçli olma süreci içindedir. Bilincin kendisi zamana bağlı değildir, onun ötesindedir ve o yüzden de evrimleşmez. Ne doğumu ne de ölümü asla söz konusu değildir. Bilinç tezahür etmiş evren haline geldiğinde, zamana tabiymiş ve evrimsel bir süreç içindeymiş gibi görünür. Hiçbir insan aklı, bu süreci tam olarak kavrayabilecek yeteneğe sahip değildir. Ama ona bir bakış atabilir ve bu sürecin bilinçli bir katılımcısı olabiliriz.

Bilinç zekadır ve biçimin doğuşundaki temel düzenleyici ilkedir. Bilinç kendisini onlar vasıtasıyla ifade edebilmek için, milyonlarca yıldan beri biçimler hazır etmektedir.

Saf bilinci, tezahür etmemiş olan âlemin bir diğer boyutu olarak düşünmek mümkün olsa da o, bu biçim boyutundan ayrı tutulamaz. Biçimi olan ve olmayan iç içe geçmiştir. Tezahür etmemiş olan, bu boyutun içine farkındalık, içsel boşluk veya

Mevcudiyet olarak akar. Bunu nasıl yapar? Bunu, bilinçli olan ve yazgısının gereğini yerine getiren insan vasıtasıyla yapar. İnsan biçimi bu yüksek amaç için yaratılmıştır ve milyonlarca diğer biçim de bunun zeminini hazırlamıştır.

Bilinç tezahür etmiş olanların boyutunda vücut bulur, yani biçime dönüşür. Bunu yaparken, rüya görür gibi bir duruma geçer. Zeka rüya görür, ama bilinç kendi bilincinde olmayan bir hale gelir ve kendisini biçimin içinde kaybederek, biçimle özdeşleşir. Bunu kutsal olanın maddenin içine inerek değerini kaybetmesi olarak da tanımlayabiliriz. Evrenin evriminin bu aşamasında, tüm dışsal hareketler bu rüyadaymış gibi durumda gerçekleşir. Uyanışa atılan anlık bakışlar ancak bireysel bir biçimin eriyip çözülmesi anında, yani ölüm anında gerçekleşir. Sonra, yeni bir enkarnasyon, biçimle yeni bir özdeşleşme ve kolektif rüyanın parçası olan yeni bir kişisel rüya başlar. Arslan, zebranın bedenini paramparça yaptığında, zebra-biçiminde enkarne olan bilinç, çözülmekte olan biçimden kurtulur ve kısa bir an için özündeki o ölümsüz doğasının farkına varır; daha sonra hemen tekrar uykuya dalar ve başka bir biçimde yeniden enkarne olur. Arslan yaşlanıp da avlanamaz bir hale geldiğinde, son nefesini verirken, yine kısa bir uyanış yaşar ve bunun ardından da yeni bir rüya biçimi gelir.

Gezegenimizde, insan egosu evrensel uykunun son safhasını, yani bilincin biçimle özdeşleşmesini temsil eder. Bu, bilincin evrimi için gerekli bir aşamadır.

Bilinç bu boyuta geçmek için son derece farklılaşmış bir biçim olan insan beynini kullanır. Yaklaşık bir milyar (nöron adı verilen) sinir hücresine sahiptir; bu sayı yaklaşık olarak, makrokozmik bir beyin olarak tanımlayabileceğimiz galaksimizdeki yıldız sayısına eşittir. Bilinci yaratan beyin değildir; kendisini ifade etmek için dünya üzerindeki en karmaşık yapı olan beyni yaratan, bilinçtir. Beyin hasar gördüğünde bu, bilincinizi kaybettiğiniz anlamına değil, bilincin beyin denen o biçimi bilinçlilik boyutuna girmek için kullanamadığı anlamına gelir. Bilincinizi kaybetmezsiniz, çünkü özünüzde o sizsinizdir. Sadece sahip olduğunuz bir şeyi kaybetmeniz mümkündür, ama zaten siz olan bir şeyi kaybetmeniz söz konusu olamaz.

UYANMIŞ EYLEM

Uyanmış eylem, gezegenimizdeki bilincin evrimindeki bir sonraki aşamanın dışsal bir veçhesidir. Şimdiki evrimsel aşamamızın sonuna yaklaştıkça, egolarımızda işlevsel olarak o ölçüde bozukluklar olur. Bunu bir tırtılın kelebeğe dönüşmeden önce yaşadığı işlevsel-bozukluğa benzetebiliriz. Ama yeni bilinç, eski bilinç eriyip çözülerken de yükselmeye devam etmektedir.

Bizler insan bilincinin evriminde son derece muhteşem bir dönemin tam ortasındayız, ama bu geceki haberlerde buna değinmeyeceklerdir. Bilinç, gezegenimizde ve belki de eş zamanlı olarak galaksimizin birçok yerinde ve ötesinde, rüya biçiminden uyanmaktadır. Bu bütün biçimlerin (dünyanın) eriyip çözüleceği anlamına gelmez, ama yine de pek çoğunun yok olması hemen hemen kaçınılmazdır. Bu, bilincin artık kendisini biçimin içinde kaybolmadan, biçimi yaratmaya başlayabileceği anlamına gelir. Biçimi yaratıp onu deneyimlerken bile, kendisinin farkında olmaya devam edebilir. Peki, biçimi yaratmaya ve onu deneyimlemeye neden devam etmelidir? Keyfi öyle istediği için. Bilinç bunu nasıl yapar? *Uyanmış eylem*in ne olduğunu öğrenmiş olan uyanmış insanlar vasıtasıyla.

Uyanmış eylemde bulunmak, sizin dışsal amacınızın (ne

yaptığınızın), içsel amacınız (uyanmak ve uyanık kalma) ile uyum içinde olması demektir. Uyanmış eylem içindeyseniz, evrenin dışsal amacıyla "bir" olursunuz. Bilinç sizin vasıtanızla bu dünyaya akar. Sizin düşüncelerinizin içine akar ve onlara esin verir. Yaptığınız her şeyin içine akar, onlara rehberlik eder ve güç verir.

Yazgınızı yerine getirip getirmediğinizi ne yaptığınız değil, nasıl yaptığınız belirler. Ve bir şeyi nasıl yaptığınızı belirleyen de, sizin bilinç durumunuzdur.

Yaptığınız şeyin temel amacı yapmanın kendisi, daha doğrusu yaptığınız işin içine akan bilinç akışı haline gelmesiyle, önceliklerinizde de bir tersine dönüş oluşur. Bu bilinç akışı kaliteyi belirleyen şeydir. Bir başka deyişle, her durumda ve yaptığınız her işte, bilinç durumunuz en temel faktördür; içinde olduğunuz durum ve yaptığınız şey ise ikincil öneme sahiptir. "Gelecekteki" bir başarı, eylemleri doğuran bilince tabidir ve ondan ayrılamaz. Bu, egonun tepkisel gücü veya uyanmış bilincin uyanık dikkati olabilir. Gerçekten başarılı olan tüm eylemler, egodan ve şartlanmış, bilinçdışı düşünmeden değil, bu uyanık dikkat alanından çıkmaktadır.

UYANMIŞ EYLEMİN ÜÇ MODALİTESİ

Bilincin yaptığınız işin içine, oradan da dünyaya akabilmesi üç şekilde oluşur. Bu üç modalite sayesinde, siz de hayatınızı evrenin yaratıcı gücüyle uyumlu hale getirebilir ve onunla işbirliği yapmasını sağlayabilirsiniz. Modalite, yaptığınız işin içine akan ve eylemlerinizi bu dünyaya doğmakta olan uyanık bilinçle birleştiren temel enerji-frekansları anlamına gelir. Bu üç modalitenin dışında kaldığı takdirde, yaptığınız her şey ego-temelli olacak ve işlevsel bir bozukluk gösterecektir. Bu modaliteler gün boyunca bile değişebilir, ama genellikle bir tanesi hayatınızın belirli bir aşamasında baskın olur. Ayrıca, her bir modalitenin uygun olduğu belirli durumlar vardır.

Uyanmış eylemin üç modalitesi şunlardır: Kabullenme, keyif alma ve coşkunluk. Bunların her biri bilincin belirli bir titreşim frekansına sahiptir. En basitinden en karmaşığına kadar, ne tür bir işe kalkışırsanız kalkışın, bunlardan birinin devrede olduğundan emin olmak için uyanık bir dikkatlilik içinde olmalısınız. Kabullenme, keyif alma veya coşkunluk durumlarından birinde değilseniz, yakından baktığınızda hem kendinize ve hem de başkalarına acı verdiğinizi görürsünüz.

KABULLENME

Yapmaktan keyif almadığınız bir şeyi, en azından yapmak zorunda olduğunuz bir şey olarak kabullenebilirsiniz. Kabullenmenin anlamı şudur: Şimdilik, şimdiki şu durum benim şu işi yapmamı gerektiriyor, o yüzden onu isteyerek yapacağım. *Olan*ı içsel olarak kabullenmenizin önemine daha önce uzun uzadıya değinmiştik ve yapmanız gereken şeyleri de kabullenmeniz bunun veçhelerinden sadece bir tanesidir. Örneğin, gece yarısı ıssız bir yerde, deli gibi yağan yağmurun altında arabanızın patlak lastiğini değiştirmekten coşku duymak bir yana, hiç keyif almayabilirsiniz ama onu kabullenme yoluna gidebilirsiniz. Kabullenme durumundayken bir eylem gerçekleştirmek, sizin o işi yaparken huzur içinde olduğunuz anlamına gelir. O huzur, yaptığınız işin içine akan belli belirsiz bir enerji titreşimidir. Yüzeysel olarak baktığımızda, kabullenme pasif bir durum gibi görünebilir, ama gerçekte aktif ve yaratıcı bir durumdur, çünkü bu dünyaya tamamıyla yeni olan bir şey getirmektedir. O huzur, o belli belirsiz enerji titreşimi bilincin kendisidir ve onun bu dünyaya girme yöntemlerinden biri teslimiyet gösteren bir eylemde bulunmaktır. Bu eylemin bir veçhesi de kabullenmedir.

Yaptığınız işten keyif almıyor veya onu kabullenmekte zorluk çekiyorsanız, o zaman durun. Aksi takdirde, gerçekten sorumluluk alabileceğiniz tek şey için bile sorumluluk alamıyorsunuz demektir. Aslında bu tek şey, gerçekten önemli olan tek şey, yani sizin bilinç durumunuzdur. Ve eğer bilinç durumunuz konusunda sorumluluk alamıyorsanız, hayatınız için de sorumluluk alamıyorsunuz demektir.

KEYİF ALMA

Teslim olmuş eylemle birlikte gelen huzur, yaptığınız işten gerçekten keyif aldığınızda bir canlılık duygusuna dönüşür. Keyif alma, uyanmış eylemin ikinci modalitesidir. Yeni dünyada istek, insanların eylemlerinin gerisindeki motive edici güç olmaktan çıkacak ve onun yerini keyif alma alacaktır. İsteğin nedeni, egonun tüm evrenin temelindeki güçten kopmuş olan ayrı bir parça olduğunuz illüzyonunu yaratmasıdır. Ama keyif alma sayesinde, bu evrensel yaratıcı günün doğrudan kendisine bağlanmış olursunuz.

Geçmişi veya geleceği değil de, şimdiki an'ı hayatınızın odak noktası haline getirdiğiniz vakit, yaptığınız işten keyif alma ve böylece hayatınızın kalitesini yükseltme yeteneğiniz önemli ölçüde artar. Sevinç, Var'lığın dinamik bir unsurudur. Evrenin yaratıcı gücü kendi bilincine vardığı vakit, sevinç ve neşe şeklinde tezahür eder. Yaptığınız işten keyif alabilmek için, hayatınızda "anlamlı" bir şey olmasını beklemeniz gerekmez. Sevinçte ihtiyacınız olandan çok daha fazla anlam vardır. "Yaşamaya başlamayı bekleme" sendromu, bilinçsiz durumun en yaygın yanılmalarından biridir. Dışsal düzeyde vuku bulan genişlemenin ve olumlu değişikliklerin hayatınıza girme olasılığı, yaptığınız işten keyif almak için hayatınızda bir değişiklik olmasını beklemek yerine, yaptığınız işten zaten keyif alıyor olmanız halinde çok daha yüksektir.

Yaptığınız işten keyif almak için zihninizden izin almanız gerekmez, çünkü onun size vereceği tek şey, neden keyif alamayacağınıza dair bir sürü bahanedir. Size "şimdi değil," diyecektir. "Görmüyor musun, ne kadar meşgul olduğumu? Vakit yok, belki yarın keyif almaya başlayabilirsin..." Ve keyif almaya hemen şimdi başlamadığınız müddetçe, o yarın asla gelmeyecektir.

Şunu veya bunu yapmaktan keyif alıyorum dediğinizde, aslında bu da bir yanlış algılamadır. Keyfin, sizin yaptığınız işten kaynaklandığı gibi bir görüntü oluşur, ama durum böyle değildir. Sevinç sizin yaptığınız işten kaynaklanmaz, sizin yaptığınız işin içine ve sizin derinliklerinizden de bu dünyaya akar. Keyfin yaptığınız işten kaynaklandığı yanılgısı aslında normal olmakla birlikte, tehlikeli bir durumdur çünkü sevincin bir aktivite veya bir nesne gibi başka bir şeyden kaynaklandığına dair bir inanış yaratır. O yüzden size neşe ve mutluluk getirmesi için dünyaya bel bağlarsınız ama dünya bunu yapamaz. Pek çok insan işte bu nedenden dolayı sürekli bir hayal kırıklığı içinde yaşamaktadır. İhtiyaçları olduğunu düşündükleri şeyleri dünya onlara vermemektedir.

Peki, yaptığınız işle sevinçli olma durumu arasındaki ilişki nedir? Tam olarak şimdide bulunduğunuz vakit yaptığınız ve bir amaca hizmet etmeyen tüm işler size sevinç verir. Aslında keyif aldığınız şey, yaptığınız iş değil, onun içine akan derin canlılık duygusudur. Bu canlılık sizinle "bir"dir. Bunun anlamı da, bir şeyi yaparken keyif aldığınız vakit, Var'lık Sevinci'nin dinamik veçhesini yaşıyorsunuz demektir. Yapmaktan keyif aldığınız her bir şeyin, sizi tüm yaratılışın gerisindeki güçle birleştirme nedeni de budur.

İşte size hayatınıza yaratıcı bir açılım ve güç getirecek spiritüel bir egzersiz: Her gün rutin olarak ve sıklıkla yapmakta olduğunuz aktivitelerin bir listesini çıkarın. İlginç bulmadığınız, sıkıcı, yorucu, sinir bozucu veya stres verenleri de bu listeye dahil edin. Ama yapmaktan nefret ettiklerinizi veya tiksindiklerinizi dışarıda bırakın. Bu listede günlük işleriniz arasında sizi sıkan veya tedirgin eden işe gidip gelmek, yiyecek alışverişi yapmak, çamaşırlarınızı yıkamak gibi işler olabilir. Sonra, bu işlerin sizin için birer uyanıklık aracı olmasına izin verin. O işi yaparken tamamen şimdide olun ve onun gerisindeki canlı ve dikkatli dinginliği içinizde hissetmeye çalışın. Kısa bir süre sonra, böyle bir yükseltilmiş uyanıklık durumundayken yaptığınız işlerin, size stres vermediğini, sıkıcı gelmediğini veya sinirinizi bozmadığını, aksine keyif verdiğini fark edeceksiniz. Daha doğrusu, size keyif veren şeyin dışsal olarak yaptığınız eylemin değil, bu eyleme akan bilincin içsel boyutu olduğunu görürsünüz. Yaptığınız işte Var'lık Sevinci'ni yaşamak dediğimiz şey, işte budur. Hayatınızın yeterince önemli olmadığını veya fazlasıyla stresli ve biteviye geçtiğini düşünüyorsanız, bunun nedeni bu boyutu henüz hayatınıza taşımamış olmanızdır. Yani, yaptığınız işin bilincinde olmak, henüz sizin temel amacınız haline gelmemiştir.

Hayatlarındaki temel amacın bu dünyaya bilincin ışığını getirmek olduğunu keşfeden ve yaptıkları her işi bilincin bir vasıtası olarak kullanan insanların sayısı çoğaldıkça, yeni dünyanın zuhur etmesi de yaklaşacaktır.

Var'lık Sevinci, bilinçli olma sevincidir.

Uyanık farkındalık ondan sonra kontrolü egodan alır ve hayatınızı yönetmeye başlar. Uzun süredir yapmakta olduğunuz bir işin, bilinçle güçlendirildiği takdirde, bir doğallık içinde çok daha büyük bir şeye dönüştüğünü fark edersiniz.

Yaratıcı eylemleri sayesinde başkalarının hayatını zenginleştiren bu insanların bazıları, herhangi bir şey elde etme veya herhangi bir şey olma kaygısı duymadan onlara en çok keyif veren şeyleri yaparlar. Bunlar müzisyenler, sanatçılar, yazarlar, bilim adamları, öğretmenler veya inşaatçılar ya da toplumsal alana veya iş hayatına (aydınlanmış işletmeler gibi) yeni ifadeler kazandıran kişiler olabilirler. Bazen etki alanları birkaç yıl boyunca küçük kalabilir; ama sonra aniden veya yavaş yavaş yaptıkları işlerin içine bir yaratıcı güç dalgası akar ve aktiviteleri hayallerinin de ötesinde gelişir ve diğer insanları da etkiler. Keyif almanın yanı sıra, yaptıkları işlere bir de yoğunluk eklenmiştir ve buna normal bir insanın başarabileceğinin de ötesinde bir yaratıcılık eşlik eder.

Ama bütün bunlar başınızı döndürmesin, çünkü egonuzun bazı kalıntıları hâlâ orada duruyor olabilir. Siz ne de olsa hâlâ sıradan bir insansınız. Sıra dışı olan şey, sizin vasıtanızla bu dünyaya akan şey, yani tüm varlıklarla paylaştığınız özünüzdür. On dördüncü asırda yaşamış olan İranlı şair ve Sûfi üstat Hafız bu gerçeği muhteşem bir şekilde ifade etmiştir: "Ben içinde Tanrı'nın nefesinin dolaştığı flütün bir deliğiyim. Bu müziğe kulak verin."[1]

COŞKUNLUK

Yaratıcı tezahürün, içlerindeki uyanma amacına sadık kalan kişilere gelebileceği bir modalite daha vardır. Bu insanlar, günün birinde dışsal amaçlarının ne olduğunu anlarlar. Büyük bir vizyonları ve hedefleri vardır ve bunu fark ettikleri andan itibaren bu hedefe ulaşmak için çalışırlar. Bu hedefleri veya vizyonları, daha küçük bir ölçekte olmakla birlikte, zaten yapmakta oldukları ve yaparken de keyif aldıkları işle bir şekilde bağlantılıdır. Uyanmış eylemin üçüncü modalitesi olan coşkunluk, işte burada devreye girer.

Coşkunluk, yaptığınız işten yoğun bir keyif almanız ve buna ilaveten erişmeye çalıştığınız bir hedef veya vizyonunuzun olmasıdır. Yaptığınız işe keyfin yanı sıra bir de hedef eklerseniz, bu işteki enerji alanı veya titreşim frekansı da değişir. Keyif unsuruna belirli bir miktarda yapısal bir gerilim eklenir, bu da coşkuyu davet eder. Coşkunluğun alevlendirdiği yaratıcı aktivitenin doruğunda, yaptığınız her işin gerisinde muazzam bir enerji ve yoğunluk olacaktır. Kendinizi, hedefe doğru giden ve bu yolculuğundan müthiş bir keyif alan bir ok gibi hissedeceksiniz.

Dışarıdan bakan bir kişi sizin gergin olduğunuzu sanabilir, ama yoğun coşkunluk durumunun stresle bir ilgisi yoktur. Ama yaptığınız işi yapmayı istemekten çok, hedefe ulaşmayı arzu ettiğiniz takdirde strese girmeniz kaçınılmazdır. Keyif ile yapısal gerilim arasındaki denge, gerilimin lehine olacak şekilde bozulmuştur. Stresin olması, egonun geri geldiğini ve sizin de kendinizi evrenin yaratıcı gücünden kopardığınızı gösteren bir işarettir. Artık sadece egosal isteklerin gücü ve gerilimi vardır ve o yüzden, bu istekleri yerine getirmek için sizin de mücadele etmeniz ve "sıkı çalışmanız" gerekecektir. Stres altındayken, yaptığınız işin hem kalitesi, hem de etkileyiciliği daima bozulur. Ayrıca, stres ile kaygı ve öfke gibi olumsuz duygular arasında güçlü bir bağ vardır. Stres beden üzerinde zehirleyici bir etki yapar. Günümüzde, stresin kanser ve kalp rahatsızlıkları gibi dejeneratif hastalıkların ana nedenlerinden biri olduğu yolundaki görüşler güçlenmektedir.

Stresin aksine coşkunluk, yüksek bir enerji frekansına sahiptir ve evrenin yaratıcı gücüyle aynı rezonanstadır. Ralph Waldo Emerson o yüzden "Coşkunluk olmadan büyük işler başarılamaz," demiştir.[2] *Coşkunluk (enthusiasm)* sözcüğü eski Yunancadaki "*en*" ve tanrı anlamına gelen "*theos*" sözcüklerinden oluşmaktadır. Dolayısıyla, *enthousiazein* "içine tanrı girmiş olan (tanrının esin verdiği kişi)" anlamına gelir. Coşkunluk, sizin tek başınıza elde edebileceğiniz bir şey değildir. Aslında, tek başınıza yapmanız *mümkün* olan hiçbir önemli iş yoktur. Sürdürülebilen coşkunluk yaratıcı bir enerji dalgası oluşturur ve sizin yapmanız gereken tek şey "bu dalganın üzerine binerek sürüklenmek"tir.

Coşkunluk, yaptığınız her işe muhteşem bir güç katar, öyle ki bu güce sahip olmayanlar sizin "başarılarınıza" huşuyla bakar ve onları sizinle özdeşleştirir. Oysaki siz "Ben kendiliğimden hiçbir şey yapamam," diyen İsa'nın hangi gerçeğe işaret ettiğini biliyorsunuzdur. Kendi yoğunluğuyla ters orantılı bir karşıtlık yaratan ego-temelli isteğin tersine, coşkunluk hiçbir zıtlık yaratmaz ve agresif değildir. Onun aktivitelerinde kazanan veya kaybeden yoktur. O başkalarını dışarıda bırakıcı değil, tam tersine kucaklayıcıdır. Onun insanları kullanmaya veya güdülemeye ihtiyacı yoktur, çünkü o yaratıcı gücün kendisidir ve o nedenle de başka bir kaynaktan enerji almasına gerek yoktur. Halbuki ego, her zaman birisinden veya bir şeyden talepte bulunma durumundadır; coşkunluk ise daima kendi bolluğunu başkalarına dağıtır. Coşkunluk ters durumlar veya işbirliğine yanaşmayan insanlar gibi olumsuz şartlarla karşılaştığında, hücum etmez ve onların etrafında dolaşır veya teslim olarak ya da kucaklayarak bu zıt enerjiyi yardımcı ve olumlu bir hale getirir, kısacası düşmanı dost yapar.

Coşkunluk ve ego birlikte yaşayamazlar. Birinin varlığı, ötekinin yokluğu demektir. Coşkunluk nereye gittiğini bilir, ama aynı zamanda da şimdiki an'la, yani canlılık veren kaynağın sevinciyle ve gücüyle derin bir "bir"lik içindedir. Coşkunluk hiçbir şey "istemez", çünkü onun hiçbir şeye ihtiyacı yoktur. O hayatla "bir"dir ve coşkunluğun esin verdiği aktiviteler ne kadar dinamik olurlarsa olsunlar, siz kendinizi onların içinde kaybetmezsiniz. Orada, çarkın yani aktivitenin merkezinde, her şeyin kaynağı olan ama hiçbir şeyden etkilenmeyen, daima dingin ama son derece canlı olan bir huzurun özü vardır.

Coşkunluk vasıtasıyla, kendinizi onun yaratımlarıyla özdeşleştirmeden, yani egosuz bir şekilde, evrenin dışsal yaratıcı ilkesiyle tam bir uyum içine girersiniz. Böyle bir özdeşleşme olmadığı müddetçe, acının en önemli kaynaklarından birini oluşturan bağlılık da olmaz. Bir kez bu enerji dalgası geçip gittiğinde, yapısal gerilim yeniden azalır ve yaptığınız işin verdiği sevinç yerinde kalır. Hiç kimse sürekli olarak coşkunluk içinde yaşayamaz. Ama yeni bir yaratıcı enerji dalgası her zaman gelebilir ve sizin için yeni bir coşkunluk başlayabilir.

Biçimin çözülmesine doğru giden geriye dönüş hareketi

devreye girdiğinde, coşkunluk artık size hizmet edemez. O, hayatın dışsal döngüsüne aittir. Bu geri dönüş, yani eve dönüş hareketine uyum sağlamanız, ancak ona boyun eğmenizle gerçekleşebilir.

Özetlemek gerekirse: Yaptığınız işten aldığınız keyif, bir vizyonla veya erişmeye çalıştığınız bir hedefle birleştiğinde, coşkunluğa dönüşür. Bir hedefiniz olsa dahi, şimdiki an'da yaptığınız işin dikkatinizin odak noktası olarak kalması gerekir; aksi takdirde evrensel amaçla uyum sağlamanız mümkün olmaz. Vizyonunuzun veya hedefinizin kendinizin şişirilmiş bir imajı ve o nedenle de örneğin bir film yıldızı, şöhretli bir yazar veya varlıklı bir girişimci olmak isteyen egonuzun gizlenmiş bir biçimi olmadığından emin olun. Hedefinizin, deniz kenarında bir villaya, kendi şirketinize veya bankada on milyon dolara sahip olmak gibi, şunu veya bunu *elde etmeye* de odaklanmamış olmasına dikkat edin. Bütün bunlar statik hedeflerdir ve sizi güçlendirmezler. Bunların yerine, kendinize dinamik hedefler seçin; örneğin şu anda yapmakta olduğunuz bir işi veya bütünle ve diğer insanlarla bağ kurabileceğiniz aktiviteleri seçin. Kendinizi şöhretli bir film yıldızı veya yazar olarak görmek yerine, yaptığınız işle pek çok insana esin verdiğinizi ve onların hayatını zenginleştirdiğinizi düşünün. O aktivitenin sadece sizin kendi hayatınızı değil, sayısız pek çok kişinin de hayatını zenginleştirdiğini ve derinlik kazandırdığını hissedin. Tüm hayatın Kaynağı'ndan, yani tezahür etmemiş olandan, bütünün yararı için fışkıran enerjinin bir kanalı olduğunuzu hissedin.

Bütün bunlar, vizyonunuzun veya hedefinizin zihinsel ve duygusal düzeyde zaten içinizde yaşamakta olan bir realite olduğunu gösterir. Coşkunluk, zihinsel planı fiziksel boyuta dönüştüren güçtür. Bu da zihnin yaratıcı şekilde kullanılması anlamına gelir ve içinizde bir istek veya talep olmamasının nedeni de budur. İsteğinizi ifade edemezsiniz; sadece gerçekte neye sahipseniz onu ifade edebilirsiniz. Sıkı çalışma ve stres içine girerek istediğiniz elde edebilirsiniz, ama yeni dünyadaki tarz böyle olmayacaktır.

FREKANS TAŞIYICILARI

Biçime giden dışa doğru hareket, bütün insanlarda aynı yoğunlukta ifade bulmaz. Bazı insanlar bir şeyler inşa etmek, yaratmak, bir işin içine girmek, elde etmek ve dünya üzerinde etkili olmak için müthiş bir dürtü hissederler. Eğer bilinçli değillerse, doğal olarak hakimiyeti ego ele geçirecek ve dışa dönük bu enerjiyi kendi amaçları doğrultusunda kullanacaktır. Bu aynı zamanda, bu kişilere sunulan yaratıcı enerji akışının önemli ölçüde azalması ve istediklerini elde etmek için onların giderek daha çok "çabalamaları" gerektiği anlamına da gelir. Ama eğer bilinçli iseler, dışa doğru hareketin içlerinde güçlü bir şekilde aktığı bu insanlar, son derece yaratıcı olabilirler. Diğerleri ise, doğal gelişme sürecinin doğal akışı sona erdikten sonra, kendilerini pek gösteremezler ve daha pasif ve göreceli olarak daha olaysız bir yaşam sürerler.

Bu insanlar doğal yapıları itibarıyla daha içe dönüklerdir ve biçime dönüşen bu dışa doğru hareket onlarda minimal bir ölçüdedir. Onlar dışarıda vakit geçirmektense yuvalarına dönmeyi yeğleyen kişilerdir. Dünyayı değiştirmek veya belirli şeylerle katılmak için bir arzu hissetmezler. Tutkuları varsa da, bunlar genellikle onlara belirli bir düzeyde özgürlük verecek olan şeyleri aramaktan öteye gitmez. Bu insanların bazıları bu dünyaya uyum sağlamakta zorlanır. Bazıları, göreceli olarak sakin bir yaşam sürmelerine imkan tanıyan, örneğin kendilerine düzenli bir gelir sağlayan bir iş veya kendilerine ait küçük bir işletme gibi, koruyucu bir kovuk bulma şansına sahip olmuşlardır. Bazıları ise spiritüel bir topluluk içinde yaşamaya eğilimi içine girerler. Diğer bazıları toplumun dışında kalmayı yeğlerler ve kendileriyle ortak bir yön bulamadıkları toplumun kıyısında köşesinde yaşarlar. Bazıları bu dünyada yaşamayı çok acı verici buldukları için uyuşturucuya sığınırlar. Bazıları da şifacı veya spiritüel eğitmen, yani Var'lığın öğretmenleri olurlar.

Bu gibi kişilere eski çağlarda muhtemelen mütefekkir denirdi. Görünen o ki, çağdaş uygarlığımızda onlara bir yer yoktur. Ama yeni dünyanın yükselişinde onların rolü en az yaratıcı kişilerin, eylem insanlarının ve reformcularınki kadar hayati olacaktır. Onların işlevi yeni bilincin frekansının bu gezegene demir atmasını sağlamaktır. Ben onlara frekanstaşıyıcıları diyorum. Onlar, günlük aktiviteleri ve başkalarıyla olan etkileşimleri vasıtasıyla ve sadece burada "var olmaları" nedeniyle bilinç yaratmak için bu dünyadadırlar.

Bu kişiler önemsiz gibi görünen bir şeye derin bir anlam katan kişilerdir. Onların görevi, yaptıkları her işte mutlak bir şekilde Şimdi'de bulunarak, bu dünyaya ferahlık ve dinginlik getirmektir. Onların her yaptığı en basit bir işte dahi, bilinç ve kalite vardır. Onların amacı yaptıkları her işi, kutsallık katarak yapmaktır. Her insan kolektif insan bilincinin ayrılmaz bir parçasıdır, onlar da hayatlarının yüzeyinden görülebilenden çok daha derin bir şekilde dünyayı etkilemektedirler.

YENİ DÜNYA BİR ÜTOPYA DEĞİLDİR

Yeni bir dünya kavramının, sadece bir diğer ütopik vizyon olduğunu söyleyebilir miyiz? Kesinlikle, hayır. Ütopik vizyonların tümü, her şeyin iyi olacağı, herkesin kurtuluşa ereceği, huzur ve uyumun hüküm süreceği ve tüm sorunlarımızın çözülmüş olacağı, gelecekteki bir zamanın zihinsel bir projeksiyonunu içerir. Bu türde pek çok ütopik vizyon ortaya atılmıştır. Bunların bazıları hayal kırıklığıyla sona ermiş, bazılarının sonu ise tam anlamıyla bir felaket olmuştur.

Bütün ütopik vizyonların özünde, eski bilincin yapısal işlev-bozukluklarından biri vardır. Bu da, kurtuluş için geleceğe bakmaktır. Aslında, geleceğin sahip olduğu tek gerçeklik, sizin zihninizdeki bir düşünce biçimi olmaktan öteye gitmez. O yüzden, kurtuluş için geleceğe bel bağladığınızda, farkında olmadan kurtuluş için farkında olmadan kendi zihninize bel bağlamış ve biçimin, yani egonun tutsağı olmuş oluyorsunuz.

"Ve ben ondan sonra yeni bir gökyüzü (cennet) ve yeni bir yeryüzü (dünya) gördüm," diye yazmıştı İncil'deki peygamber. Yeni bir dünyanın temeli yeni bir gökyüzü, yani uyanık farkındalıktır. Dünya, yanı dış realite, onun sadece dışa yansımasıdır. Yeni bir gökyüzünün ve ona bağlı olarak yeni bir dünyanın doğması, bizi gelecekte özgürleştirecek olan olaylar değildir. Bizi gelecekte özgürleştirecek olan hiçbir şey yoktur, çünkü bizi sadece şimdiki an özgür kılabilir. İşe bunu kavramak, farkındalıktır. Gelecekteki bir uyanışın hiçbir anlamı yoktur, çünkü uyanış dediğimiz şey Mevcudiyet'in gerçekleşmesidir. Dolayısıyla, bu yeni gökyüzü, yani uyanık bilinç, gelecekte ulaşılması gereken bir durum değildir. Yeni bir gökyüzü (cennet) ve yeni bir yeryüzü (dünya) şu anda bile sizin içinizde yükselmektedir. Eğer yükselmiyorlarsa, zihninizde sadece bir düşünce olarak kalmışlardır ve yükselmeleri zaten mümkün değildir.

Dağ'daki Vaaz'da, İsa bugüne kadar pek az insanın kavrayabildiği bir kehanette bulunmuş ve "Ne mutlu halim (yumuşak huylu) olanlara, çünkü onlar yeri (dünyayı) miras alacaklar," demiştir. İncil'in modern versiyonlarında "yumuşak huylu" yerine, "mütevazı" sözcüğü kullanılmıştır. Bu yumuşak huylu veya mütevazı olanlar kimlerdir ve onların yeri miras almaları ne anlama gelmektedir?

Yumuşak huylu olanlar, egosuz kişilerdir. Onlar, kendi gerçek doğalarının özünün bilinç olduğunu ve "diğer"lerinin, yani tüm yaşam biçimlerinin içinde de aynı özden bulunduğunu kavramış olan kişilerdir. Bu kişiler teslimiyet halinde yaşarlar ve böylece bütünle ve Kaynak'la "bir" olduklarını hissederler. Onlar gezegenimizdeki yaşamın tüm veçhelerini değiştirmekte olan uyanık bilinci kendi bünyelerinde barındıran insanlardır. Bu veçhelere doğa da dahildir, çünkü dünya üzerindeki hayat, onu algılayan ve onunla etkileşim içinde olan insan bilincinden ayrı tutulamaz. Yumuşak huylu olanların dünyayı miras alacak olmasının anlamı budur.

Dünya üzerinde yeni bir tür doğuyor. Bu tam şimdi oluyor ve bu yeni tür sizsiniz!

NOTLAR

ÜÇÜNCÜ BÖLÜM

1. Halevi, Yossie K., "Introspective as a Prerequisite for Peace," *New York Times*, Eylül 7, 2002
2. A.B.D. Adalet Bakanlığı, Adalet İstatistikleri Bürosu, Hapishane İstatistikleri, Haziran, 2004
3. Einstein, Albert, *Mein Weltbild*; 25. Baskı (Frankfurt: Ullstein Verlag, 1993), 42. Çeviri: Eckhart Tolle

DÖRDÜNCÜ BÖLÜM

1. Shakespeare, William, *Macbeth*: Signet Classic Edition (New York: New American Library). Editör: Sylvan Barnet
2. Shakespeare, William, *Hamlet*. Signet Classic Edition (New York: New American Library). Editör: Sylvan Barnet

YEDİNCİ BÖLÜM

1. Tzu, Lao, *Tao Te Ching*, Bölüm 28
2. Ibid, Bölüm 22
3. *Kena Upanishad*

SEKİZİNCİ BÖLÜM

1. A Course in Miracles, Alıştırma Kitabı, Bölüm I, Ders 5 (California: Foundation for Inner Peace, Glen Allen, 1990), 8
2. Nietzsche, Friedriche, Thus Spake Zarathustra: A Book for All and None, "Böyle Buyurdu Zerdüşt: Herkes ve Hiç Kimse için Bir Kitap", (New York: Viking, 1954), 288

ONUNCU BÖLÜM

1. Hafiz, *The Gift* (New York: Penguin, Arkana, 1999). Çeviri: Daniel Ladinsky
2. Emerson, Ralph Waldo, "Circles" in *Ralph Waldo Emerson: Selected Essays, Lectures, and Poems* (New York: Bantam Classics)